打造高中
卓越班级的42个策略

覃丽兰◎著

中国轻工业出版社

图书在版编目（CIP）数据

打造高中卓越班级的42个策略／覃丽兰著．—北京：中国轻工业出版社，2014.2（2025.2重印）
ISBN 978-7-5019-9557-8

Ⅰ．①打… Ⅱ．①覃… Ⅲ．①高中－班级－学校管理 Ⅳ．①G632.421

中国版本图书馆CIP数据核字（2013）第277960号

保留所有权利。非经中国轻工业出版社"万千教育"书面授权，任何人不得以任何方式（包括但不限于电子、机械、手工或其他尚未被发明或应用的技术手段）复印、拍照、扫描、录音、朗读、存储、发表本书中任何部分或本书全部内容，以及其他附带的所有资料（包括但不限于光盘、音频、视频等）。中国轻工业出版社"万千教育"未授权任何机构提供源自本书内容的电子文件阅览、收听或下载服务。如有此类非法行为，查实必究。

责任编辑：吴　红　　　责任终审：杜文勇
策划编辑：吴　红　　　责任校对：刘志颖　　　责任监印：吴维斌

出版发行：中国轻工业出版社（北京鲁谷东街5号，邮编：100040）
印　　刷：三河市鑫金马印装有限公司
经　　销：各地新华书店
版　　次：2025年2月第1版第9次印刷
开　　本：710×1000　1/16　印张：20
字　　数：179千字
印　　数：19001—21000
书　　号：ISBN 978-7-5019-9557-8　　定价：38.00元

读者热线：010-65181109
发行电话：010-85119832　　010-85119912
网　　址：http://www.chlip.com.cn　　http://www.wqedu.com
电子信箱：1012305542@qq.com

版权所有　侵权必究
如发现图书残缺请拨打读者热线联系调换
250011Y1C109ZBW

推荐序一：从平凡到卓越，您也能够

"现在是见证奇迹的时刻！"央视春晚刘谦魔术的广告语，一样适合现在——现在是我们见证一位普通教师如何把一个普通班级打造成卓越班级的时刻！

覃丽兰老师是湖南省怀化市铁路第一中学的一名普通班主任，一名和我们绝大多数读者一样没有任何背景、没有太多荣誉的普通班主任，但是我一直坚定地认为，她将是或者说已经成为中国最卓越的班级文化建设者之一。她用文化的力量，给孩子们输入改变心灵的动力；她用文化的力量，给孩子们一个与众不同的精神追求；她用文化的力量，点燃青春，点燃激情，点燃梦想，使得一个个平凡、普通的班级，在她的带领下，成为一个个诞生奇迹的地方。一个个普通农村家庭的孩子，一个个平凡的孩子，在她班上实现了丑小鸭变成白天鹅的梦想！

那么，她具有什么样的魔力，让一个个平凡的班级摇身一变成为卓越班级？这些做法又有哪些共同点？哪些值得广大的一线班主任借鉴呢？我仔细研读覃丽兰老师的书稿《打造高中卓越班级的42个策略》，发现她的做法其实并不高深，相反，还很具有广泛的操作性。

一、给孩子们一个班级精神，用卓越引领卓越

您也许活得平凡，但是您的心灵可以无限高贵；您也许地位卑微，但是您的

精神可以走向卓越。人活着,很多时候是一种精神。对此,覃丽兰老师深有体会,"一个有着健康向上、积极进取精神的人,走到哪里,都传递着一种正能量;走到哪里,都能够带来强有力的人格磁场"。她认为"班级精神是班级大厦建设的超级水泥,它具有神奇的力量,能够迅速凝聚人心、鼓舞士气、激励学生的斗志;它能够跨越时间和空间,给学生一辈子以深刻的影响"。于是,她的班级建设,注重"班级精神"的酝酿、提炼和铸造,用精神的力量,给孩子输入一种不放弃、不抛弃的坚忍。也难怪他们班上的学生在经历了残酷的高考之后,还开心地说:"真希望这样紧张的高考还来一回。"那种乐观、开朗,让人过目不忘。

二、给孩子们一个激越的梦想,用梦想引导心灵

文化是一种浸润力量,它比说教更具有长久而深厚的影响力。覃丽兰老师从学生进班开始,就给孩子们一个个美好的梦想——"您想要生活在什么样的班级里""您想要过什么样的精彩人生"……而且,覃丽兰老师给孩子们的梦想,又不是生硬的、强加的,她用一部部电影、一则则故事、一个个班级小游戏,让学生在具体生活中被感染、被浸润、被激发。最好的教育是无形的、不留痕迹的教育,覃丽兰老师用班级文化的手段实现了这个教育追求,给了学生们最好的教育。难怪学生毕业之后,还在QQ里说:"想一辈子都做您的学生……"

三、给孩子们一个好同伴,用优秀促成优秀

诚如覃老师在小组建设里所说的那样:"一个人能走多远,要看他与谁同行;一个人能有多大的成就,要看有谁指点;一个人能有多么优秀,要看他身边有些什么样的朋友。"她用小组建设的力量,组建"三人行"机制,给每一个孩子搭配一个优秀同伴,让他们结伴而行。班级基层组织建设可以说是教师们具体工作

推荐序一：从平凡到卓越，您也能够

中的一个难题，可是，覃丽兰老师从伙伴文化入手，举重若轻地把这个问题解决了。难怪她在全国自主教育管理实验论坛做小组建设发言时，听课的教师兴奋地说，"现在我们找到'三人行'机制的祖师爷了""精妙的方法就来源于您啊"，大有相见恨晚之意。

四、给孩子们一个诗意的环境，用优雅培养优雅

覃丽兰是一个理想主义的教育工作者，她一直固执地相信，教育不仅仅是传授知识，更重要的是培养人、给人幸福，因此，她教育出来的学生，应该是打上了文化烙印的、具有优雅品质的绅士淑女，他们的一举手、一投足，彰显的是一种优雅的文化品位，这才是她所想的卓越——不仅是班级卓越，还包括人的卓越！因此，她和学生诗意相见构建美好班级愿景，利用"信任背摔"游戏建立团队互信，还用"晨起的诗香"熏陶心灵，让孩子们的生活"优雅从每天早上开始"……"蓬生麻中，不扶自直。"很多教师一直在追问：什么是最好的教育？其实，最好的教育就是用环境说话，最好的教育就是给孩子们一个好的成长环境，最好的教育就是这种文化浸润的影响！覃丽兰用她卓越的班级实践，用充满诗意的环境，给了孩子们最好的教育。

五、给孩子们一种有效的激励，用成功推动成功

过去人们常说"失败是成功之母"，其实，过多的失败，带给孩子们的往往是不尽的挫败感；只有极少数特别坚强的人，才能够从失败中走向辉煌。更多的孩子需要不断递增的成就感来激发学习的勇气，巩固自己的自信心。覃丽兰老师开发了"21天成功训练"课程，在班上引导孩子们不断超越自己，让孩子们在不断的成功中发现自己的价值，找到自信；让孩子们在不断的挑战中，攻克一个个

打造高中卓越班级的 42 个策略

难关，培养坚忍的心灵！正因为她的激励手段极具青春气息而又富有创意，孩子们在她的带领下，学习成为一种全身心的投入，甚至连出操都齐诵《滕王阁序》，让全校师生瞠目结舌。

　　读一本精彩的书，就是和一个高贵的灵魂相遇。我深信，覃丽兰老师的这本书，一定能够给我们年轻的班主任带来更多的启迪。我也相信，打造卓越班级、实现从平凡到卓越的变化，覃丽兰老师能够，您，也能够！

张万祥

2013 年 9 月 3 日

（张万祥：全国著名班主任，德育特级教师，享受国务院政府特殊津贴专家。）

推荐序二：卓越班级锻造的有效途径

覃丽兰老师网名"爱影摇曳"，网友常常亲切地称呼她为"爱影"。合上她的《打造高中卓越班级的42个策略》，我为她班上的学生轻轻地幸福地叹了口气。当青春遇到明师，当优秀遇到卓越，当可爱遇到幸福，这是一种多么难得的际遇啊！爱影的学生全有了。

羡慕爱影的学生之余，我更感到惊喜。为什么？因为爱影的《打造高中卓越班级的42个策略》，给我们有想法的班主任描绘了一幅班级建设的成功地图，掀起了一场班级创意管理的思维风暴，提供了一个卓越班级实现的有效途径。

爱影的思维非常严谨，我有些惊讶，因为一般来说，女教师感性的较多。但是爱影那个可爱的小脑袋瓜里，却有那么完善的工作思路！从班级精神的提炼，到小组建设的筹划；从班级文化的形成，到班干部队伍的提升；从日常管理的设计，到班级活动课程的开发；从普通的日常工作，到激励手段的创新……整个工作有条不紊、大气雄浑。

42个策略，分明就是全套班主任工作的成功地图啊，分明就是一个为我们一线班主任量身定做的卓越班级打造方案。这个方案，对新任班主任来说，是一部打造优秀班级的"武林秘籍"；对有经验的班主任来说，是一个提升工作效率的好帮手；对一些专门从事班主任工作研究的专家来说，他们将欣喜地发现，摆在自己面前的是一座一线班主任工作实践和创意的宝库！

除了思维严谨之外，具有实践性、可操作性，拿来就能用，是这本书的第二个特点。《打造高中卓越班级的42个策略》，每一个策略都有丰富的实践做支撑，每一个做法背后都有一个或多个故事，都有一段刻骨铭心的经历。如给班级取一个有意思的班名、班干部角色的定位、日常管理的升级机制……那些鲜活的案例，让您忍俊不禁，让您在莞尔一笑的同时，产生一种想去做班主任的冲动。

这本书的第三个特点，就是丰富的创意，它给我们展示了一个普通班级从优秀走向卓越的实现途径。

我常常在思考一些问题：为什么我们常常感到工作力不从心？为什么我们的工作要进步很困难？为什么学生对我们的管理越来越不感兴趣？为什么即使是以前我们自己感到自豪的一些技巧，经历一段时间之后，竟然使用起来非常疲软、被动？造成这种局面的根本原因在哪里？读完《打造高中卓越班级的42个策略》之后，我找到了答案。原来优秀和卓越的分水岭就在"创新"两个字。

爱影是一个有着小浪漫的神奇女子，她喜欢用一些创新的办法来娱乐自己、丰富学校生活，用她的话说，"班主任工作就是自娱自乐"——这恰好符合青春期学生的心理特征。青春期的学生好奇，喜欢接受新事物，当我们常规的管理手段被他们摸清楚之后，他们的激情和创造力就会陷入低谷。要想激发孩子们参与班级管理的热情，就需要不断创新。爱影的42个策略，就是42个富有创意的班级管理方案。难怪他们班上的学生，会为老师的一个新想法而激动，会为班主任新出台的一个管理方法而痴迷。对学生而言，一个熟知学生的需求而又具有创新工作思路的班主任，简直就是一剂青春的迷药。孩子们愿意为她痴迷、为她努力、为她克服自己的一个个不可能——这就从平凡走向优秀、从优秀走向卓越！

读一本好书，常常会激发我们自己也去尝试一下的冲动，让我们也迫不及待地想去大展身手，在自己班上也尝试一回。这是我阅读爱影书稿的第四个感受。她的文字那么美好，她和学生的关系那么和谐，她的班级那么美丽。孩子们会和

推荐序二：卓越班级锻造的有效途径

她一起疯狂打闹，会和她一起享受创意生日，也会和她一起在月光下起舞……享受生活，享受教育，这是多么难得的一种境界啊！爱影做到了，卓越班级的学生让老师做到了。您说，这怎能不让我们有一种想尝试的冲动呢？

郑学志

2013年9月3日

（郑学志：全国知名班主任工作爱好者，湖南省班主任研究学会常务副理事长。）

前言：卓越是一种追求

卓越对我们、对班级意味着什么？什么样的班级才是卓越班级？……写下这个标题，我又重新审阅自己的书稿。一本书的诞生，对我而言，就是自己思想的一次重生。

那么，我所理解的"卓越"又是什么呢？

1. 卓越首先是不甘平庸的自我突围，是师生向上的精神信仰

年轻时努力工作，在工作中痛并快乐着，并一度以评上高级职称作为自己的人生追求，可是在我30岁出头评上高级职称，成为学校的一面旗帜时，我突然感觉生活失去了方向——每天三点一线，单位、菜市场、家里，平淡的生活似乎少了激情，少了希望。我不断追问自己：我就这样碌碌而过吗？我的生命就这样平淡无奇？

我曾在山水中找寻乐趣，在书写中辗转追问。然而，短暂的快乐隐藏不了我内心的忧伤和对前途的迷茫，优美的文字掩盖不了我对现实的彷徨和无所寄托的无奈。我需要寻求一种改变，需要一次生命的重新定位和破茧。2009年，我走进了《班主任之友》杂志教育论坛，走进了自主教育共同体，才结束这种心灵的漂流。在这里，我理解了"卓越"的一些基本内涵——对平庸生活的果断背离！这里有一大群视教育为自己崇高信仰的老师，他们把每一个问题都当成人生的一次超越。我真诚地感受到了他们的激情、抱负与才华，我发现，我还可以继续成长。

因为我的不甘平庸，我的学生也不甘平庸。他们不再满足于一次次考试的优

秀,不再满足于分数的遥遥领先,不再满足于班级管理的表面繁荣,他们需要对自己的一次超越。卓越,逐渐成为我们班级的精神信仰。他们宁可不要百元大钞的奖励,而选择一种能够打造自己精神气质的"兰泽"评价晋级系统、"瑾瑜"升级系统;他们要过一种有品位的、有文化底蕴的高中生活;他们注定要让自己的经历成为青春的传奇……

2. 卓越是激励自己不断超越的力量,是班级优秀的群体气质

您的班级是全校最好的班级吗?您的班级是整个地区最好的班级吗?您的班级是全国最好的班级吗?……面对这些问题,我想说是,也想说不是。没有最好,只有更好。无论我们做到哪一步,在学校、地区乃至全国,都无法说最好!但是,我们可以把这种"好"拔得更高一些——我们还可以更好!

卓越,就是这样一种对自我优秀的自信和勇敢,也是一种发现不足、寻找上升空间的清醒和谦虚,更是一种引导自己的生命走向更高层次的追求,是一种激励自己不断与自己竞争、不断超越自我的力量!优秀之外,还可以杰出;杰出之外,还可以卓越;卓越之外,还可以更好!打造卓越班级,就是清醒地认识自己的不足和优秀之余的更进一步的自我超越,是一种和自己竞争的前进力量。

卓越成为我们班级的内在气质。当我们成功拉练30公里时,我问孩子们:我们还能不能继续走1公里、2公里?孩子们排山倒海地齐吼"能!"。当我们奋起直追,由一个普通班级偶然成为学校优秀班级时,我问孩子们:我们还能不能把优秀继续保住、让我们成为学校的一面旗帜?孩子们摩拳擦掌地说"能!"。当我们班上实现无人管控自我约束的自习纪律时,我问孩子们:我们还能不能让自己做得更好,提前进教室读书的同学把名字写在黑板上让同学们监督?结果孩子们的名字写满一黑板……

追求没有止境。山高人为峰,头顶有天空;高山之上,天空之上,心是更高的山峰。

3. 卓越是做自己的最好的人生准则，是自我约束的良好习惯

做不了太阳，那就做我们自己的星星吧！不管别人的路途是多么辉煌，坚定地信守自己的做人原则，尽自己的努力做到自己的最好，难道这不是另外一种意义上的卓越吗？卓越，原来就是不攀比、不盲从，甘愿做尘埃里一朵卑微的花，绽放自己的娇艳，散发自己的芳香！卓越，原来就是清醒地认识到自己的长处和短处，不管别人如何看待，我自做好我自己，我自奉行自己的人生准则并坚持下去的一种人格独立！卓越，原来就是不需要别人督促和提醒，努力把自己的才华发挥到极致，不偷懒、不回避，是自我约束做自己的最好的良好行为习惯！

做自己的最好，让我们在面临诸多的困难和痛苦时，多了一份对美的渴望、对善的追求、对真的不抛弃不绝望的坚持！做自己的最好，如鸿鹄超越燕雀的凡俗，如雄鹰搏击长空的自由，引领着我们不断超越自身的思想局限，不断地追求更纯粹的教育境界！

因为追求做自己的最好，无数个夜晚，我在记录着班级的点点滴滴中度过，用我的问心无愧，引领着孩子们追求完美；无数个白天，我感受着平日琐碎的工作有了别样的意义；无数次的活动开展中，我学会了如何引领学生们尽情发挥他们的聪明才智；无数个的疑难问题，使我有了"闻过则喜"的心态……因为追求自己的最好，让我在做每件事情时都会寻求最佳处理方法，力求最大限度地挖掘学生的潜能，力求取得最好的教育效果。

因为要做自己的最好，孩子们不断挑战自己，磨砺着自己的意志。他们学会了每 21 天挑战自己的一个不良习惯；学会了每 21 天完成一个美好行为的修炼！他们学会了在学校遇到特殊情况、没有出操号令时，坚守自己的作息规则，主动组织全班同学去跑操。开始是别的班级观望嘲笑，后来竟被我们班学生沉稳坚毅的行为打动，全校学生集体无号令指挥地跑操！那一刻，我感动了，我被我们班学生卓越的表现感动了……

4. 卓越是应试教育里的诗意渴望，是班级内在的文化修养

怎么管理学生？低等的老师用恐吓，聪明的老师用管理，高明的老师用文化治班。"随风潜入夜，润物细无声。"以文化人，润泽心灵，是我带班的卓越追求。我带"瑾瑜班"，和孩子们一起全力打磨"美玉"文化；我带"兰泽班"，和学生们一起倾力塑造"兰君子"的品质。甚至还包括班级名称的锤炼，班级精神的打造，诗意班规的建立，创意生日的开展，班级论坛的阅读……

不是我这个班主任"文艺"，只给学生那些虚的东西，而是我固执地认为，教育不能够没有诗意——诗意是平淡生活里开出的一朵渴望浪漫的鲜花，是沉重学习压力中的精神解放，是在应试教育的夹缝中对学生进行心灵润泽的一道性灵之光。诗意教育让我们在繁重的工作中，享受一份心灵的慰藉；让我们在体制的不完善中，寻求教育的突围。

我用文化治班，要让文化成为润泽孩子心灵的重要手段。我要让教室承载着丰满的梦想，让班级具有深刻的文化内涵，让学生徜徉在诗意的林荫道上，让孩子们嗅闻一路清香，且行且歌且成长。我要让我的学生，从我的班级中走出去之后，举手投足间，尽显卓越风范，尽彰文化内涵。

路遥说，"只有有了初恋般的热情和宗教般的意志，人才能成就某种事业。"为了心中那份诗意的教育梦想，我用虔诚的心，用蜗牛不言弃的执着，努力在教育中由低贱向高尚攀登、由平凡向卓越发展，等候属于我的那一道彩虹！

卓越还有很多的内容，是未雨绸缪的前期铺垫，是对学生不断完善自己的信任，是挑战困难毫不畏惧的勇气……但对我而言，卓越是我的追求、我的梦想，是我和孩子们行动的方向！

覃丽兰

2013年11月8日

目　录

推荐序一：从平凡到卓越，您也能够（张万祥）·····················Ⅰ

推荐序二：卓越班级锻造的有效途径（郑学志）·····················Ⅴ

前言：卓越是一种追求（覃丽兰）···································Ⅸ

第一章　铸造卓越班级精神的6个策略·······························1

策略1：诗意相见构建美好愿景·································2

策略2：在游戏中建立团队互信·································7

策略3：取一个有意思的班名··································12

策略4：铸造我们的班级精神··································17

策略5：打造共同的班级图腾··································23

策略6：唱响我们的班级精神··································29

第二章　构建航母功能小组的7个策略······························35

策略7：精心夯实基础组织建设································36

策略8：给小组取一个响亮的名字······························41

策略9：给学生一个优秀同伴··································46

策略10：让小组运作得更科学·································53

策略 11：用团队力量消除小顽疾 ································· 59
策略 12：改善小组的薄弱环节 ····································· 64
策略 13：基因重组让小组永葆活力 ································ 70

第三章 打造卓越班干部团队的 6 个策略 ························ 75
策略 14：准确定位班干部工作 ····································· 76
策略 15：让每个学生都参与到班级管理中来 ····················· 87
策略 16：班主任要学会适度隐身 ·································· 95
策略 17：建立健全班干部培训机制 ······························· 100
策略 18：值日擂台赛激活班级管理 ······························· 109
策略 19：让换届成为管理的新契机 ······························· 115

第四章 推进卓越班级日常管理的 6 个策略 ···················· 125
策略 20：让规则变得温馨可爱 ···································· 126
策略 21：开学收心也可以很从容 ·································· 134
策略 22：发挥每一个名字的激励力量 ····························· 138
策略 23：建立日常管理的自动升级机制 ·························· 144
策略 24：从组织建设上解决学习问题 ····························· 152
策略 25：导师制把科任教师请进来 ······························· 159

第五章 打造卓越班级文化的 6 个策略 ·························· 165
策略 26：塑造一个高贵的灵魂 ···································· 166
策略 27：关注细节的落实 ··· 174

策略 28：海量阅读浸润学生的心灵……183

策略 29：给青春一份优雅的诗意生活……193

策略 30：推出我们的"百家论坛"……201

策略 31：倡导一种健康的休闲文化……207

第六章 打造卓越班级活动的 5 个策略……215

策略 32：让常规班会绽放异彩……216

策略 33：给孩子一个有创意的生日庆祝活动……223

策略 34：策划一次美好的班庆活动吧……230

策略 35：在感动中推进感恩教育……240

策略 36：用活动为学习保驾护航……250

第七章 激励学生不断上进的 6 个策略……257

策略 37：强化孩子们的团队意识……258

策略 38：让挑战成为一种习惯……264

策略 39：让坚持变得好玩……269

策略 40：创设疯狂学习的好氛围……276

策略 41：推进高效学习日……283

策略 42：走一走班级的"星光大道"……290

第一章　铸造卓越班级精神的6个策略

人活着，首先是一种精神。一个有着健康向上、积极进取精神的人，走到哪里，都传递着一种正能量，走到哪里，都能够带来强有力的人格磁场。

一个班级，也需要酝酿、打造、提炼一种班级精神。班级精神是班级大厦建设的超级水泥，它具有神奇的力量，能够迅速凝聚人心、鼓舞士气、激励学生的斗志，它能够跨越时间和空间，给学生一辈子以深刻的影响。

形成一种班级精神，并不需要太高的学历、太多的知识，它只需要您带领孩子们一起生活、一起挖掘、一起提炼、一起传唱……

卓越，首先是一种精神！

打造高中卓越班级的 42 个策略

策略1：诗意相见构建美好愿景

青春期的孩子喜欢浪漫的想象。创设诗意的相遇环境，往往能够形成良好的第一印象效应，让学生们对新的班级充满期待。

每接一个新班，我都非常看重班级精神的建设。而且，我总是在第一次见面的时候，就为它的成长准备好温床。下面，我以"瑾瑜214班"的见面过程为例，详细介绍一下我的班级精神酝酿过程。

一、诗意相见，让初遇令人怦然心动

归零和出发，是人很正常的心理活动。无论一个学生以前怎么样，每到一个新的环境，都会有一种新的期待，渴望一种新的开始。这种期待，就构成了学生们对班级建设最初的愿景。珍惜并利用好这种期待，往往是一个好班建设的开始。

每次和新生班级见面，我都会打造一个诗意的见面会。

我对学生们说："今生的每一次相遇都是一种缘分，都值得珍惜，所以，我把与你们的相见，当作一种最美丽的相遇。"

为这美丽的相遇，学生报到之前，我在黑板上写下"相逢是缘""欢迎你的到来"等话语，并将"缘"字写在最中央，画上一个大大的圆圈。

教室里播放着《相逢是首歌》。温柔的曲调、温馨的画面，和着温情的歌声："你曾对我说，相逢是首歌，眼睛是春天的海，青春是绿色的河；相逢是首歌，同行是你和我，心儿是年轻的太阳，真诚也活泼；相逢是首歌，歌手是你和我，心儿是永远的，琴弦坚定也执着……"

在这样的氛围里，每个学生走进我们班教室时，都特别惊喜，眼神里洋溢着期待，心里流淌着感动。

等所有学生到齐之后，我开始了诗意的开场白——朗诵席慕蓉的《一棵开花的树》：

"我在佛前求了500年，求他让我们结一段尘缘，佛于是把我化作一棵树，长在您必经的路旁……"

然后我告诉孩子们："我很喜欢席慕蓉的这首诗，也许前生的盼望，才会有今日的相逢。佛说：'前世500次的凝眸，才换得今生一次的擦肩而过。'那我们该有多少次的凝眸，才能换来几年美妙时光的相处，想起来多值得感动、多值得珍惜啊！"

就这几句话，一直被学生记着。他们说这几句话拨动了他们最柔软的那根心弦，他们暗下决心，一定要建设好这个班级。

二、诗意介绍，让初相遇温馨动人

然后，我在黑板上写下了我的名字——覃丽兰。"这个姓读什么呢？"马上学生们七嘴八舌地说，读"tán"、读"qín"。

我笑了起来："你们读错很正常。"我告诉他们，我外出讲课，好多主持人也读错。他们会说："下面，有请来自湖南的'谭'丽兰老师为我们做精彩的讲座！"面对这种情况，我总是不露声色地自报家门："我是来自湖南省怀化市铁路第一中学的覃丽兰老师……"

这介绍有些自卖自夸，不过适当夸一夸自己，给学生留下好印象，便于以后开展工作。

"不过，其实叫我'谭老师'也没关系，不就是赞扬我谈吐自如、谈笑风生么？如果叫我'覃老师'也很好，'覃'就是勤快的'勤'哦！还有人说，秦始皇的'秦'！我很想成为秦始皇的后代，有王气贵族气，可是我终究不能高攀权贵，所以，我这姓有些特别，名字很普通。但普通的名字叫起来亲切啊——下回记住，碰到谁的名字很普通，可别说'你这名字好一般啊'，要说'你的名字好亲切啊'，这样那人会很高兴，心的距离就拉近了。"

孩子们笑了起来。我还告诉他们，以前教180班，学生们都叫我"西早老师"或"西早姐"。

"洗澡？！"学生们抿着嘴笑。

"不是洗澡，是'西早'！就是将我的姓——覃字上下拆开，'西''早'啊！不过'洗澡'也不错，你们都是我的孩子，我为大家的心灵洗澡，我督促大家讲究心灵卫生，带领大家在知识的海洋里尽情遨游，这样的心灵洗澡不也是很好吗？"

这下大家都轻松了。

然后公布我的电话号码："这是我的电话号码。你们准备什么时候打我的电话呢？"

"有困难的时候打。"

我莞尔："我是你们的'110'，有困难找覃老师，请拨137×××××89，是吧？"

"心里烦恼时打你的电话。"

这话好！"我就是你的热心专线，有烦恼请拨137×××××89！"

"我学习有疑难，就打你的电话。"

这也不错！"我就是火警119，有学习疑难请拨137×××××89，随时帮你排除学习火灾！"

"我想有生活困难时打电话，比如，我生病了。"

我笑了起来："我是120急救中心，谁身体不舒服，就拨137×××××89。"

……

"我覃老师在同学面前可是无所不能、无微不至啊。"听我一说，孩子们再次笑了起来。

"当然,高兴时,你可以打我的电话,我会分享你的快乐;烦恼时,你可以打我的电话,我会是最好的听众。"说完这些之后,我又问他们一个问题:"如果说班级是个家,你们是家的主人,那我在家里扮演什么角色呢?"

有的学生说是保姆,有的学生说是妈妈,有的干脆开玩笑说:"是奶奶。"

"我可还不想这么老啊!"我莞尔。

"我应该是你们的服务员,让大家都能养成一个好习惯。播种一个行为,养成一种习惯;播种好习惯,才能收获成功。好的生活习惯、学习习惯将会让大家受益一生。

"我是听众。我会认真欣赏你们每一天的精彩演出,我会用心品尝你们的酸甜苦辣,我会倾听你们每一个人的心声,让大家在倾诉中学会自我教育、自我成长。

"我是一个守望者。《麦田里的守望者》一书里,有这么一段话:'我是麦田里的守望者,望着孩子们在麦田里嬉闹,一旦他们靠近悬崖边,我就把他们抓住。'我也愿意成为这样的守望者,为大家遮风挡雨,无怨无悔。

"我也是你们的学姐,用我的成长经历引领你们成长,让大家在人生路上少走弯路。

"不管我担任哪一种角色,亲爱的孩子们,我爱我们的这个家,我渴望成为你们的路基,奠定你们人生的高度;我渴望常见到你们的微笑,一起用心经营我们的家——214班;我渴望我们都充满温馨的感动,收获怡人的幸福。"

我话刚说完,下面的学生们和家长们就热烈地鼓起掌来。

这样的见面会,学生感受到的是家的温馨,体会到的是老师的关心和体贴,得到的是足够的尊重,他们能不想尽一切办法去爱护班级吗?

三、诗意畅想，酿造班级愿景

然后我再问他们："你们希望我们班是个怎样的班集体？能够用一种颜色鲜明的物品来比喻一下吗？"

"我心目中的班级是橘子，橘红色象征班级要有活力，橘瓣就像我们同学和睦相处、同心成圆，做什么事情都齐心协力。"

"我心目中的班级就像冬天里的一盆火，给我们带来家的温馨。同学病了，有家人呵护；有困难了，有家人相帮。"

"我心目中的班级应该是翠竹，郁郁葱葱，充满生气，节节长高，不只是傻读书。"

"我心目中的班级应该是一朵红色玫瑰，大家热情、积极向上，围绕着花心，每一片花瓣都努力绽放出自己的美丽，我们要敢于为集体荣誉出一份力。"

"我心目中的班级是七彩虹，赤橙黄绿青蓝紫都要有，象征着既要努力学习，又要活动丰富多彩，有自己的特色。"

"我心目中的班级是一朵雪莲，白色象征着品质纯洁，雪莲生长在高山寒冷的地方，象征着我们不畏严寒，胜不骄、败不馁。"

"我心目中的班级像蓝色的海洋，包容宽广。"

……

我将每个孩子说的班级愿景关键词写在黑板上：和睦友爱、团结互助、积极进取、荣誉感强、活动丰富、品质高洁、包容豁达……听着孩子们的畅想，班级愿景如一条伸向远方的路，就在我们脚下铺开延伸。

策略2：在游戏中建立团队互信

游戏是一种很好的教育手段，它不仅让大家开心，更能在情景化的具体活动中，锻炼学生协调合作的能力，拉近彼此的心灵。

开学第一天下午通常是入学教育。为了让学生快速相识、找到归属感，我们玩了几个有趣的游戏。

游戏1：松鼠搬家——锻炼学生主动交友能力

我宣布游戏规则：四个同学为一组，两个人做"大树"，两个人做"松鼠"，松鼠站在大树下，组成家庭。

虽然大家都不熟，但性格开朗的主动去找伙伴，胆小羞涩的在热情同学的邀请下，都迅速组成了四人家庭。

接着我宣布游戏的下一步要求："松鼠搬家——'大树'不动，'松鼠'找新家。""松鼠"们傻眼了！怎么彼此才有眼缘，这下又要换人了？我需要的就是这种效果，要让学生们在有限的时间内，尽量多地接触和了解更多的同伴。

活动要求说明后，"松鼠"们马上行动。有的"松鼠"聪明，招手和邻居协商，赶紧交换场地；有的"松鼠"跑到临近的"大树"下，一看，"大树"下早有"松鼠"了，只好满教室里再找；还有的"松鼠"临时没招儿，三个人挤在一棵"大树"下……望着大伙儿兴奋而又不好意思的神情，我也被逗乐了。

我告诉学生们，这个活动告诉我们一个交友的基本道理——你可以选择同伴，也可以被选择；但是不管怎样，我们都要以开放的心态去对待交友这件事情，这样，我们才会结识新朋友、开始新生活。

"搬家"之后，我再宣布："大家听好了，这一次可要'翻盖新房'，'松鼠'不动，'大树'找新同伴。"

"大树"们狂叫："啊，我们'房子'也要动？！"

"松鼠"们这回可得意了：刚才"大树"不是笑话我们"松鼠"手忙脚乱吗？原来你们也有辛苦的时候！闹哄哄一阵，"房子"移动到位，"松鼠"们望着自己的新"家"，新"家"打量着"松鼠"主人，相视一笑，算是互相认识。

没等他们热乎几分钟，我又说道："孩子们，游戏还没完啊，接下来是'重组家庭'，所有人动起来，重新找到伙伴。"

有了前两次的慌乱，这一次大家反而镇定不少，左顾右盼，侦察情况，不一会儿就都找到了新伙伴。然后，56双眼睛反而齐刷刷地望着我，似乎在说：老师你还会折腾出什么新花样来？

"好玩不？"我笑呵呵地问道。

"蛮有意思的。"

"我跑惨了。"

……

我示意大家停下："现在每两组家庭组成一个小组坐好。"

"咦？就坐下了！还没玩够呢。"

"放心吧，还有玩的。先坐下吧。"

游戏2："滚雪球"——告诉学生心中有他人

坐定之后，我开始介绍第二个游戏"滚雪球"：

（1）要求：每位同学都用一句话介绍自己，包括来自哪所学校、爱好、姓名。

（2）规则：以小组为单位，第一个人说完后，第二个人必须重复介绍第一个人，然后再介绍自己，例如："我是坐在来自××学校爱好××的××（姓名）

第一章 铸造卓越班级精神的6个策略

旁边的××。"第三个人必须重复介绍第一、二个人之后,再介绍自己……照此类推,最后一个人要重复介绍前面所有的人之后,再介绍自己。

(3)介绍过程中可以互相提醒、相互帮助。

教室里沸腾起来,八个脑袋凑一块儿,你一言我一语,自豪地告诉别人自己的名字怎么写,个个喜笑颜开。

"谁来展示你能记下本组的新同学?"

"没有轮到展示的小组用心倾听,到时候,我们看看谁叫出同学的名字最多!"每个组都自告奋勇进行挑战。孩子就是孩子,记性真好,一下子就记住了本组8个同学的名字。

各个小组展示完了,大家挑战谁记得同学的名字最多。

曾慧不仅记住了本组同学的姓名,还记住了临近组的所有同学的名字。

米诺记住了25位同学的名字,真了不起!

一个叫杨鹏的孩子,居然一口气对着同学叫出了32个人的名字,太牛了!

最后轮到我出场:"孩子们,'西早'老师来挑战一下,看看老师记住了多少同学啊!首先声明,我也是今天早上才拿到你们的名单。"然后我挨个地把全班56人的名字按组一一叫过去。学生们惊讶极了:天哪,还有这样厉害的老师!

当我叫完最后一个学生的名字时,他忍不住和我拥抱起来,全班同学顿时热烈鼓掌。

"老师,你是怎么记住我们的?"

"我是用心在记忆的。你们没有发现,当你们介绍同伴的时候,我的笔一刻没有停吗?我不仅记录下了每一个同学的名字,还动笔记了一下你们分组的情况。所以,好记性不如烂笔头啊!"

哇,这么厉害啊!孩子们啧啧称奇。其实,这里面有个小秘密,我没有告诉他们——学校分班之后,名字和相片我一拿到手中,就立马抓紧记忆,中午都没休息。记住别人的名字,就表示你心中有他人。我要把这个基本道理告诉我的学生。

打造高中卓越班级的 42 个策略

游戏 3：信任背摔——构建积极的互信机制

"还有游戏吗？"孩子们意犹未尽。

"还想玩？"于是，我们以小组为单位，进入第三个游戏环节"信任背摔"。

这个游戏有些风险，也更刺激。游戏由两部分人组成，一部分人闭着眼睛往后摔，另一部分人担任防护伸手接人。

1. 接人动作要求

每组 6~8 人，排成相对的两排。每人做右弓步，双手伸出，手掌掌心向上交叠放在对方锁骨上（要注意五指并拢，拇指不能向上）。每组安排两个人，将脚和膝盖贴紧，腰挺直，抬头斜向上 45°看背摔者，确保背摔者的安全。

2. 背摔者动作要求

（1）背摔者站在一定高度的课桌（或凳子）上，双手前伸、内翻、相扣、翻转抵住下颚。

（2）然后双脚跟并拢、膝盖绷直、腰挺直、含胸、低头、手抵住下颚，准备背摔。

3. 活动开展

背摔者在摔下之前，大声喊着："我需要你们帮助，你们准备好了吗？"接人者信心百倍地齐声回答："我们准备好了，我们值得信任！"

游戏规则介绍完后，各个小组跃跃欲试。男孩子胆大，女孩子则忸怩地站在凳子上，战战兢兢，连喊"我需要你们帮助，你们准备好了吗"都喊得底气不足。但是不管怎样，每个小组还是成功地依次体验了信任背摔。更有胆大者觉得不过瘾，站在了桌子上，毫不犹豫地又体验了一把。

等他们都体验完了，我问道："当你往后摔的时候，你最大的担心是什么？你有没有感觉到恐惧？是什么让你克服了恐惧？"

"我刚开始很害怕，生怕他们接不住我。但后来我想这么多人接我一个人应该不会摔到我的。"

"同学们那句'我们值得信任'安抚了我，给了我信心，让我感觉有了安全感。"

"我一直有些恐高，当我站在凳子上时，我头脑一片空白，听着同学们的热情呼喊，我闭着眼睛往后倒，他们接住了！那一刻我感觉心里好踏实。"

我又问接人的同学："当你喊出'我们值得信任'时，那一刻你内心里涌上的是什么感觉？当你伸出双手的时候，你有没有想过，怎样才能够让你的同伴不会受伤？你觉得那一刻，最重要的是什么？"

"当同学有困难时，当我们齐声喊着'我们值得信任'时，自豪感油然而生。被人信任很幸福。"

"我们不断调整姿势，生怕同学倒下来的时候，他会不舒服。"

……

这背摔的游戏，少了第一个游戏的趣味，多了一份温暖；少了第二个游戏的新奇，多了一份信任和关怀。风雨同舟，患难同行，学生就在这背摔里建立着班级同学之间的信任和支持。

打造高中卓越班级的 42 个策略

策略 3：取一个有意思的班名

取一个有意思的班名，让自己的班级与众不同，这是一个很能激发学生自豪感的做法，能让他们更加喜欢这个班级。

我的名字，丽兰，很普通，甚至有些土得掉渣。我爸妈没文化，可这名字也寄托着他们的美好愿望。他们希望我像兰花一样美丽芬芳，虽渺小，虽身处山野，但同样可以芳香四溢。

名字承载着家人的期望，也体现着命名人的文化素养。同样，班级建立之后，给自己的班级取一个动听的名字，赋予班名不凡的意义，就成为我和学生们在班级建设出发之旅中很动人的一章。

一、利用班级命名，唤醒学生的主人翁意识

"瑾瑜"是我接的这届高一一个班的班名。这个班名的出炉，可谓几经周折。先是进行创意征集，学生的命名让我哭笑不得，什么隔壁班、飞天班、屠龙班、我们班……虽然我要大家深思熟虑，班名要有文化底蕴，要承载我们的期待，结果还是这样无厘头。

我问孩子们："谁想出来的'屠龙班'？"

有个叫米宇琦的学生站起来："因为三中实验班有个天龙班，我们不服气，就要屠龙。"不服输，不甘落后，精神可嘉，这孩子有骨气。

我当即表扬了他，然后话锋一转："但是不大气，怀铁一中学生心胸这么狭隘，别人愿做飞天苍龙是他的事，我们做我们的最好！"米宇琦摸摸后脑勺，不

好意思地笑笑。

我又问："谁起的'隔壁班'？"

全班同学抿着嘴笑，都很好奇是谁这样无厘头地搞笑。

马上有同学指着杨圣沛，说道："是杨圣沛。"可是杨圣沛怎么也不肯起来解释。

其实他不解释我也知道。我们班虽是实验班，但实验班也分三六九等。校长锐意改革，虽然安排了在校研究生教数学，但是一开学，这研究生脚底抹油——走了，弄得我班开学一周了都还没有数学老师。稍微有些门路的尖子生，都托关系挤到隔壁班去了。学生羡慕隔壁班也是情有可原。我当时就想："小子，你看一个月，保准让你们扬眉吐气。"果真，第一次月考，前10名我们班占3个，前100名占20个；到了期中考试，就打了个翻身仗。加上我们班的活动开展得有声有色，现在是全年级都羡慕我们班。当然这些都是后话。

"你们拟写班名的用意是什么？"我一问，学生们愣住了，不由得陷入沉思。

"班名寄予了我们的美好期望。"

"班名体现了我们一定的文化内涵。"

"班名可以是我们的发展方向。"

……

大家你一言我一语地说开了。给班级命名的过程，其实是培养学生主人翁意识的过程，也是激发学生发挥聪明才智参与班级管理的热情的过程。为了让我们的梦想更具有驱动力，我还是对他们进行了尽可能的引导。

我接过他们的话说："班名就和我们的名字一样，承载着家人对我们的期望，而且要有一定的内涵。我们不妨就按照这几个特点去寻找心仪的班名。"

每个学生纷纷对自己拟写的班名进行了解释，然后由同学投票，初选出四个拟用名：飞梦班、睿翔班、修远班、瑾瑜班。

最终学生们投票选取了"瑾瑜班"。"瑾瑜"有什么含义？拟写班名的杨梦欢说："'瑾瑜'是美玉，我们班要像美玉那样美好。"

大家觉得很棒!

二、利用班级命名,赋予班级深刻的文化内涵

周末,我让学生回去好好地挖掘班名的含义。

周一班会课,大家开始汇报了。

"'瑾瑜'有两个出处。一是出自屈原《楚辞·九章·怀沙》:'怀瑾握瑜兮,穷不知所示。'二是出自司马迁《屈原列传》:'何故怀瑾握瑜,而自令见放为?'二者都是比喻屈原像美玉一样的品质。"

"屈原推行美政,哪怕被贬流放,也未忘忧国,我们崇尚屈子为理想执着的追求,要有他那样忧国忧民的爱国精神。"

"屈原曾流放到我市辰水一带,有诗句为证:'朝发枉渚兮,夕宿辰阳。苟余心之端直兮,虽僻远其何伤。'虽处偏远落后的蛮荒之地,他依旧不忘进谏报国。"

"屈原也曾流放到我市溆浦,'入溆浦余儃徊兮,迷不知吾所如……吾不能变心以从俗兮,固将愁苦而终穷'。屈原虽然遭遇小人的谗言,但是他刚正不阿,面对困境虽苦闷,却百折不挠。"

学生们挖掘得不错。不过我想让他们有更多的感受。于是我带领学生们走进了湖湘文化。

我说:"我们是湖湘人,屈子和楚文化有着极深的渊源,也是湖湘文化的源头,湖湘这块土地孕育了一批英雄儿女……"

于是,学生们兴奋地列举着湖湘名人:从屈原到贾谊,从王船山、魏源到曾国藩,从梁启超到毛泽东、刘少奇,从沈从文到黄永玉……大家七嘴八舌地分享着这些伟人名人的故事,个个都是神采飞扬。在讲述这些伟人事迹的时候,学生们听得聚精会神,那种自豪感油然而生。

我点拨道:"你们说的这些人物都是湖湘精神的杰出代表。有谁知道湖湘精神是什么?"

张耀中回答了:"心忧天下,敢为人先,经世致用,实事求是。"

何倩雯也说:"还有一种说法是,心忧天下,敢为人先,百折不挠,兼收并蓄。"

"这是对湖湘精神的概括认同最广的两种说法。既然我们是湖湘弟子,又与屈子有着不可分割的渊源,那我们班的寓意,可不可以从这两个方面综合考虑?"

三个臭皮匠,赛过诸葛亮。大家共同探讨,集思广益,最后将我们的班名内涵归纳为:"怀瑾握瑜,修美玉之德行;百折不挠,炼经世之才能。"经过这一挖掘,"瑾瑜"就不仅仅是美玉的名称,而且是一种班级精神的内核了。

三、利用班级命名,提升学生人生追求的境界

"瑾瑜"这个班名使用了一年,高二文理分科,学生进行了重组,新进的学生不愿意沿用前面的"番号",我们不得不再次另取班名。

经过一周的酝酿,学生们拟写出了30多个班名,最后他们选出四个班名进行投票:灼华、修远、兰泽、梦溪。通过投票,"兰泽"最终以32票胜出。

——于是"兰泽"横空出世。

后来我才知道,学生们取名"兰泽",还有一指,那就是我的名中有一"兰"字,他们以是我的学生而感到自豪,希望在兰兰老师的引领下,"兰泽"孩子如芳草般兴盛发展。而且居然有一学生吟出这么两句诗,来诠释班名:"兰韵悠悠暗香来,泽润萋萋芳草兴。""兰泽"镶嵌其中呢!这样的班名,其实已经将我和孩子们的心连接在一起。

但是,我觉得还不够,我还要求他们继续挖掘、提升。为此,我班特意进行了一次"我理想中的高中生活"调查。经过调查,我发现80%的学生很关注自己如何在高中生活中提升人格素养,如何找到学习和现实生活的结合点,如何在活动中提升自己的能力等。最后,孩子们将班名寓意为——

"兰心蕙质,泽润高尚人格;经世致用,成就魅力人生。"

打造高中卓越班级的 42 个策略

兰心蕙质，注重人格素养的培养；经世致用，关注学以致用，注重能力的提升。

后来的这个兰泽班级，成为我一生教育的一个经典案例，我很多的教育传奇，就来源于这个亲爱的、可爱的兰泽班级。

当我们赋予班名不凡的意义时，当我们让班名承载学生的美好梦想时，当我们将班名化为学生人生追求的力量时，学生们就会尽一切努力去维护班级荣誉，呵护这属于他们的唯一的名字，也会为这班名而不断提升自我素养，做最好的自己。

第一章　铸造卓越班级精神的 6 个策略

策略 4：铸造我们的班级精神

所谓的民意，就是充分地让孩子们说。孩子们说得越多，我们可掌握的信息越多，工作就越有针对性。

命好班名之后，我就开始根据孩子们的需求和班级愿景酝酿、提炼班级精神。我要让我的班级走到哪儿都与众不同；我要让我的学生从我的班级走出去之后，每个人心中都有一种烙印，甚至他们毕业多年之后，谈到我的班级，他们都会有一种共同的美好回忆，都还会有一种凝聚力、号召力。这凝聚力和号召力，应该就是我们的班级精神。

我们的班级精神该如何打造、提炼？

一、兰韵诗香，氤氲班级精神

我觉得班级精神应该围绕着班名而展开。我们现在有了一个美丽的共同的名字——"兰泽"，不如就这花中之王——"兰花"做文章。

我的提议马上得到孩子们的响应，那就先从搜集兰花诗歌开始吧。

孩子们利用周末搜集了大量的兰花诗歌，来了个兰韵诗歌会。

孩子们将电影《孔子》的主题曲《幽兰操》也搬来了："兰之猗猗，扬扬其香。众香拱之，幽幽其芳。"大家和着这古琴音律哼唱着，顿时，整个教室里弥漫着诗香。诗歌会就在这古韵十足的《幽兰操》里拉开了序幕。

"素弦组"齐诵韩愈的《幽兰操》上场了："兰之猗猗，扬扬其香。不采而佩，于兰何伤。今天之旋，其曷为然。我行四方，以日以年。雪霜贸贸，荠麦之茂。

17

子如不伤，我不尔觑。荞麦之茂，荞麦之有。君子之伤，君子之守。"配上琴瑟之声，反复吟诵的那句"君子之伤，君子之守"，似乎让我们看到韩愈虽身处不利之境而仍保持志向、德行和操守的高洁。

"璟涵组"带来的是李白的《古风》。"孤兰生幽园，众草共芜没。虽照阳春晖，复悲高秋月。飞霜早淅沥，绿艳恐休歇。若无清风吹，香气为谁发。"孤兰生于幽园，自开自清香，冷傲的一株兰就如同李白响彻云霄的呼喊："安能摧眉折腰事权贵，使我不得开心颜。"

"惊梦组"找到的是郑燮的《题画兰》："身在千山顶上头，突岩深缝妙香稠。非无脚下浮云闹，来不相知去不留。"同学们吟诵得荡气回肠。他们还找来郑板桥的竹兰画作为朗诵的背景，品画吟诗，别有一番滋味。

倒是"仓颉组"直率："芳名誉四海，落户到万家。叶立含正气，花研不浮花。常绿斗严寒，含笑度盛夏。花中真君子，风姿寄高雅。"张学良的《咏兰诗》甚是荡气回肠，一扫幽兰阴柔之美，更显得豪气冲天。

"无人亦自芳""兰叶春葳蕤，草木有本心"……一首首咏兰的古典诗词就这样在孩子们的嘴里吟诵着，孩子们一个个口吐兰词、满口兰香，一朵朵兰花在教室里轻盈绽放，兰的清香氤氲着我们的青葱岁月……

我在外面讲课，很多老师问我，如何酝酿、提炼班级精神？我说，班级精神并不是一种很虚、很玄奥的东西，它发源于我和孩子们共同的具体文化生活。兰韵诗香，孩子们在寻找的过程中，在朗诵吟哦的过程中，兰花的高洁情操，就逐渐成为他们精神中的一部分。这也是润物细无声的一种教育吧。

二、激烈论辩，畅谈班级精神

欣赏完意蕴深长的兰韵诗词，接下来就到了"兰泽班级文化大家谈"的时间了。在搜集大量的材料并进行热烈的小组讨论之后，每个组都展示出了自己对班级精神的理解和向往。

首先是"尚翊组"组长佩佩发言:"'涉江采芙蓉,兰泽多芳草','兰泽'208班,也应是兰草集萃之地,我们每位成员应同兰草一样为班级点缀一方之地,打造兰文化风景。"

"兰生于幽谷,不应无人而不芳,贾平凹在《访兰》一文中曾写道:'兰草是空谷的尤物,得的是天地自然的原气,长的是山野水畔的趣姿。'兰的清雅脱俗,就在于它不为被人欣赏而生长,而是为自己的特色而存在着,因而叶纯、花纯,透着灵性。我们应同兰草一样,不能失自己的真性,'无人理睬时,坚定执着''空谷幽兰,万人羡慕时,心如止水'。"

发表完这一文采飞扬的演讲之后,佩佩提出的班级精神,应该是"坚忍,不畏暑,不畏寒,柔中带刚",作为兰的一员,我们积极磨砺心志也是必需的。

周麟乃书香女子,她笑眯眯地说:"兰泽即兰花,又称兰草、香草等,给人以清幽、高洁的感觉。兰泽代表我们的心,不管遭遇什么,我们都要做一个兰花一样的人,做一个淡雅的人,做一个拥有超凡脱俗气质的人。"

蒋臻则咬文嚼字,搬出了偌大一本《辞源》。兰:清新幽淡。泽:①被水淹没过的土地;②金属光泽。解释完这些后,她郑重地抛出她的班级精神:"兰泽作为班名,意味着我们作为208班的学生要到达一种清新脱俗的气质。散发光芒的方式有千千万万种,在平常的做人做事中,我们要尽量低调,知道什么事该做、什么话该说,我们要懂得做好自己。我们像兰那样选择最清新的方式,独放异彩,不浮夸,脚踏实地,认准目标,努力干下去,迟早有一天,我们会光芒万丈,一鸣惊人。"

段波尔伶牙俐齿、聪明活泼,她更是从兰的枝叶形态来展示兰的特性:"如兰,高雅大方,舒展开来的枝叶坦白地面向天空,散发出兰的自信与骄傲。如兰,坚忍勇敢,不管是寒冬还是酷暑,她永远站得稳而坚定,风吹不倒,雨打不烂,雪压不垮,摇曳是对命运的抗争,坚强是青春的本色。待风止雨停,它用它的泪折射自己最美的光彩,依然从容而立。我们的班级精神,应该如兰一般坚忍勇敢、永不言弃!"

段波尔的话还没有说完,同学们之中就爆发出了雷鸣般的掌声,还夹杂着尖锐的口哨!看得出,"坚忍勇敢、永不言弃",这些阳刚、青春的词语,很得同伴们的认可。

张怡更关注兰的平和或旷达:"周敦颐说,莲——花之君子者也。其实,兰——亦花之君子者也。我们作为普通人,要有一种兰花般的淡然清雅,要活出自己的美,以一种平和的心态、旷达的胸襟来对待生活中的事情。人生不如意之事十有八九,我们要以淡然的心常想一二。"

这个平日里大大咧咧的女生,原来是用平和、旷达让自己做到专业和文化两不误,坚持绽放清雅的美丽,这与其说是兰花的品质,不如说是她自己的真实写照。"平和、旷达"这两个关键词,也获得了不少同学的认可。

"尚翊组"展示完之后,全班爆发出热烈的掌声。没想到这些孩子,居然从兰泽的名称解释,到兰花枝叶的形态特征,再到兰花的品质,全方位地解读了我们兰泽成员该具有砥砺心志、清幽高洁、脚踏实地、坚忍勇敢、平和旷达、固守自我的兰花品质。我不由得为之叫好,孩子们太厉害了,居然一下子挖掘出那么多的班级精神。

其他各组也纷纷发言,在你来我往的热烈争论中,一些高频率词语逐渐被提炼出来。

"子衿组"认为,我们的班级精神应该是——做好自己、做到最好、团结和谐、勇于创新。

"绣心琴影组"注重兰的品质——"宁静醇远"。

"清晓组"推崇兰花"无人亦自芳"的品质。

"咏絮组"的才女们在历数大量名人与兰的渊源后,强力推出"愿我们兰泽208班的同学有蝴蝶兰的高洁、紫罗兰的机敏、小苍兰的清新、君子兰的君子之风、剑兰的坚强,为建设与众不同的兰泽208班而努力!"

……

孩子们你一言、我一语,尽情地畅谈着自己对班级精神的理解。我派专人做

第一章 铸造卓越班级精神的6个策略

好记录。我觉得，每一条理由都很珍贵，每一条意见都值得尊重。因为，这些发言都传递着孩子们建设理想班级的美好愿望。班级精神酝酿、提炼的过程，本来就是对孩子们进行思想教育的过程。我深信，怀揣高洁种子的孩子，走到哪里，都不会堕落，走到哪里，都会有自己的君子之风、兰花之守。

三、趁热打铁，提炼班级精神

那一段时间，我们班孩子们课后说得最多的，就是对兰泽的理解，讨论得最多的，就是谁的意见可能被采纳。全班学生都生活在一种火热的兴奋之中。乘着这份兴奋，借着这份喜悦，我们的文宣部部长不失时机地要大家拟写班训和提炼班级精神。

于是，"宁静、醇远、雅致、蕙心"这四个词语最为孩子们所欣赏，他们也认为这可以代表班级的努力方向——班训就这样形成了。

这样，我们班的班级精神最后确定为——"追求一种气清、色清、神清、韵清的道德操守；固守一种花美、香美、叶美的做人品德；锤炼一种耐霜雪之寒、坚韧不拔的气质；静修一种容天地之广的胸怀"。它从道德操守、为人处世、气质胸怀等多方面，全面阐释了我们班的精神追求，让"兰泽"人成为具有高尚人格之人。

班级精神确定之后，我对孩子们说："班级精神看起来很虚，但是我们每个人的行为，都能够体现出我们的班级精神。换句话说，我们的表现，就是班级精神的具体写照。请问，大家如何在日常生活中落实和体现我们的班级精神呢？"

石雨芳首先发言："屈原说：'喻兰若美人如君子，品如兰而香愈兰。'作为文科生的我们即便不像古人那样清雅脱俗，但毕竟要有一些兰的精神。我们要外修形象、内强精神，用学习丰富我们的心灵！"

贺心怡不慌不忙地笑着说："兰花虽小却香气四溢，之所以被大家称作花中君子，其实就是因为她不随波逐流，只安于做好自己。我们要落实好班级精神，第一要务是做好自己。每个人心中要有自己的道德标准,不让自己成为害群之马,不要让一颗老鼠屎坏了一锅汤。这是对班级负责,也是对自己负责!"

唐菲瑶借兰生幽谷之境、怀揣平和之心,强调兰泽班级的"和"是一种互帮互助,要落实班级精神,就要在"团结同学"上做文章,要像兰一样,做君子,和而不同,千万别做小人,表面看上去一团和气,背地里却暗暗使坏,更不能没有原则地"和",包庇和纵容同学犯错误。菲瑶的话让很多同学陷入了沉思。

精神的形成需水到渠成,不是一天两天的功夫。所谓冰冻三尺非一日之寒,既指陋习的形成,也指美好品德的养成,都是一个时间的总和。我鼓励大家充分地表达自己的见解,我深知在班级管理和教育中倾听的重要性。只有让孩子们充分地说,他们的心思您才能把握,他们的想法您才能知道,您的工作才更有针对性。孩子们讨论班级精神的过程,其实就是一种精神内化的过程。

我期待,我们的班级精神,在每一个孩子心中都开出一朵灿烂的兰花。

第一章 铸造卓越班级精神的6个策略

策略 5：打造共同的班级图腾

我们不仅仅是设计班徽、班旗，而且是把班徽、班旗的设计过程当作班级精神的内化过程，在这种共同的精神图腾的寻找过程中，对孩子们进行一次深刻而形象的班级精神教育。

建设卓越班级，有了与众不同的班名，还得有自己与众不同的身份标识。于是，我带领学生设计我们自己的班级图腾——班徽和班旗。

您想想啊，班级精神是抽象的，但是，班徽和班旗是实在的，一面美观实用的班旗，缀以班徽，应该是我们班级精神的物质化形式。当我们打着自己设计的班旗，张扬着我们自己的班徽，在学校里应该就是一道亮丽的风景！

我把这个想法告诉了孩子们，孩子们非常兴奋。于是，我就带着他们走上了设计我们班级图腾的旅程。

一、把班徽和班旗的设计过程当作一次班级精神的教育过程

带172班时，我曾经请广告公司帮忙设计班徽：一艘卡通航船，神情坚定，乘风破浪，将懒惰、困难等抛在船下，上面镶嵌着当时的班级口号——"172班，非同一般，乘风破浪，扬帆起航"。班徽的样子很好看，但是设计好之后一直没有在班上通用，原因很简单，学生没有参与设计，自然缺乏认同。

这次失败的经验，让我明白一个道理：班徽和班旗的设计过程，应该就是班级精神入脑入心、对学生产生潜移默化的教育影响的过程。班徽如何体现班级精神、班旗在演绎班级精神中处于什么位置，学生在思考这些问题的时候，自然就

会对班级精神进行更形象、更深刻的领会。

这次设计"瑾瑜214班"的班徽，我事先就在班上渲染气氛。我和学生们讨论，如果我们每次外出都打着属于我们自己的班旗，会感觉如何。

学生说："没得说，肯定很自豪呗。"

"那我们去做一面班旗吧。"大家一致响应。

"旗帜上用什么来区分我们班级和别的班级呢？总不至于随便拉来一面彩旗，就当作我们的班旗吧？"我继续问道，"或者傻傻地，就写'214班'这个番号？"

"那不行，得有我们的标志。"下面有学生小声地建议。这个建议正合我意。

"设计一个徽标，然后绣在班旗上？"这建议不错，我热烈鼓掌。

"那么，这设计工作谁来做呢？我不是专门的设计师哦！"

"这事儿不用老师操心，我们自己来。三个臭皮匠，赛过诸葛亮。我们班这么多臭皮匠呢！"有学生把胸脯拍得山响。

"行，那就由你们自己设计吧。"我乐得顺水推舟。

没过两天，文宣部搜集了一些班徽设计图案，让大家参考。这些徽标，有的是一只老鹰或者老虎，这种设计是动物图腾；有的是一些花草，这是植物图腾；有的干脆就把班名写在里面，做成翻开的书页，这样的徽标也很有校园气息……

我组织孩子们进行讨论。我对孩子们说，其实，这徽标是什么样子的不重要，重要的是我们赋予它什么样的内涵，这叫"主题先行"。如果没有明确的目的，再美观的图案，对于我们也没有实际意义。

"班徽要体现出我们的精神面貌。"

"班徽要体现出我们的青春气息。"

"画面不能太复杂。"

"班徽要体现出我们的班级精神！"

这话对。我马上抓住机会，对孩子们进行班级精神教育。我说："我们'瑾瑜214班'的核心精神是什么？""宁静致远，奋勇不凡！""对，那我们该如何确定

第一章　铸造卓越班级精神的6个策略

班徽的基本思路？"

不一会儿，孩子们讨论出了班徽设计的基本雏形：

设计内容：动物图腾或者植物图腾，关键是要有寓意。

设计特点：图案简洁明快。

设计寓意：要体现班级精神。

设计要求：用文字说明设计意图。

于是，我们以小组为单位描绘心中的班徽和班旗，每个小组至少上交一个方案，要有图案，并写好设计意图。

一周后，各组上交草图。有的设计成高山，太过具体，想象的张力不够。有的设计成一株幸运草，希望带给我们幸运，但似乎与班级精神的联系不够。有的设计就是一张全家福，这个……简单了一点。有的设计成蓝天白云，想象倒是有了，可是太虚、太空。有的设计成一块美玉，冰清玉洁。

有一张设计图映入我们的眼帘，这是一朵简笔画式地盛开的雪莲，线条简单。设计者肖剑朝介绍道："雪莲生长在海拔4800~5800米的高山流石坡以及雪线附近的碎石间，面临冷热无常、雨雪交替的恶劣气候，耐寒冷，寓意我们面临困境而仍旧如雪莲盛放；雪莲冰清玉洁，与瑾瑜班的名字品质相似，也和我们的班训'宁静致远，奋勇不凡'一致。"

"为什么是简笔画式的雪莲呢？"同学们追问道。

面带羞涩的肖剑朝回答："你们看看这朵雪莲是由什么组成的？"

大家都在比画着、猜测着，终于静文喊了起来："是214的番号！"

大家恍然大悟，两个对立的"2"组成雪莲花瓣，"1"组成雪莲花茎，"4"与花茎交错，组成雪莲的叶片。太神奇了！

大家一致举手选择雪莲作为班徽。

大家进一步完善了班徽的寓意——处困境而坚忍，临污浊而高洁。

于是，班旗的图案就是盛开的雪莲，配上班训和班级名称就制作成了。这班徽与班训、班名的寓意相得益彰，更有效地丰富了班级精神的内涵。

"瑾瑜214班"是后来"兰泽208班"的前身,学生是文理分科前我所教过的孩子们。这些孩子,除了学文科的跟着我到了"兰泽208班",其余的分布在全校不同的班级。这些孩子无论到了哪个班级,都是班级活动和学习的活跃分子。很多班主任说,我培养了一批革命火种,燃烧了整个年级。

其实,不是我培养了一批火种,而是具有很强精神气质的人,到哪里都能够影响别人。

二、班徽和班旗的设计过程也是班级精神内化的过程

"兰泽208班"的班徽和班旗设计,则更为成熟。在确立好班名、班级精神之后,学生围绕兰花做足了文章。他们提出,班徽设计不仅要体现兰花这一主题,还要将班名、班级精神融汇在图案中。

各小组铆足了劲进行设计。课间,同学们凑在一块儿研究设计图。有的小组动员以前的同学或者邻班的同学为他们出谋划策,有的同学请自己的美术老师做指导,有的同学居然动员爸爸妈妈爷爷奶奶也一起思考,美其名曰"集思广益",甚至还有同学打电话给在北京学习设计的堂哥……真是八仙过海,各显神通。目的就是一个——希望自己的班徽设计独具创新,最能体现班级特色,最能体现班

级精神风貌。

学生们一有新的发现和创造，就赶紧跑来和我分享。

"西早老师，你看我们将底色设计成蓝色，寓意天高任鸟飞，如何？"

"西早老师，我们小组设计的是山崖上下垂的水墨兰画，你觉得好不好看？"

……

我也分享着学生们的种种快乐。

那段时间，孩子们之间说得最多的，就是"给我看看你的图案""别忘了我们的班级精神是什么""这还用你说，我闭上眼睛，都能够倒背如流！"……倒背倒没有必要，因为倒背意思就全变了，但是，在设计班徽的过程中，孩子们已经在用心理解班级精神，已经在用心领会班级精神并且尽量用自己的行动展现班级精神了。

终于到了班徽设计的展示时间了！各式各样的设计图案呈现在我们面前。设计小组纷纷介绍设计构想，有的设计是"兰泽"大写字母组成的五线谱旋律符号，让我们感受到了青春的律动；有的设计就是一株盛开的兰花；有的设计是将兰泽的字母和208数字变形融合在一起；有的设计成卡通图案，兰泽的拼音形式手牵手，象征着团结和睦……

最终，一株兰花的设计图案，打动了全班同学的心：以变形的"2""0"为兰花的根须，拉长、向上敞口的"8"变形成兰草修长的兰叶，四瓣兰花花瓣象征着班级精神的四个方面。花瓣舒展大气，既有兰花的神韵，又寓意同学间要和睦包容。蓝色背景淡雅素净，白色线条勾勒的兰花，与班训"宁静醇远，雅致蕙心"相映衬，黄色的花瓣富有青春活力。整个设计图案体现的就是班级精神——"追求一种气清、色清、神清、韵清的道德操守；固守一种花美、香美、叶美的做人品德；锤炼一种耐霜雪之寒、坚韧不拔的气质；静修一种容天地之广的胸怀"。由此可见设计者谌晨的别具匠心。

大家一致选定了这个班徽设计。

班徽设计，全员参与，大家不遗余力地投入设计，结果倒是其次，关键是这个设计过程就是班级精神教育、浸润、内化的过程，学生们在设计过程中所理解的那种积极向上的精神，比任何说教的影响都更深。

第一章 铸造卓越班级精神的6个策略

策略6：唱响我们的班级精神

您不是专业音乐教师，但是您可以激发学生去想办法。您五音不全，但是您可以"山寨"……形式和手段不重要，重要的是我们在这个过程中和孩子们一起唱响班级精神！

我想在班上创作一首班歌，通过班歌，唱响班级精神！

刚产生这个想法时，我自己都很惊讶。因为我不是音乐老师，不会谱曲；我也不是诗人，不会写词。创作一首班歌，我们能行吗？

不要把困难想得太大，行不行，很多时候是我们自己在吓自己。我们不是专业音乐老师，可是我们可以"山寨"一首班歌啊！山寨的精神就是低成本创新，就是娱乐至上，就是模仿……而谁敢说，这不是创造一首班歌的理想途径？至少，我认为，对我这样一个音乐菜鸟，这完全可以成为一种可能。

我班的班歌创作采取三步走的措施。

第一步，拿别的流行歌曲做班歌

我对孩子们说，我们选一首歌曲做班歌吧。孩子们说，行！有什么要求呢？

要求很简单，只要旋律激昂、歌词催人奋进的，就可以拿来做班歌。这要求不高，大家很快选取《慢慢懂》作为班歌初选曲目，而且大家唱得很开心。

每周班会课前，教室里大家齐唱《慢慢懂》，个个神采飞扬，激情奔放。班级需要激情、需要歌声，有歌声的班级就是青春飞扬！

第二步，山寨一首班歌

渐渐地，大家觉得不过瘾了。为什么？这首歌只要会唱都能唱，太没本班特色了。于是有学生提议："老师，我们能不能改写歌词？"

我说："好呀。你们可以成立一个歌词修改团队，这任务就交给你们了。"大家都知道，改歌词学生有这个能力，若是谱曲就需要专业的音乐教师。那怎么办？山寨呗！怎么山寨？套用一首好听的、孩子们喜欢的流行歌曲，把歌词换过来，不就成了么？

所以这首《慢慢懂》就加上了我们的元素，班训、班级里的小组名称全都镶嵌其中，大家觉得有意思极了，将班级精神和班级口号用流行歌曲的形式唱出来，尤其是小组名也在里面，每个小组唱到自己的组名时不知有多自豪。

第三步，原创一首班歌

山寨的班歌虽有自己创作的元素，但还是不能满足学生的审美要求。一学期后，学生又有了新的想法："西早老师，我们和音乐老师曾老师讲好了，我们写好班歌，他给我们谱曲。"

"这太好了，"我为孩子们敢于挑战的勇气竖起了大拇指，"你们来肯定是找我帮忙的吧，需要我做什么呢？"

"一点儿也逃不过您的法眼，您要帮我们想想，歌词写些什么内容。"

"这是你们的班歌，你们最有发言权，去问问同学吧。"

孩子们赶紧行动，意见征集上来了，归纳成几条：

（1）要能体现我们兰泽班的精神风貌，所以班歌里要有班名寓意、班级精神、班训等内容的体现。

（2）歌词要雅丽，旋律要优美，与我们追求的高雅情趣、高尚人格相匹配。

第一章 铸造卓越班级精神的6个策略

（3）加上一些时尚元素，譬如加上 RAB 或 DJ。

于是，以张耀中、曾巧为首的班歌创作智囊团成立。

为广泛发动同学参与创作班歌，全班同学都要写"献给兰泽的歌"，56首歌词在手，班歌创作团队就有了十足的底气。

孩子们很快拿出了班歌初稿。经过三次修改后，兰泽的班歌歌词正式出台：

兰泽梦想，兰泽力量

风的力量，飞扬起梦想

光的沐浴，孕育着芬芳

宁静醇远，雅致蕙心

空谷幽兰陪伴我们成长

经世致用，润泽高尚

君子之守，永放光芒

啊，兰泽的梦想，兰泽的力量

风雨中的我们

坚守美丽信仰

创造传奇的辉煌

花的翅膀，承载着希望

梦的呼唤，激荡着心房

友兰朋芳，天地宽广

魅力人生锤炼器宇轩昂

为梦痴狂，为梦竞芳

坚韧不拔，傲然坚强

啊，兰泽的梦想，兰泽的力量

前进中的我们

坚守内心理想

打造高中卓越班级的 42 个策略

创造传奇的辉煌

这首班歌,把班级精神、班训的关键词全部写进去了。学生们看到自己的心血有了成果,全班都沸腾了。我们班的音乐教师曾老师又请远在北京的同学做好钢琴伴奏曲。学生们更是欣喜异常,赶紧学唱班歌。一时班上课间、休息时孩子们都在学唱班歌,走廊上、放学路上,大家都在互相教唱着班歌。孩子们说要赶紧学会,要录好音,要拍成 MTV,还要拍成微电影。

望着孩子们洋溢的笑脸,望着他们唱班歌时得意自豪的神情,我似乎也回到了我的高中时代,我坐在教室里,和孩子们一起唱着班歌,激情奔放。

第一章 铸造卓越班级精神的6个策略

附：班歌简谱《兰泽梦想，兰泽力量》

兰泽梦想，兰泽力量

曾　旭　曲
曾　巧　张耀中　词
覃丽兰　艺术指导

1=C 3/4

i - - | 7 7776· | 6 6665· | 6667 i 6 | 6 i |

3 2 i 2·　2 | 2 7 i i 767 | i - - | 3 2 1 3· |

1风的力量，
2花的翅膀，

3 2 1 3 2· | 1 7 6 1· | 6 1 3 3 5· | 6 6 5 5 3　1 |

飞　扬起梦想。　光的沐浴，　孕　育着芬芳。宁　静　醇远，雅
承　载着希望。　梦的呼唤，　激　荡着心房。友　兰　朋芳，天

3· 1 2 | 1 7 6 5 1 1　4 3 | 3　1 1 2 1· | 5 5 i 6· |

致　蕙心。空　谷　幽　兰　陪伴　我们成长。　经世致用，
地　宽广。魅　力　人　生　锤炼　器宇轩昂。　为梦痴狂，

4 3 1 3· | 1　7 6 5 3 3　4 3 | 3 2 5 - | i - - |

润泽高尚。　君　子　之　守，永放　光芒。啊，
为梦竞芳。　坚　韧　不　拔，傲然　坚强。啊，

7 7776· | 6 6665· | 6667 i 6 | 6 i |

兰　泽的梦想，　兰　泽的力量，　风雨中的我们，　坚守
兰　泽的梦想，　兰　泽的力量，　前进中的我们，　坚守

3 2 i 2·　2 | 2 7 i i 767 | i - - | i - - ‖

美丽信　　仰，　创造传奇的辉　煌。
内心理　　想，　创造传奇的辉　煌。

33

第二章　构建航母功能小组的7个策略

班级的卓越，不仅仅在于有一个能干的班主任，也不仅仅在于有一个高效的班干部团队，它的基层组织机构——小组也要非常有战斗力。

小组是学生生活、学习、社交的基层单位，也是教师们最头疼、最不知道怎么调理的单位。做好小组建设，就犹如一艘航母加足了动力，全班都会轻松向前。

那么，卓越班级的小组建设，会有哪些精彩的分享呢？

打造高中卓越班级的42个策略

策略7：精心夯实基础组织建设

在这双向选择中，他们有了风雨同舟的使命，有了众志成城的心灵归宿。

多少人一个小组最合适？如何分组？小组成员如何搭配？谁来做其中的核心人物？如何发挥小组的战斗堡垒作用？

构建班级最基层的小组之前，这些问题我反复在心里苦想了好多回。现在，这些问题需要一一解决了。

一、巧妙进行人员分类

小组构成，多少人为一组效率最高？学生商议："6人最好。""而且要自由组合。"行，全班分成9个合作学习小组！

怎么组织这些小组呢？

学生们想出了妙招——根据学习能力和学习基础不同，把全班学生分为三类，每组两名学习能力强和基础好（简称优或A）的学生、两名学习能力和基础中等（简称中或B）的学生、两名学习能力较弱和基础较差（简称弱或C）的学生，这样优、中、弱三类学生搭配。

孩子们的方案一出台，我犹豫了：哪个孩子愿意被老师或者同学认为自己学习能力不足呢？这不是有贴标签之嫌，给这些孩子以消极的心理暗示吗？

小薇的发言消除了我的顾虑："西早老师，我们只要公布A类同学名单，他们做核心成员，其他同学加入他们的小组就可以了。"

"小组核心成员也可以去找组员，可以进行双向选择。"

我同意。于是，全班学生按成绩高低分成6个梯队，前9名为第一梯队，简称A1；10—18名为第二梯队，简称A2；19—28名为第三梯队，简称B1……这样就把全班学生分成A1、A2、B1、B2、C1、C2六个梯队。

"大家再想想小组组合时还需要考虑什么。"班长杨梦欢做事干净利落、大气。

"除了确保小组学习成绩大体均衡，还要注意男女生协调、性格动静的搭配。不然有的组同学太活跃，小组太闹。"

"个头高矮，也要考虑。"

"万一成绩不均衡，怎么办？"

"我们重点评价过程，看小组是否在进步，看他们的进步情况。这样大家都有积极性了。"

"是不是还可以细化，每个A生可以带一个B类和一个C类同学，这样针对性更强？"

马上有同学建议："ABC叫起来不好听，孔子曰，三人行必有我师焉。我们就叫'三人行'吧。"

于是就确定了小组构成的基本单位——每个小组必须由两个"三人行"结构单元构成，每个"三人行"之间互相学习和帮助，这样，六个人就恰好构成了一个小组！

二、自主担当排头兵

小组构成方法确定，那么谁来当排头兵呢？我先询问A类18位同学，听听他们的想法。

"大家都可以做组长，比如，一个同学管一门学科，或者管理小组的某一专项任务，我们把他们叫作学科组长。"

"设定一个综合组长，学科组长服从综合组长的指挥。"这主意不赖，个个当组长，人人有事做，还怕不给小组出力？

"那你们谁可以担当组长？"——马上9位组长确定下来了。

其他9位骨干同学，对这种新奇的小组编排十分感兴趣，但也有担心："老师，我从来没当过组长，是不是注意搭配一下？"

"你们可以和他们自由组合啊！"我说。

于是，孩子们马上行动起来。

"我和周麟一组吧，我有些闹，需要沉稳的周麟时常督促我。"佩佩说。周麟也点头答应。这俩女生马上抱成一团，互相激励："我们加油！"

没几分钟，18位尖子生分配到位，担当班内小组的排头兵。

三、小组和成员的互相挑选

在做了以上铺垫后，我们班开始大张旗鼓地进行小组改革，孩子们主动寻找心仪的"三人行"和小组。

原来我还担心孩子们不能准确评价自己，导致小组资源分配不均衡，实践证明我纯属多虑。

孩子们对自己的情况很清楚呢！您看——

刘向真是个专业生，高一时时常旷课，他很需要一个人能够约束他。于是他找到了班长所在的小组。"班长做事严谨，能够给我带来约束。"

于艳和张晶晶是好朋友，二人想进同一个小组，但是又怕关系太好，上课说话影响学习，十分纠结，让我帮着参考参考。

"你们平日里是哪一类好朋友？是属于学习在一起商量，还是有心事互相倾吐的朋友？如果是在一起学习提供正能量的呢，就可以在一个小组；如果是有心事喜欢倾吐的，怕耽误学习，那就最好不要在一个组。"

两人思考再三，决定忍痛割爱，各自找了不同的小组。

赵迪和黄文都找到了唐锐组。唐锐有顾虑，担心小组实力弱，带不动他们。赵迪和黄文马上表示："我们俩地理不好，才想到你组来的。我们只想沾沾你地理王子的灵气。我们会管好自己，小组的工作，你放心，我们绝对支持！"唐锐一听，也打消了顾虑。

王晨其他成绩都不错，就是数学薄弱，他就找到了数学能力强的张萌组，特意请求张萌以后多给他布置一些有梯度的数学题。

陈甜和依雯是好朋友，二人常在一起探讨学习，陈甜进了依雯组，说为了帮衬好朋友带好小组。

在选择面前，孩子们绝不以亲疏进小组，他们会根据自己的性格或自制力，根据自己学科的弱势，找到自己心仪的小组。

组员正确择小组，组长也从小组全盘利益考虑选择组员。

这不，肖敬垂头丧气地站在那儿，我一问，方知原委——肖敬是曾静的好朋友，想加入曾静组，可是组长曾静却拒绝了。为什么？曾静说："玩得太好，不好按规章制度办事。为了不伤感情，我还是不接收他吧。"肖敬只好选择去易涵组。

王芳同学沉默寡言，刚开始我还担心没人邀请她加入小组，可谁知，有四个小组邀请她加入呢，让自卑的她笑得像一朵花。

"你选择了我，我选择了你，这是我们共同的选择。"在组员和组长的双向选择中，他们有了风雨同舟的使命，有了众志成城的心灵归宿。

四、安置好特殊的学生

班级里总会有那么几个同学因为种种原因而找不到小组。

刘嫣然哭丧着脸，默不作声，原因是她爱拖拉，没有一个小组愿意接收她。

这嫣然被同学称作"强悍的小宇宙"。为什么说她"强悍"？主要是她性格偏执，你和她说话，她的眼睛总是看别处。而且她喜欢上网，她妈妈说，初中三年，是她妈妈每天守在教室门口读完的。进高中之后，她又增加了拖拉的坏毛病。拖拉到什么地步？每天可以迟到七八次！

这样"强悍的小宇宙"，当然没有一个小组愿意接收她。

但是既然已经在一个班级里了，我就不能让她离伴生存。安置好这些特殊的学生，往往班级少了一份负担，少了一颗定时炸弹。

我仔细地研究着已经组合好的小组名单，发现杨敏那个组性格温和、自律的孩子多，让嫣然去他们组，他们一定能督促嫣然改掉毛病的。于是，我动员杨敏组的全体组员接收了嫣然。

还有王峰，他也没有找到小组。原因是他太自私，他的东西谁都动不得，可是他又喜欢随便拿别人的东西，所以大伙干脆来个"惹不起，躲得起"。

以前我指出他的这个毛病时，他翻着白眼说："我承认我自私，自私怎么了？"这次没找到小组，他心里着实难受。

但是我不着急，像这样的孩子，不给他一点思想震动，他是不会意识到自己的错误的。干脆让他好好品尝一下自己酿造的苦果吧。

于是，我就在一边悄悄地观察他。每个组长的眼光扫过他时，他眼中立刻现出一片欣喜。可是，最终没有任何人要他，他立马又神情黯淡下来。平时他做什么都不考虑别人的感受，今天居然窝在位置上孤零零地坐了好半天。

最后，当全班同学差不多都安排好之后，我就宣布，小组组建工作暂时告一段落，剩下的事情我们以后再处理。他几乎要哭了。

下午第八节课，同学们一个个欢快地离开教室。王峰低着头，在课桌上摆弄着钢笔。看他已经够难受了，我走到他跟前："要不要找个地方收留你？"

他马上像抓到一根救命稻草一样，激动地说："要要要，西早老师！"

"你知道今天为什么没有小组要你吗？"

"我太自私，我……"

"好了，我给你找一个小组吧。你是聪明的孩子，响鼓不用重槌敲，明人不用多讲，以后该怎么做，你自己自然知道。"

他立马保证："我争取多为小组做事，少拖小组的后腿。"

君子一言，驷马难追，没想到王峰这小子进了新的小组之后，还真是为小组做了不少活动策划呢！

安置好特殊学生，接着又安排好座位，我们班的小组建设开始扬帆起航。

第二章 构建航母功能小组的7个策略

策略 8：给小组取一个响亮的名字

当每个小组也有他们自己取的喜欢的名字时，他们也会为这唯一的组名而感到荣耀。

班有班名，小组是不是也可以有自己的名字呢？当每个小组也有他们自己取的喜欢的名字时，他们也会为这唯一的组名而感到荣耀。于是，我在班上开展了"给小组取一个响亮的名字"的活动。

一、取名是一种优雅的熏陶

第一次发动学生取组名，闹了不少笑话，让我哭笑不得。有的组取名"我们组"，有的组取名"第一组"——这还不离谱，有的取名"六脉神剑组"，简直就是金庸的粉丝团。有的叫"哆啦A梦""黑猫警长"，大肆卖萌。还有一个组叫作"流芒组"……

课间，我和孩子们在教室的走廊上聊天。肖可跑过来，兴冲冲地告诉我："西早老师，我们班上有个'流芒组'。"

"流氓组？"这些孩子怎么了，难道就喜欢这样的标新立异？

我走进教室，王翔正手舞足蹈地嚷着"我是流氓我怕谁"，简直就是王朔家的人。

我问王翔："为什么取名'流氓组'？"

"老师，您理解错了，我们是'流芒'——'争创一流、绽放光芒'之意。"

"这寓意不错。可是这组名读起来，真感觉你们是一群'小流氓'了，你们

打造高中卓越班级的42个策略

觉得叫起来雅吗？"全组同学都不好意思地摇摇头。

我继续说道："取什么名是你们大家的自由，可是这名要叫起来好听。有个人姓史，叫史珍香，好听吗？"

孩子们异口同声："屎真香？恶心！"

"就是呀，"我又望着他们组的李源，"如果你的孩子叫李良，寓意是不错，可是喊起来就是'你娘'的谐音，你们觉得好听吗？"

李源马上反对道："我才不给我孩子取这名呢！"

"老师逗你呢，所以取名不仅要有良好的寓意、美好的期许，还要体现文化底蕴，叫起来响亮好听呀！"

孩子们答应好好想想。

别小看这取名活动，取什么样的名字，体现出了孩子们的审美情趣，展示出了他们的精神追求。我要把取名活动变成优雅文化熏陶的过程。所以，我要抓住这个机会，对学生们进行主流审美教育。

这些孩子们一点就通。经过全班培训、个别指导，后来各个小组的名称还真像那么回事：

璟涵组——希望小组的每一个人都能成为既有涵养又如美玉一般出众的人。

绣心琴影组——绣一颗真心，奏一段琴影，让青春流淌在时光里经久不息。

喜乐组——发现喜悦，发现快乐；制造喜悦，制造快乐；分享喜悦，分享快乐。

惊梦组——一鸣惊人，朝着梦想前进。

清晓组——清晨的晓光、初升的太阳，寓意组员如同清风晓月，宁静而美丽。

更有意思的是"寒冰组"，他们的组名就是组长唐寒冰的名字呢！他们的宣言是："冰发于水而寒于水，青出于兰而胜于兰。"我说："你们宣传画上的'兰'写错了，该是'蓝色'的'蓝'呀！"结果，这群小鬼头一齐对我笑："西早老师，您没看出来吗？是这个'兰'呢！覃丽兰的'兰'。我们想名师出高徒，我们想超过您。"哦，原来这宣言还有此意，太好了！做老师最大的荣耀，就是学生胜

第二章 构建航母功能小组的7个策略

过自己呀!

二、晒组名,展示我们的梦想和追求

确定好组名后,全班就开展了"学习小组宣言"总动员班会,主要活动就是晒组名。具体办法是要求各组制作宣传画,画上要有小组命名、组名寓意、小组精神、小组组训、小组目标和个人特点及理想目标,同时还要晒组牌、组徽、组歌。通过晒组名,可大大增强每个小组的集体荣誉感。

这活动挺有意思,一时间班内"烽烟四起",大家八仙过海,各显神通。下面是"子衿组"的展示:

大家好,我们组的组名叫子衿组。曹操有诗云:"青青子衿,悠悠我心。"我们组的名字便是由此而来。"子衿"本指读书人的衣袖,现在比喻有知识、有文化的人,我们想成为有文化品位、有文化涵养的人。

下面介绍一下我们组的组员。

我是唐城,本组唯一一名男生,略有些活泼,是本组的一支活跃剂。

我是张帆。我是舒思羽。我们俩常常喜欢拌拌小嘴、吵吵小架,常逗大家开心。

我是组长石雨芳,性格内向,待人温柔,工作上我会很认真、严格。

我是唐菲瑶,喜欢绘画,愿意为班上的宣传出份力。

我是贺心怡,有些腼腆,同学们称我是英语小能手。

我们组的宣言是:"你勇敢,世界就会让步。"低调是子衿七组的特征,上进是子衿七组的内在气质,小组成员各自拥有自己的特点,和睦相处,共同进步。

"仓颉组"也当仁不让。

组长张译元率领组员一上台,就来了个振奋的造型亮相:"我们是仓颉三组,耶!"仓颉组的六位组员,伸出手指做出胜利的手势,一下子赢得了全班的热烈鼓掌。

然后组长开始介绍组名：

我们的组名来自"仓颉造字"的典故。仓颉是黄帝的史官，开始一直用祖传结绳记事的老办法记载史实。但时间一长，那些大大小小、奇形怪状的绳结都记了些什么，连仓颉自己也没法辨认了，为此他遭到黄帝的指责。这件事使仓颉受到了很大的刺激，他决心要搞出一种简单易记的符号，让大众都能用符号表达思想、传授经验、记载历史。连续两年时间，仓颉孤身住在山沟内，日夜忙着创造新的符号，他给每一个符号都起了名字。没有仓颉造字，也就没有我们今天汉字的辉煌。仓颉造字，代表的是创造精神，培养的是一种敢于创新、敢于挑战的能力。我们以"仓颉"命名，就是要激励我们敢于挑战自我、培养创新能力。

这组名大气典雅，又明确了小组的发展方向，大家的掌声更热烈了。

"仓颉组"的组员一个个上前一步做自我介绍：

我是本组唯一的男士张译元。

我是活泼好动的谭斯月，爸妈希望我像月亮一样洁白美丽。

我是看似文静、实则小闹的扶瑞萍。

……

我们的小组宣言是："良心无愧，信心无畏，恒心无敌，青春无悔！"

我们组的组训是"有爱、惜时、勤奋、互助"。我们六个人是一个有机整体，面对困难共同克服，互帮互助。我们需要鼓励，我们充满信心，我们绝不会让你们失望。

他们边齐声宣言边做造型：中间两位女生用手上举围成一颗心，站立在左边和右边的同学上举左手或右手，与中间的心形组成双手呵护爱心的图案。

这造型是什么意思？大家疑惑了。组长也看出了大家的疑惑，马上解释道："我们六个同学同心同德，我们用双手呵护我们小组这颗共同的心。"这创意不错！

"仓颉组"的造型创新展示，获得了同学们的好评。

其他各组也不甘示弱。"咏絮组"展示古典扮相表演，诗文出口成章；"向日葵组"将《蓝精灵》主题歌改成《向日葵》主题歌全组演唱，逗得大家乐翻天；"惊梦组"将永葆乐观激情的海绵宝宝作为小组吉祥物……每个小组都挺有特色，每个小组都带给大家不同的亮点和感受。

晒组名的目的就是增强小组的凝聚力，就是让小组同学抱成团，就是向全班同学宣告：我们六人是拴在一根绳子上的蚂蚱，是坐在一条船上的兄弟姐妹，风雨同舟，荣辱与共。

打造高中卓越班级的42个策略

策略9：给学生一个优秀同伴

为加强我们班的小组建设，我利用"三人行"机制，给每一个孩子搭配一个优秀同伴，让他们结伴而行。

一个人能走多远，要看他与谁同行；一个人能有多大的成就，要看有谁指点；一个人能有多么优秀，要看他身边有些什么样的朋友。为加强我们班的小组建设，我利用"三人行"机制，给每一个孩子搭配一个优秀同伴，让他们结伴而行。

一、三人承诺，给我们一个优秀小团队

我对孩子们说，每一个"三人行"，都是我们自己的慎重选择，我们要学会为自己的行为负责。如果我们"三人行"做得不好怎么办？如果成绩下降怎么办？所有的这些问题该如何解决？我们能不能签个"合同"，实现自己庄严的承诺呢？

青春不惧挑战，学生们立即行动，各联盟都交来了承诺书。

下面是尹婕、黄莉、卢毅"三人行"的承诺书：

"三人行"承诺书

我们自愿组成"三人行"联盟，三个人互帮互助，形成合力，共同进步。相信在这种互帮互助的情况下，我们的成绩与思想一定会有更大的进步。我们承诺，如"三人行"联盟没有互帮互助并形成合力，影响他人学习，联盟自行解散，人员服从调配，甘愿接受惩罚并通报家长。

第二章 构建航母功能小组的7个策略

我们一定会朝着梦想努力的！

承诺人：尹婕、黄莉、卢毅

监督人：覃丽兰

2012年9月21日

"君子一言，神马都难追！"孩子们拍着胸脯保证，"西早老师，我们绝对不影响学习。"

当然，我也告诫中等生和后进生，高中阶段更多的是自主学习，你要主动学习，上课不能打扰同学，不要什么问题都问同学。

光有美好的愿望而没有行动是不行的，我还提醒他们："是不是拟订一个三人行的学习、成长计划？"孩子们一想，这办法好！于是，各组纷纷出台自己富有特色的"三人行计划"。

下面是其中两个很典型的计划书，第一组没有专业生，第二组有专业生。学生情况不同，对自己的定位和要求也不同。大家来看看——

三人行计划书（一）

"三人行，必有我师焉。"

"三人考，必有重本焉。"

原则：相互监督，肝胆相照，平等互惠，有规有矩。

内容：

1. 相互督促学习，防止组内任何人员以某些不正当理由（如诈病、谎称低谷期等）出现开小差或犯困等行为；

2. 相互鼓励学习，不准贬低他人，不准诋毁他人，违者自说"我是死蠢"（广东话）三遍（为什么要用广东话？因为肖源是广东人，这是他的主意，其实就是自找乐趣而已）；

3. 问题咨询集中于中午解决，晚自习可安排30分钟时间，尽可能不超时；

4. 如真正遭遇低谷期，在不影响他人的情况下可以稍微放纵一个上午或

下午;

5. 每天完成作业,三人互相检查完成情况和正确程度;

6. 有好主意可分享,有问题可协商。

目标:本学期末,李芳,年级前20名;王丽,年级前80名;肖源,年级前150名。

计划人:李芳、王丽、肖源

三人行计划书(二)

为了让"三人行"小组在学习上互相监督、互相帮助,形成学习合力,履行建组时的承诺,我们三人制订了以下学习计划,坚持每天执行,以提高本组学习成绩。

早读:及时完成老师要求背诵的课文、词语、成语、单词等,若在早读时间没完成,利用课外时间赶上。

课间:利用空余时间对早上所背内容进行抽背,对不懂的问题,相互讨论或请教老师。

中午:40分钟写作业、看书,在读报课时间相互检查中午完成情况。

下午:根据自身情况完成个人作业或复习。

晚自习:各自完成作业,若有不懂的地方要问三人小组的,必须在30分钟之内解答完,超过30分钟则自己去问老师。晚自习问问题在一周之内最多三次。

另,小组成员上专业课的时间不在此计划内。

计划人:方南、彭嘉、许烨

为践行互相帮助的承诺,孩子们也花了很多心思。

150分的试卷只能考50分的肖源,见着数学就想绕道走。在"三人行"李芳的带领下,他买了《数学调研》一书,每天钻透5道题,课余时间李芳为肖源耐心地讲解,终于,肖源的数学成绩提高到了90分。肖源的妈妈高兴得提着水果来学校,说要好好感谢李芳她们!

第二章 构建航母功能小组的7个策略

王丽英语成绩不好,她和李芳互相抽背单词,英语词汇量明显增加。王丽的进步连英语老师都感到诧异:"这从不肯开口的王丽,现在不仅肯回答问题,还追着到老师这儿来背课文了。"

李芳呢,更有成就感,她不仅在和王丽抽背单词当中巩固了词汇记忆,也在给肖源讲题时将一些不知其所以然的题弄明白了,知识理解得更透了,真是"名利"双收啊。

二、强强联盟,让优生更优秀

推行"三人行",曾经有老师和部分优生担心:这样下去,优生会不会因此而成绩下滑啊?

其实这根本不用担心。因为在组建学习联盟之前,我就已经对"三人行"领头的18位同学面授了"机宜",那就是"我强大,有节制,树信心"九字秘诀,助人先要强大自己。面授这九字秘诀后,优生们个个踌躇满志。

而且,为了使优生更优秀,我们在"三人行"的基础上,又推进了"强强联盟",让优秀学生强强联合,互相促进。

只是这个"强强联盟"不是老师帮学生组织,而是优生的自我评估、定位和选择。我要孩子们自己评价自己,结果孩子们制定了自我评价细则,从学习能力、学习习惯、学习方法等14个方面,对自己进行科学而系统的评价。

下面是清晓组和素弦组"强强联盟"的自我评估内容:

一、学习能力

1. 记忆效果(记忆力维持时间长短)

2. 记忆效率(记东西的速度)

3. 耐力(上学前、晚自习后的加量)

4. 集中力(上课、自习时间的注意力集中程度)

5. 毅力(抵制环境干扰、克服自身不适的能力)

二、学习习惯

6. 自主意识（主动提问、在自由时间主动学习等）
7. 笔记（会做笔记、整理笔记）
8. 听课效率（在课上掌握知识的程度）
9. 复习、预习意识（是否养成习惯、一直坚持）
10. 复习、预习能力（是否有效率、有计划性）
11. 学习效率（注意写作业、背书、识记的效率）
12. 在家主动学习情况
13. 学习信心
14. 学习方法（对在家学习方法总的评论，具体再互相讨论）

"强强联盟"确定之后，优生的提高让我们简直看得见。以前，内向的于灿总是"知而不言"，上课老师提问，他也笑笑说不知道，现在却完全相反，居然争着回答问题了。我问他原因，他摸摸后脑勺："西早姐，这都是被嘉伟害的！您知道吗？我和嘉伟有个约定，谁上课回答问题少一些，谁就要为对方下周的生活费埋单！"我听得抿着嘴笑。

学习理解境界不同的学生，他们遭遇的问题也不同。但是同一个境界的学生在一起，很多问题就能够一点就通、一说就明白。比如说考试心态的问题，优生考试失利后的心态调节，一直让我头疼，这些孩子一直优秀，怕摔，摔不起。"强强联盟"之后，这个问题孩子们自己就解决了。

那一次半期考试，尖子生周韬的英语考试出现了失误。在我们学校，尖子生一科的考试失误，就能影响到他在全年级的排名——他无缘十强了。班上其他几个学生部分科目的考试成绩也不理想。我以为大家会笼罩在"世界末日"的悲叹里。谁知道周韬跑进教室的时候，居然很快乐。他拍着胸脯模仿灰太狼的声音笑呵呵地叫嚷着："我会回来的！"全班同学哈哈大笑。其他几位优生被他感染，也就不好意思唉声叹气，赶紧收住忧伤，化沮丧为力量，与周韬一样狂学起来。

第二章　构建航母功能小组的 7 个策略

这就是"强强联盟"互相汲取的正能量啊！

三、谈话制度，给学生一个沟通的好渠道

我班有一个专门的"三人行"谈话制度，只要我有空、孩子们方便，他们就可以预约和我一起聊天。参加的人员就是一个"三人行"联盟和我。

这不，今天轮到夏君、王岚、张勋"三人行"，要解决的主要问题是弱势学科如何提升。

每次谈话的程序大致就是，先谈谈自己的生活、学习、心态，再进行"三人行"交流，最后老师给出建议。

夏君对数学头疼得厉害，容易的题还能听懂，题稍难就不会做。张勋的数学不错，他接过夏君的话茬，说道："数学学习就是要弄清概念、记清公式，然后类型题归类做，我是将老师强调的、老师说高考一定要考的题型，归类做成经典题型本，感觉很好用。"夏君一听，觉得这似乎说的就是她的毛病，一个劲儿地点头，很欣喜地说："那我也做一个类型题本，你到时帮我看看。"

张勋对英语很头疼，没信心学下去了，做题几乎靠猜。王岚的英语不错，赶紧支招。"你不是英语差，你是没信心，老告诉自己英语差，学不好。我是狠命记单词，每天早上起来大声地将课文读两三遍，感觉学起来轻松。单词别老花蛮多的时间记，要用零碎的时间记。我每天帮你抽记单词，晚饭后这个时间，我们一起记单词，怎么样？"王岚心直口快，一口气说了那么长的话。她平日里工作起来稳重、镇定，这热情让我不由得惊奇。张勋也说："那我也要在晚饭后抽背单词。"

不知不觉过去了 20 分钟，大家交流得意犹未尽，但看到交流时间快结束了，便赶紧向我讨建议。

"大家说得挺好的，只是听三位讲文综学习时有些乱，我只是稍加建议：调整好心态，战胜自己比战胜别人更难；文综复习要抓纲举目，如画一棵树，要先画

打造高中卓越班级的42个策略

树干和树枝,再画叶子,而我们学习时常常是从小知识点开始,这小知识点就如同树叶,结果只能观其局部,而缺乏全貌。"三人大喜,高高兴兴地回教室去了。

这样的谈话制度,给忙碌的学生们一个互相倾诉的机会,帮助他们发泄坏情绪,使他们在互相鼓励中增强信心、坚持前行。

自从建立了"三人行"谈话制度以后,我不断被孩子们找去谈话,他们将和我交流当作一件很开心的事。我们有时聊某一个感兴趣的明星,三个孩子各抒己见;我们有时聊家长,在孩子们痛诉爸妈的不是时,我耐心倾听,并提醒孩子们:"爱的反义词是冷漠而不是恨,爱之深才会恨之切,知道吗?"

谈话时,我准备好桌椅和小零食,我们一边吃一边聊,没有老师和学生的距离,有的只是真诚的倾听和平等的对话。于是,我和孩子们的心贴得更近了。我们谈学习,谈未来,谈困惑,谈心态。在彼此交谈中,学生们互相分享学习心得;在彼此交流中,学生们听取我的建议。那种心灵交融的愉悦洋溢在每一个灯火灿烂的夜晚。

不少孩子将和我谈话当作一个美好的仪式来期待,他们会早早地做好作业,一到约定的时间就来到我的身边。有些孩子悄悄告诉我:"我一直盼着来和您聊天。老师您太忙,只有我们约定的时间,我们才能聊得尽兴。"当学生期盼和您谈话的时候,他就已经将您当作自己的朋友了,他就喜欢上了这样一种交流渠道。

在谈话中,我和学生结下了深厚的友谊。他们告诉我不少小秘密:东哥爱嚼槟榔,抽烟史与上学史一样长;王可在淘宝网开了家玩具店;林芬收到了男生的情书;方圆为什么喜欢那个男生……这哪里是在和孩子交流啊,分明是我在这交流中享受着教育的别样幸福。

第二章 构建航母功能小组的7个策略

策略10：让小组运作得更科学

小组虽小，可是"麻雀虽小，五脏俱全"啊！只要做好小组内部的分工，发挥小组内部的运作优势，每个小组都可以焕发出惊人的战斗力。

小组是班级的基层管理组织，小组走活了，全班皆活。可是，我观察了一下，很多老师的班级基层小组建设几乎是一片空白，小组成员几乎没有被利用起来。资源的闲置和浪费，真的让人心痛。

小组虽小，可是"麻雀虽小，五脏俱全"啊！只要做好小组内部的分工，发挥小组内部的运作优势，每个小组都可以焕发出惊人的战斗力。

一、创新小组的内部职能

小组内部如何合理分工？

我带领学生进行了一些摸索。很长一段时间，我都是按照组内的不同功能，在小组内设置相应的工作岗位的，一般设：

组长1名，负责组内全面工作；

副组长1名，负责组内日常工作考核；

记录员1名，负责学习讨论记录；

纪律监督员1名，负责小组纪律；

作业检查员1名，负责作业落实情况；

活动组织员1名，负责组内各种活动的开展。

这样安排，6名成员都有事情可做，每个人都有一定的权力，在班级建设初期，这种设置确实帮了我不少忙。但是，随着时间的推移，这种分工的弊端也显现出来了，那就是重管理功能、轻学习合作。

学生的第一要务是学习，如果小组建设不能提高他们的学习积极性、促进成绩的提升，再精彩的搭配方案、再辉煌的运作模式，对学生来说都是没有意义的。

于是，我们根据学生们的意见，采取了以学科学习为核心、行政组长协调的项目分工制，对小组内部职能的划分做了重新考虑。

具体办法如下：

（1）每组均由A类同学担任行政组长。（为什么要A类同学担当？因为A类同学一般学习习惯好、自律性较强，是小组建设的核心力量，是小组建设的主心骨。小组长是学习小组的行政负责人，总管本组的事务，小组发展愿景、小组口号等均由小组长组织本组成员确定，这行政组长就好比一艘龙舟喊号子的人，只有吆喝大家心往一处用、劲往一处使，龙舟才划得快！）

（2）行政小组长只对班委负责，由班长直接管理。班长每周开一次例会，行政小组长参加，汇报本组事务。行政小组长向组员传达班会要求，组织本组日常工作。

（3）在行政小组长下面，实行学科项目负责制，即学科组长为小组具体学科学习的召集人，组织、协调组内的学科学习。这种分工最大的优点是，每个学科组长在组内该学科的学习上具有发言权，在组织学科学习时，是全组的领导人，所有人都必须服从他，其个人成就感和效率都很高。

（4）学科组长除了收发作业外，最重要的职责是了解本组同学的学习情况，负责搜集本学科的疑难问题并答疑，或者针对本组的薄弱学科采取一些措施。

这种项目分工，既能够满足班级日常管理的行政方面的需要，又能够激发每个成员的学习积极性，对学习小组建设很有好处。实践证明，这种改革是成功的。

第二章 构建航母功能小组的7个策略

以"曦芒"合作学习小组为例,"曦芒组"六位成员的工作安排如下:

王翔为行政组长兼语文学科组长;

李丽为数学学科组长;

王梦为化学、生物学科组长;

郑思华为历史、地理、政治学科组长;

张凡为物理学科组长;

唐娜为英语学科组长。

"曦芒组"普遍感到英语学习较难,就由唐娜组织,每周固定一天作为英语沙龙活动日,全组成员在那一天交流必须说英语,凡是说中文者,就罚买棒棒糖,英语说得好的就奖励棒棒糖。刚开始的那几次,不断有人被罚买棒棒糖。可是,他们坚持下来了。后来,这个组成了全班口语最好的一个组,他们的日常英语聊天成了班级的一道风景。

又如"尚翊组",他们每周都安排一门功课的过关检测。我好奇地问道:"你们这些题目是怎么来的?"

"学科小组长负责手写、复印。"

"考完后学科组长会批改好,还给我们讲错题。"

"呵呵,你们做得真好!"我表扬道。

谁知段波尔抬起头来:"不光是我们组这么做,不少组都在这么做呢!老师,您只是没看见而已。"

我惊讶得直吐舌头。有一种责任叫岗位职责,有一种追求叫自身闪光,有一种参与叫人人奉献,把小组成员每个人安排到位,每个人都在组内找到适合自己特长的工作,组内的活力就激发出来了。

除了学科组长之外,各组均设有素质组长。素质组长主要是督促本组的仪容仪表、校牌佩戴、书桌书柜的整理、成长计划的制订落实等,旨在培养学生良好的生活习惯、严谨的生活作风,引导学生健康地生活。

打造高中卓越班级的 42 个策略

每天早上，素质组长进入教室后的第一件事情，就是检查组员是否做好了当天的学习计划安排，让大家每一天的学习生活都有条不紊。

哪位男生的头发长长了，素质组长就提醒他周末去修剪；哪位女生臭美，戴着首饰，素质组长就赶紧督促她取下；哪个同学的课桌抽屉一团糟，素质组长也负责督促整理，实在不行，还亲自动手帮人家扔垃圾……

还别说，自从设立素质组长后，平日里不修边幅的一些同学，穿着打扮自然符合了学校的要求；书本也整理得整整齐齐的，大家自然少了以往的慌乱，减少了找东西而不得的烦恼。

二、推行小组民主生活日

每周一是各小组的民主生活日。民主生活日的一项重要内容就是交心通气，大家敞开胸怀，有优点大家说，有问题大家提，只有小组成员达成共识，小组才更有战斗力。

今天又是小组民主生活日，各个小组利用课间开起了小组会议。

"绣心琴影组"上周小组综合评比是倒数第一，这次他们请来了导师林老师和我进行集体会诊。先是追查扣分原因——陈浩写作业马虎，扣分多，他作为历史、地理、政治学科组长，小组的作业也时常迟交；其次是成员在课堂上回答问题不积极，课堂展示得分低；尤其是上周轮到他们组出班刊，他们想将班刊办得好一些，谁知却延迟了交付时间……

"不是各司其职吗？陈浩所在'三人行'的负责人是谁？"

倩倩说："是我，是我监督不够，他不听我的。"倩倩一下子眼泪汪汪的。

"学习是自己的事，居然弄得女生哭哭啼啼的，你的绅士风度哪里去了？"大家半开玩笑地责备着陈浩。

陈浩瞧着大家责备的目光，不由得局促起来，赶紧表示："我争取写作业认真点，多拿分。我保证不再迟交小组作业了。"

"上课都不积极发言展示,得分少怎么办?"行政组长倡议道:"各学科组长在该学科的课堂上带头发言,每位组长每周至少在课堂上回答问题3次。"

我点点头:"这样不就在课堂展示上争得积分了么?不带头发言可以小组处罚,这由行政组长监督执行。"

"处罚什么呢?"

"给全组买棒棒糖,还有导师和西早老师的。"大家纷纷赞同,这处罚好,看谁还敢拖后腿。谁不积极为小组服务,可就要请客哟!

民主生活日之后,"绣心琴影组"很快就追上了其他小组。

三、建立程序化的组内工作机制

我们班建立了明确的小组工作程序。在这里我给大家介绍一下我班小组开会的一个程序。

小组开会,课间10分钟,怎么开会?孩子们自有高招。比如说"咏絮组"开会,他们首先总结上周的可取之处:"梦依、文婷回答问题积极;甜甜、依雯的作业一丝不苟,几乎都是最高分;晨晨活动积极……"组长一赞扬,大家你一句、我一句,互相"吹捧",个个眉开眼笑。

然后,他们开始自查不足。这时候每个人又变得非常严肃,还真像那么一回事。

"迟到现象没有消灭,刘炜就因睡过头而迟到;梦依说自己对数学的学习兴趣不浓,出现在数学课上打瞌睡的现象……"组长说得有板有眼,全体成员一个个神情严肃,全然没有游戏的样子。

问题摆出来之后,就是找解决方案。这时候大家你一言我一语地说开了。为了避免乱说,他们形成了几个规定:凡是有人提议的,没有新的看法的,不说,这样节省时间;凡是不能带来答案的问题,不提,这样提倡有准备的质疑和建议;发言的时候不能乱说,必须围绕同一个主题,便于集中意见。最后是行政组长总结，马上拿出方案，互相监督，责任到人。

会议结束时，大家还不忘互相击掌激励——"为了遥远的梦想，即使天寒地冻、人仰马翻，也要坚持。咏絮加油！"

这可是他们小组的宣言呢！

有时小组开完会之后，成员还在新的决议上签字，以增加执行力。

看到这样的场景、这样的短会、这样的鼓劲，怎能不激情四溢？听着他们七嘴八舌地畅谈小组建设、个人发展，我不禁也热血沸腾。

第二章 构建航母功能小组的7个策略

策略 11：用团队力量消除小顽疾

人都是社会性的动物，当自己的一些行为得不到主流群体的支持时，人们自己就会在心里掂量，究竟哪些事该做、哪些事不该做。

总有老师抱怨：班上有的学生这里有问题、那里有问题，该怎么办？我总是笑呵呵地问他们：为什么不发挥同伴的力量，让学生在团队的帮助下改掉毛病呢？

人都是社会性的动物，当自己的一些行为得不到主流群体的支持时，人们自己就会在心里掂量，究竟哪些事该做、哪些事不该做。我们班一些让人头大的问题，往往就在团队互助中，就在同伴的监督中，完成了转变。

一、"拖拉大王"脱胎换骨

晓晓是我们班的"拖拉大王"。拖拉到什么地步？她每天可以迟到七八次，作业是今天推明天，最后拖不过了，问她为什么不交作业，她还磨磨蹭蹭地说等会儿交，可等会儿就不见人影了。为了帮助晓晓克服拖拉的毛病，她爸妈特意买了辆电动车送她上学。可是只要她爸送她早到5分钟，她就会出校门，跑到附近店铺去买奶茶或者看小饰物，铃声响过了，才不慌不忙地往学校走——这样当然会迟到。

我曾经想过很多办法，想改掉晓晓的这个毛病，均是撼山易、撼晓晓难啊！但是，就是这样一个大难题，最后在小组成员的帮助下也解决了。

机会就是在调整座位时出现的。

那天，我们班的学生正自主换座位，忽然听到有学生大声吼道："怎么又是我和她坐？"

我循声一看，小毅的脸涨得通红，青筋暴露，满脸怒气地瞪着晓晓，书也摔了一地。晓晓低着头，一声不吭，黑黑的小脸更黑了。

看来孩子们有了矛盾，我得出场了。于是，我找到他们小组的成员谈话。"你们为什么不接受晓晓在一个组呢？"

"这样拖拉的人没见过！"

"换她到别的组去。"

组长素素叹了口气，很无奈："她几乎节节课迟到，刚下课时不上卫生间，快上课了才去，怎么讲都不改。"

小威补充道："她爸爸天天接送也没用。"

小毅更不满地说："她的抽屉像垃圾箱，上课好几分钟了，她还在翻找课本。"

好学的婷婷也说："晚自习她自己不做作业，还拉着我问这问那……"

组员们七嘴八舌，像竹筒倒豆子一般数落着晓晓的毛病。晓晓满脸通红。

"看来大家都觉得憋屈，是吧？"我问。

组员都点头说："我们劝过她多少次，她就是不听。"

"但如果你是晓晓，你会有什么感受？嫌弃她、赶走她，你们不感到内疚吗？"

组员们你看看我、我看看你，不说话。

"晓晓不就是有这么几个小毛病么？"我故意将"小"字加重，意在告诉大家不要将问题看得太严重，"讨厌和逃避都不是解决问题的办法，今天我们集体会诊，为晓晓开出诊治拖拉问题的处方吧。"

然后我看着晓晓："想不想改？"

晓晓感激地望着我，不停地点头："保证改！保证改！"

"怎么改？大家一起想想办法，分分工吧。"

"我督促她加强时间观念，尽可能不迟到。"涵涵主动请缨。

素素也不甘示弱："我提醒她晚自习要认真，独立按时完成作业。"

第二章　构建航母功能小组的7个策略

婷婷说:"我提醒她整理好书本。"

我很高兴,这样才是治病救人呀!"要晓晓不迟到不现实。为了不拖小组的后腿,你们允许她迟到几次?"我问道。

大家想了想,最后一致认定:"事不过三,一个月不能超过三次。"晓晓像鸡啄米似的连忙点头,表示一定做到。

以前也会诊过,但是没想到这一次会诊真有了效果。在"破晓"小组的同心协力下,不到半学期,晓晓拖拉的毛病就真的改掉了!现在的晓晓,也早已经融入到"破晓"小组中去了。

二、让专业生爱上文化课

艾华、吴振是体育专业生,高一时不在我班,我只担任他们的语文老师,但我见识过他们的厉害。晚自习第一节课他们基本没有上过,问他们,他们的理由很充足——训练后要换衣服才能吃晚饭。这本来半个小时就可以搞定,但他们总要拖到下了第一节自习课才回来。若是他们不喜欢的课,他们就借口有训练,上不了课,即使在上课,也是当"睡神"。为此,我找他们谈过几次话,也和训练老师协调了好几次,可是收效甚微。高二后他们进了我的班,怎么对付他们,我还真动了点脑筋。

我找来他们的组长米婧和张倩:"交给你们两个刺儿头,你们能不能管理好?"

米婧很有信心:"覃老师,不怕,我们保准让他的违纪次数降到最少。"

"哦?真的吗?说说,有什么办法?"我很好奇。

"您不是说一个女生就是500只鸭子吗,女生嘴巴多呀,"米婧很自信地说,"反复唠叨呗!男生就怕女生唠叨,只要他们不听话,我们就用唾沫星子淹死他们!"

于是,两位组长开始了对体育专业生的激励管理。

首先召开小组例会,约法三章。艾华、吴振想偷懒,哀求着女生们让制度宽松一点。

马上有女生说："你还想上北体吗？那文化分得要多高！你现在不努力，高三就来不及了。"

"一个大老爷们儿，动作快点嘛！我们给你算算时间啊，训练完后，换好衣服，吃完晚饭，赶到教室最多7点半！根本不会迟到嘛！"

"注意啊，千万别迟到啊！一周迟到超过两次，就要请我们吃棒棒糖哦！"

"一定不能提前去训练，逃课的话，那是要请喝奶茶的！"

"上课想打瞌睡，我们就捅你啊！不许生气……"

这么甜蜜蜜的惩罚措施，说得艾华、吴振无计可施。两个男生愁眉苦脸，唉声叹气，故作伤心状。我知道他们是装的，其实心里乐着呢！"好小子，你俩多有福气，一群女生来激励、督促你们啊！"

二人击掌为誓：如不改正，誓不为人！

这就对了嘛！

果真，后来的结果证明了这群女孩子的厉害。他们不逃课了，能按时上晚自习了，上课也不打瞌睡了，连作业都很少欠交了。

课间，我看到艾华的桌上有包小浣熊饼干，一问，是赵清买的！艾华那自得的样子简直让我都羡慕。

——原来，只要约法三章完成一周，女生们就要按照规定轮流奖励他们。可给这俩男生美的，难怪这上课的劲头越来越足了，还能积极回答问题了。这群女生的"胡萝卜政策"还真管用啊！艾华在省市比赛中屡屡夺得第一名，成绩也前进了近100名，吴振的成绩也进步了60多名呢。

三、"三人行"要制裁尖子生了

林蔚是我们班的学习尖子生，可尖子生也有毛病：不想写作业。我正在办公室，林蔚被他们的组员批得逃到我这儿来叫苦求情："西早老师，我以为欠交作业是我个人的事，这怎么就成了关乎全组荣誉的大事了呢？您快帮我去求求情吧，让他们饶了我吧,我真的不敢欠交作业了。"

原来,"三人行"的两个女生要制裁他,如果每周累计欠交作业三次,必须停计算机课待在教室里补作业。林蔚就指望在计算机课上上网解解馋,这俩小妮子想的这招真够狠的,简直是要林蔚的命嘛。

我听着林蔚的求饶,心里乐开了花:"小子,要是我说你,你会改掉这拖拉的毛病吗?"

林蔚摸摸后脑勺:"可能还真改不掉。"

"这不就对了?同学们在督促你做到今日事今日毕呢!"

林蔚乖乖地答应了。林蔚的毛病慢慢改掉了,学习严谨了不少呢!他感谢全组同学对他的监督,居然请大家喝奶茶,还有我的一份呢。

我欣喜地发现,孩子们的互相影响和帮助,不仅仅是学习上的合作互助,他们的性格品质也互相感染,互相汲取着正能量。孩子们已经将学习合作"三人行"变成了德育"三人行"。孩子们丰富着"三人行"的内涵,也提升着我们实施"三人行"的班主任工作的意义呢。

望着孩子们其乐融融,我心里也如喝了蜜一样。其他班的同学都纳闷:怎么他们班的同学就融洽得像一家人一样呢?我们班的学生得意地说:"我们就是相亲相爱的一家人啊!"

打造高中卓越班级的42个策略

策略12：改善小组的薄弱环节

闭门造车不行，闭关自守不行，如果我们的小组建设缺乏交流和学习、缺乏参考和比较，孩子们怎么能做好自己的小组建设呢？国门要开，我们小组的大门也要敞开！

俗语道，"十个手指不一般齐"，对每个班级而言，各个小组的发展也是不平衡的，那么，遇上薄弱小组怎么办？

一、推进小组联盟活动

英语老师李老师一进办公室就反映情况："全班各个小组都积极上台表演对话，就只有'素弦组'，我给了他们两次机会，他们都放弃了，不肯上台。"

怎么了，这群孩子？这两个月综合评比下来，"素弦组"的排名总是倒数第一。我找小组成员谈话，分析落后原因，不外就是骏达欠交作业、时有违纪，扣分厉害，导致小组积分比其他小组低了600多分。刚开始，组长方瑜是满脸苦恼，热心的乐乐为此还哭了几次，甚至写周记、写纸条给骏达，希望他自制，为小组荣誉而战。我也找骏达谈话，约法三章，导师们为他创造发言机会，班委会采取给他每周所获积分翻倍加分的措施予以激励。只是一贯松散的他再怎么克制，还是拖小组的后腿。骏达的表现让整个小组心灰意冷，于是发生了英语课上集体放弃的那一幕。

把大家找来谈话，还是老生常谈，不外组长没有凝聚力、大家心散、加不加分无所谓；骏达虽然与高一相比，进步很大，但仍时常违纪，谁都督促不了

第二章 构建航母功能小组的7个策略

骏达……

再这样持续下去，这个小组形同虚设。

怎样挽救这个小组？

打散，还是小组重组？

"素弦组"的组员个个都摇头。

"老师，既然不能进行小组重组，为什么不试一试小组联盟呢？"有学生向我建议。

"小组联盟？"我诧异了，这主意不错，可是班级有这个条件和基础吗？

孩子们说出了他们的想法。

"清晓组""惊梦组""咏絮组"这三组的综合评价一直处于领先地位，组长热情，组员积极，小组充满活力，凝聚力强。他们有能力带动薄弱小组。这就是小组联盟的条件和基础。

"怎么个小组联盟法？"我们既要让这种联盟形成正能量，又不能拖累优秀小组。

"办法很简单啊，老师。"他们很快拿出小组联盟方案来：

联盟要求：优秀小组与薄弱小组结对子，定期召开经验交流会，互帮互助。

联盟目标：共同进步，共同提升，共荣辱、同进退。

联盟方法：结对子小组每周的积分捆绑计算，取平均值，参与小组综合考核。

我一看，这方案切实可行。小组联盟就从最薄弱的"素弦组"和综合考核第一名的"清晓组"试点进行。

两组召开小组联盟会议。"清晓组"毫无保留地贡献出了小组的规章制度，每个组员做什么安排得井井有条，每个人每周要达到什么要求和目标，也是一目了然，赏罚措施得当到位。"素弦组"一听不由得惊叹，原来小组管理要这么精细。

"清晓组"介绍完经验，当场就督促"素弦组"制定出有效的小组组规，尤其是对骏达，他们也是连哄带推，对他提出了最低要求，一周要获得基本积分10

分，否则就要请小组成员吃水果。

小组联盟试行第一周，"素弦组"的考核一下子甩掉了倒数第一的帽子。

试行第二周，"素弦组"居然夺得了小组综合评比第六名，有进步。

我一边表扬他们的进步，一边也感到好奇，"素弦组"怎么变化这么大。"素弦组"的孩子们都说："老师，我们不想拖累'清晓组'，人家帮我们，我们不能让他们老是表演节目。"原来我们班规定——每周综合评比倒数第一的小组要为全班同学表演一个节目。

因为怕拖累"清晓组"，"素弦组"就努力改变自己，积极起来了。

遭遇"素弦组"同样处境的，还有"绣心琴影组"和"璟涵组"。全班大张旗鼓地开始了联盟互帮活动。

二、尝试小组交换学生

"交换生"源于"清晓组"。

那天，"清晓组"向我建议：他们可以与"素弦组"互相交换一位成员——"清晓组"派出能干、活泼、责任心极强的巧儿，将"素弦组"的骏达换到"清晓组"去，让他看看同样是专业生的姚艳和艾华是如何做好专业、文化两不误的。

试行一周后，一向一上课就神游"爪哇国"的骏达，居然开始在课堂上回答问题了！

在小组例会上，"素弦组"的组员个个兴奋地讲述着这一周的新奇变化。

"骏达上课不打瞌睡了，即使听不懂的数学、英语，他也努力在听。"

"我们约定了每周上课回答问题三次，我们会针对他能听懂的课，甚至给他明确的答案，由他回答。"

"作业几乎能按时完成。"

我询问骏达，骏达笑笑，说："西早老师，他们盯得紧，我不努力不行。不过，还好。"

"素弦组"也有新气象。在巧儿的带动下,组员回答课堂提问的次数明显增加。

乐乐说:"巧儿的到来,是一个氧分子带动一群氦分子。"

我问巧儿,她也是感受颇多:"这个组安静,即使下课也很安静,适合学习,这比我们'清晓组'做得好。但是由于小组内的活动机制没有做好,老师宣布讨论后,他们没有及时安排好展示同学,常常是抢不到回答问题的机会。这不是由于同学们没有能力,而是由于他们的方法不对,我仅仅是带来了'清晓组'已经做熟练的方法而已。"

巧儿的话让我茅塞顿开!为什么我们国家要改革开放?不就是要学习人家的先进理念、先进技术、先进方法吗?闭门造车不行,闭关自守不行,如果我们的小组建设缺乏交流和学习、缺乏参考和比较,孩子们怎么能做好自己的小组建设呢?国门要开,我们小组的大门也要敞开!

于是,我在全班各个小组之间都推行了交换生制度。推行一段时间之后,学生们逐渐积累了交换生交流制度的一些规则:

交换生交流规则

1. 每个交换生的交流时间为两周。联盟小组每两周交换一名组员,优秀组的交换生通过两周的共同学习,将本组的管理、学习等经验带到待进组,并激活待进组,待进组的交换生在先进组学习,看这个组是怎样变得优秀的。

2. 交换原则是人员对等。若非特殊情况,小组人员交换要按照对等原则进行,比如A类生交换A类生、B类生交换B类生。如果为了帮扶需要,不对等的交换可由两组自行协商。如"清晓组"和"素弦组",巧儿和骏达的交换就属于没有采取对等原则的交换。但是两组自己愿意,情况特殊,不在此限制内。

3. 计分方法。由于我们每个小组要实行综合考核评定,因此,孩子们特别关注交换生带来的计分问题。最后,他们约定:在交换生交换期间,交换生的个人积分计入交换所在组。骏达被"清晓组"组员逼着回答问题,就是因为"清晓组"不要他拖小组的总积分,骏达也不好意思拖"清晓组"的后腿,他的表现自然也就有了改观。

我们先后实现了六个小组的重点学生交换。一周下来，交换生也自得其乐，个个颇有心得。

内向胆小的石琳琳到了"咏絮组"，回答问题踊跃，声音清脆洪亮了，完全不是我印象中的那个胆小害羞的女孩。我问她："你怎么这么积极了？"琳琳羞涩地说："我不好意思拖他们组的积分啊。他们都这么积极，我被那种气氛感染了。"

"咏絮组"的文婷继续保持在课堂上的活跃风格，一下子带动了"璟涵组"的同学发言。"璟涵组"的同学都说："外援都这么积极地为我们小组的荣誉而战，我们怎么还能坐视不管呢？"

何蓝到了"惊梦组"，马上发现"惊梦组"的团结紧张的氛围比本组强："学科组长敦促作业完成时间，前一天晚上就收好了作业，所以他们总是交作业特别积极。他们回答问题简直是太积极了。班上有什么事，组长一下子就分配责任到人。"

"咏絮组"组长依雯眨巴着眼睛说："我们不仅要将自己做得好的经验带给他们，也要将他们做得好的经验带回来。这次文婷去'璟涵组'，是带了任务去的，要将'璟涵组'的优秀经验带回来。"

文婷马上附和："他们组做得最好的经验就是上课只要有一个同学的精神状态不大好，马上就会有一只手伸过来捅一下。我在数学课上想趴桌子打瞌睡，刚低头，就被他们捅了两次呢！"

看来小组之间的人员互相流动、互相欣赏、互相学习，还是蛮有效的嘛。

三、实行局部资源重组

小组交换学生，给我整改薄弱小组带来了新思路。

第三周，巧儿理应回原来的小组去，"素弦组"再三挽留，她又留了两周。然后"素弦组"组长方瑜主动交换到"清晓组"去学习,由巧儿代任"素弦组"组长。

在巧儿的带领下,"素弦组"竟然在一周的综合评比中排名第三。要知道,我们班个个小组的建设都很不错,"素弦组"能争到第三着实不易,孩子们欣喜若狂,直夸巧儿有号召力,给本组带来了活力。

两周后,方瑜找到我,请求让巧儿担任"素弦组"组长,她自己留在"清晓组"。

我征求巧儿的意见,巧儿主动表态:"我一定会将'素弦组'带起来的,老师您尽管放心!"那热切的眼神,好像生怕我不让她继续留在"素弦组"一般。我又征求"清晓组"的意见,"清晓组"倒是很大方,帮人帮到底,同意巧儿担任"素弦组"组长,他们接受了方瑜。

巧儿极具领导才能,她在"素弦组"深化改革,作业要求做到最好,回答问题积极踊跃……一下子激活了"素弦组"这盘棋。当"素弦组"夺得小组排名第一的成绩后,全体成员冲进办公室,让我分享他们的喜悦时,我简直不敢相信!这还是那个自暴自弃的小组吗?这还是那个缺乏斗志的小组吗?这群孩子,在上个月还愁眉苦脸的,现在是眉开眼笑,满面春风。孩子们太厉害了,我不禁为他们叫好!

留下一个巧儿,激活一个小组,巧儿让我对小组薄弱环节的整改又多了一个思路:适当的时候,我们不仅要实行组门打开,而且要在关键的时候实现组间的资源重组。只有个人、小组之间的互相调配都达到最佳境界,小组的活力才会得到体现。

打造高中卓越班级的42个策略

策略13：基因重组让小组永葆活力

"流水不腐，户枢不蠹"，若想让小组永葆活力，就要不断注入新鲜成分，保持小组内部适度的新奇感。

交换生也好，局部资源组合也罢，都只是针对个别薄弱环节采取的权宜措施。一个小组的成员组合在一起，最佳管理状态能够维持多久？一个学期。超过半年，组员在思想上就有疲倦感，小组荣誉感会减弱，纪律就逐渐松懈；加上成员由陌生到熟悉，感情逐渐深厚，大家对同学的一些小毛病更宽容了，适应性也强了，甚至还出现包庇、联合作案的现象……这时候，小组建设就开始进入不能继续发展的高原期。

如何克服小组建设的自身局限，继续把小组建设引向打造卓越班级的高境界呢？

一、推出重组设想，改善小组建设

"流水不腐，户枢不蠹"，若想让小组永葆活力，就要不断注入新鲜成分，保持小组内部适度的新奇感。我想通过"基因重组"来改善我的小组建设，即把每个孩子视为优秀班级的遗传基因，适当地、较大幅度地更换小组成员，重新组织新的小组。

我把这个设想事先在班委会的层面上透露出去。有孩子建议："全部打乱重组，小组建设要重新来一次，我们原来的工作就等于前功尽弃了。"

"既然是'基因重组'，一定是有一部分同学是不动的，另外一部分同学换个位置……"

是的,我就是这样想的!

班委会的孩子们理解了我的设想,接过我的担子,很快就拟出了"基因重组"的方案:

(1)各小组的 A 类同学不动,小组长不变,小组名称、管理要求、建设目标等各项措施不变,小组总积分不变。这是"不动基因"。

(2)实行小组内部成员部分更换,各小组成员留在原组的,原则上不得超过三人。

(3)对于在原小组造成负面影响、不能够促进小组建设的人员,一定要坚决重组出去。

(4)重组的方式采取个人申请、A 类同学邀请等双向选择办法进行。

二、部分学生恋旧,"基因重组"受阻

设想很好,但是刚宣布"基因重组"时,班上就产生了巨大的精神震荡,教室里一片"鬼哭狼嚎"。

"覃老师,这样不利于我们的小组建设!"大家平时都叫我"西早老师",这会儿一急,全叫我"覃老师"了。

"为什么不好?"

"人都是有感情的,我们现在适应这个小组,对小组有感情了。"

"就是因为你们适应了,成了温水里的青蛙,现在对小缺点和小错误没有抵抗力了,我才要实行'基因重组'啊!"我给他们讲过温水煮青蛙的故事。把小青蛙丢进热水锅里,因为烫它会立即蹦出来,反而不会受伤。相反,给冷水慢慢加热,青蛙待在水里舒服了,会麻痹大意,最后瘫软得连自救能力都没有。这个故事孩子们知道,因此,我说出来之后,不少学生默默地接受了。

可是,仍然还有部分小组不愿意接受重组。"惊梦组"全组同学追到办公室。

打造高中卓越班级的 42 个策略

"覃老师，我们组这么好，为什么要拆散？"晶晶快言快语，语气很冲。

"请相信覃老师的带班经验，因为每个组都或多或少有些问题。"我耐心地回复。

"我们组是班级综合评比最好的组，是成绩最好的组，您不担心重组之后成绩会下降？"郑华试图说服我。

"那我就更希望你们将本组建设的优秀经验带到新的小组去呀！"

"不是有交换生吗？我们想办法将'绣心琴影'组也带上来。"易涵作为一组之长，面对小组重组，心有不甘，感觉自己平时的心血都白费了。

"交换生并不能解决班级小组的一些深层问题。譬如你们相处久了，会互相容忍甚至包庇；譬如因怕影响小组评价，会集体为 C 同学完成作业；譬如会集体去犯错，等等。"

"我们组没有这种现象。"陈晨分辩道。

"你们组没有，可是其他组已经有这苗头，覃老师要未雨绸缪啊。"

一阵沉默后，晶晶咬着嘴唇，带着哭腔："求求您，不要拆散我们。"

小组的六个人都脸色沉重，都急切地望着我，希望能从我嘴里得到改变决定的消息。那一刻，我心软了，几乎要动摇了：我想小组就不要重组了吧，也许这样也很好。

三、耐心说服引导，疏通不良情绪

孩子们的恳求，几乎让我想改变主意。

这一幕，不是和"希蕾180班"很相似吗？当年我带"希蕾180班"的时候，面对小组通过交换生制度、通过"留学"制度无法解决问题的现实，我提出了"基因重组"的设想。结果，全班的孩子们也和这个班级的情况一样，他们对小组付出了那么多感情，已经舍不得离开原来的小组了，因此恳求我不要重组小组。我禁不住孩子们的恳求，答应了。结果高二第二学期，班级管理效果明显没有前面一学期的势头好，每个小组都进入了发展的瓶颈期，无论我想采取什么办

第二章　构建航母功能小组的7个策略

法激活小组，依然深感小组的潜能没有得到有效发挥。这种局面一直延续到高三第一学期，当孩子们自己感觉到小组没有出路的时候，才被迫接受小组"基因重组"。遗憾的是我们丢掉了高二宝贵的一个学期的磨炼时间，小组的优势并没有完全发挥出来。毕业前，"希蕾180班"的孩子们承认："覃老师，如果您当初没有心软，如果我们早点换组，小组学习效果会更好。"

相同的要求，相同的问题，不同的学生，我绝对不能让错误重演。看着孩子们湿漉漉的眼睛，我果断地对他们说："这是我历史的教训，也是班委会集体研究决定的，我不能轻易地改变。谁也不能阻拦我们对小组的改革！"

晶晶的泪水夺眶而出，对着我吼出了让我震惊的一句话："如果新组没有你想的那么好，出了问题，你负责！"

"这不是我负责的问题，而是我们大家要对自己的未来负责！"

"惊梦组"的孩子们黯然走出了办公室。其他各组不愿重组、有些情绪的学生，见"惊梦组"请求未果，也都悻悻地走出了办公室。

四、果断实施改革，改组终获成功

为了不重蹈"希蕾180班"的覆辙，我决定尝试下去。

晚自习时，我给全班学生做工作："今天有一些同学觉得覃老师要重组小组纯属多此一举——我们好好的，为什么要拆散我们呢？好像我成了王母娘娘似的。我知道你们对现在的小组都深有感情，这说明我们都是重情重义之人，这是好事。但是我们不能感情用事，请相信覃老师的经验，你们到了新组，一定会喜欢上新组的。我希望大家能理解和支持我……"

渐渐地，教室里不再愁云惨淡。

于是，大家开始积极找寻新组，留守本组的学生也在积极地物色新成员。小组长不时拿着人员名单和我商定、向我寻求建议。寻找新组的学生由于有了开学初的择组经验，这一次几乎不再咨询我。

经过三天紧锣密鼓的双向选择，小组名单交到我手上，我要对小组进行适当调整。有钉子户的小组，我将组员的实力配强一些。我调整到谁，孩子们居然毫无怨言，就是一句话："听从老师调配。"就这样，小组迅速组合好。小组一敲定，调整座位，各个小组就开始了辞旧迎新仪式。

先是辞旧，要到新组去的同学向小组告别。有的小组以水代酒，吟诵着"劝君更尽一杯水，兄妹之交淳如水"，颇有几分离别的豪情。有的女生善感，拥抱在一起，互相嘱咐"你要好好的，不要忘了我们"。真好像这一别就是远隔万水千山一般。有的男生互相挥拳道声"保重"，潇洒地搬着桌椅去了新组。

座位调整好，新组来了个迎新仪式。鼓掌欢迎的有之："欢迎你来到新家，我们要为'仓颉组'加油！"击掌迎接的有之："我们要为打造最优的'尚翊组'努力！"六双手叠在一起的有之。真是人心齐泰山移。

各个小组逐步改组到位。

一个月以后，我问晶晶："新'惊梦组'如何？"

她笑着答道："比原来的'惊梦组'更好、更融洽了，我更喜欢了。"

我笑道："没有变化，怎么知道现在的好呢！"

晶晶不好意思地说："覃老师，我那次太冲动了，态度不好，对不起啊。我终于理解老师为什么这样做了。"

旁边的何蓝搭腔："这就叫'流水不腐，户枢不蠹'。"

一群小鬼头！

第三章　打造卓越班干部团队的6个策略

　　大雁迁徙千里，不论老幼均能到达自己理想的栖息地，是因为有一个卓越的飞行团队托起每只大雁的梦想。狼群能够在野兽中横行不败，是因为始终有一个核心的战斗团队支撑起族群的兴旺。一个班级要想从优秀走向卓越，就需要一个强有力的班干部团队承担起班级的日常管理、服务协调和创新提升的工作。

　　卓越是一种个人无往不胜的办事能力，也是一个团队紧密配合、唇齿相依的执行能力，还是一个团队高瞻远瞩、纵横捭阖、出奇制胜的决策能力。要打造一个卓越班级，就需要打造一个能办事、会办事、办好事的班干部团队。

　　卓越团队不是一个人的优秀，而是一个团队的优秀。打造一个卓越班级，就需要让每一个班干部都从优秀走向卓越！

打造高中卓越班级的42个策略

策略14：准确定位班干部工作

"四个定位"让每一个学生明白自己要做什么。分工越具体，班干部的独立操作意识和能力就越强，就越能准确地知道他们下一步该干啥。

班干部团队有高效能团队和低效能团队之分。高效能团队和低效能团队的最大区别，就是高效能团队的每个人都始终知道，他们每天能干什么、要干些什么、该怎么去做，他们总是保持着一种坚忍务实的工作作风，很少把时间花费在空想上；而低效能团队的每个人，恰好是不知道他们能干什么、要干什么，也不知道该怎么去做，他们总是设想很多而缺乏行动，每天的大好时光就浪费在徘徊想象之中。

打造一个卓越班级，就要让每一个班干部都始终明白下面的"四个定位"：

一、班级管理模式定位

采取什么样的管理模式，这是一个班主任带班理念的具体折射。在我们班上，我通常采取的是"三级立体管理机制"：

一级管理——三权分治，这是我们班民主政治生活的基础，班上建立立法部、班委会、监督部三个立法、行政、监督法规的管理部门，宏观驾驭我们班级。

二级管理——团队合作学习制，创建以"合作学习小组"为基础的、人人参与的团队合作学习模式，从个人层面解决学习、工作和生活问题。

三级管理——家校一体辐射式制度，创建紧密的家校同盟和共同为孩子成长服务的联系机制，解决学生的环境影响和教育问题。

在这"三级管理"中，我重点要说的是"三权分治"，这是我们班的民主政治生活基础。三个不同的部门，分别代表了我们班级民主管理的三个方面。

立法部代表的是同学们的整体意志和班级共同愿望。他们的职责是在建班之初征集同学们的班级愿景和对规章制度的理解，出台我们班的班规。班规制定完之后，他们负责搜集整理班规在具体实施中存在的问题，搜集整理同学们实践的意见，对于班规中不完善的地方，出台合乎我们班级实际的"司法解释"，以弥补班规的不足。这是我们班的"最高权力机构"。

班委会是我们班的日常事务协调、管理、服务部门，是把同学们的愿望变成现实的具体实施机构，他们接受班主任的指导，代表全班同学开展工作。

监督部是我们班的纠错部门，也是对班委会和普通学生的监督部门，班干部玩忽职守、学生自我要求不严，甚至作风教育辅导、学生形象建设，都在监督部门的工作职责范围内。尤其是作风教育辅导、学生形象建设工作，是我引以为自豪的，也是我的独创。因为在好多班主任那里，监督部门就是处理人，就是剥夺别人的权利，最后给人的印象就是监督部门是东厂、西厂、"特务队"，名声很不好。与之不同的是，我们班的监督部门还要针对班级存在的问题提出好的整改方向，还要对学生进行宣传教育，做正面引导。所以，同学们给他们起了一个外号，叫"形象塑造大使"，我觉得很好。

我们班这三个部门独立开展工作，互不干预，从班级最高权力机构到执行机构再到监督机构，解决了我们班的宏观管理模式的建设问题。

二、学生自身能力定位

当我确定好班级的管理模式之后，就需要孩子们对自己进行准确的自身定位，以便"一个萝卜一个坑"，安排好班级的每一个学生。

我和有些老师不同，有些老师只看重班干部，在他们眼中，组建一个班级，有一批能干的班干部就可以了，不用顾及每一个孩子。我觉得这不好，教育的公平不仅仅是地区间的公平，还包括在我们具体的教育实施中，让每一个孩子都得到公平的锻炼。我们班的学生干部工作，不是少数精英的表演，而是每个孩子都有机会的一个社会模拟实践。

我要安排好我们班每一个学生，让每一个学生都在自己的班级找到发光的位置。

我首先用"三权分治""忽悠"学生。

"不依规矩，不成方圆，班级亦是如此。经过征求同学们的意见，老师慎重考虑，决定在我们班采取三权分立的管理制度，由立法部、班委会、监督部三个部门联合进行班级管理。"

立法部？学生非常好奇。"班级就是一个小型社会，要想班级脱离老师的权威管理，做到以法治班，就需要有立法部门。"学生一听，觉得有意思。那立法部门做些什么呢？"就是班级各项制度的制定和出台、组织每月一次对班主任和班干部的常规民主评议，同时对小组和个人的表现进行综合评价，相当于人民代表大会常务委员会。"学生一阵惊讶，不由得惊呼："哇，级别真高。"于是有几个学生跃跃欲试，准备报名尝试这一崇高的职位。

"什么是监督部门？监督部门就相当于司法部门，立法部是有法可依，那监督部就是执法必严。当然，在法律面前人人平等，我这个班主任也不例外。"学生一听，又乐了。从幼儿园到初中，向来只有老师处罚学生的，现在监督部还要监督惩戒班主任的违规行为，于是大家顿时感觉到监督部门责任重大。

"班委会呢，可不像初中的班干部管你们，而是要竭诚为班级和同学服务，就相当于国务院，主持组织班级的常规工作。"

等我将这三个部门的特点大体做了介绍之后，学生们刚刚才笑过，马上又变得严肃了。立法部相当于人大常委会，代表全班同学的意愿制定班规；监督部相当于司法部，监督班规实施情况；班委会就好比国务院，主持组织班级的常规工作。一个班俨然成了一个国家，学生深感这其中的分量，自然不再像我介绍时那样只是感到新鲜好奇，而是多了一份庄重、多了一份担当。

然后我继续说道："班级管理是锻炼大家的能力，'人人为我，我为人人'，每个同学都要为班级做些什么，所以，在这个家庭里，没有游手好闲者，也没有只享受权利而不尽义务的特殊人物，每个人都要找一份事情做。大家在参与班级建设之前，都要清楚地想好四个问题：在这个班上我是旁观者还是参与者？我会做什么？我能做什么？我选择从什么事情开始做？"

有些学生悄悄地说："老师，我以前没有做过班干部，不知道能不能做？"

"只要有为同学服务的热情，经验不足不是问题。不要担心没有做过班干部，怕做不好，谁都有第一次。班级会为每一个同学提供锻炼的机会。"我要求每个学生都把自己擅长的事情列出来，把自己能做的、可以做好的写出来，每个人对自己做一个准确定位，以便进行后面的班干部竞聘。

三、班干部竞聘模式定位

吹风之后，第二天大家利用班会课非常正规地进行了选举。

"首先请愿意担任立法部部长一职的同学发表竞聘演说。"

杨雨勤大大方方地在黑板中央写下自己的大名。"我以前没有担任过什么班干部职务，但是我有热情，我愿意挑战自己、为全班同学竭诚服务。如果大家投我一票，我上任后将为我班量身打造班级规章制度，让制度为我班保驾护航。希望大家支持我！"

其他同学也毫不示弱，有的给出承诺，有的规划美好法治蓝图，共有四名同学竞聘这一职位。最终大家被杨雨勤的真诚和热情打动，于是在热烈的掌声中杨雨勤受聘担任立法部部长一职。

她马上履行职责，以立法部部长的身份主持班长和监督部部长的竞聘选举。

最终杨梦欢以温婉的性格、超强的气场当选班长。大家都说，班长要能撑得起场面，镇得住班级，温暖每一位同学，要做到不愠不恼。杨梦欢最适合。

监督部部长由舒思羽竞聘成功。

班长协助立法部部长选出了学习部部长、劳卫部部长、生活部部长、文宣部部长、健身部部长等。通过这一次选举,我告诉学生:今后我们班的班干部职位,就用这种模式,公开透明、公平公正地竞选。这就从班干部产生机制上,确定了我们班的班干部竞选模式。

四、班干部职责定位

班干部人选确定之后,我要求他们用民主集中制方式,先个别酝酿,独立开发自己的岗位职务,然后集体协商,互相参考评价,确定每个班干部的工作岗位职责。

立法部的队伍组建得最快,他们对于自己的职责也是商谈得最早,他们利用课间,三下五除二,就拟定出了职责范畴:

1.制定班纪班规;2.与时俱进,及时进行班纪班规的修订;3.民主评议班干部和班主任的工作。

其他各个部门也出台了职责:

班长:1.严格执行班规,管理班级工作;2.负责安排值日,抓班级纪律,领导其他班委开展工作;3.每周向全班做一次总结,平时代表全班同学向班主任反映情况;4.班主任不在时,代行班主任职权。

行政组长直接由班长管理。组长职责:负责维持本组课堂纪律,按时收交本组作业,认真组织本组开展清洁扫除、搞好各项活动,组织管理各学科组长做好学科辅导工作。若有失职,应向全班同学做书面检查,直至撤职。

学习部:1.负责组织各类学习交流活动;2.督促学习部各学科班长的工作。

学科班长:1.每天及时把作业交到老师的办公室,把未交者名单交给学习委员,协助老师做好相关工作;2.带领高效学习研究小组解决其相应学科的问题,

第三章 打造卓越班干部团队的6个策略

组织交流学习的问题，组织交流学习心得；3.语文班长、英语班长带领同学们诵读和安排早自习内容。

劳卫部：1.负责班级卫生劳动工作安排、检查和评比；2.负责组织同学到外班参观学习相关经验。

生活部：1.负责管理教室的电灯及其他电器；2.在生活方面为同学提供各种力所能及的服务；3.负责班费管理，且每月向同学们汇报一次；4.加强寄宿生就寝和就餐管理工作。

文宣部：1.积极组织各种文娱活动；2.组织黑板报编写工作；3.组织编辑班级日报。（若有失职，处罚同上）

健身部：1.负责早操和体育课管理；2.记载体育课违纪情况；3.组织并监督课间操与罚跑。

监督部：监督各部门工作是否认真到位，监督班主任工作，对违纪同学拟定惩戒单，做到当天问题当天解决。（建议弹性惩戒）

利用班会课，各个部门将自己的职责向全班公布并征求意见。

既然要民主，那就得正经八百有个民主样，马上有学生质疑：各班干部如果没有履行好职责，该怎么处罚？

唐如璇说："国外官员在任职期间工作有过失，多引咎辞职。"

米琦马上站起来："如果一犯错就引咎辞职，谁来继续为大家服务？犯错难免，何况错有大小，是不是根据犯错的轻重和次数做一个限定？譬如，劳卫部部长没有合理安排劳动，结果没倒垃圾，是不是可以扣除一定的积分？"米琦的意见大家觉得合理，都表示赞同。"扣除多少分？就扣2分吧，班干部为大家服务也不容易。"

"如果多次犯呢？"有个同学问道。

"多次犯，怎么可能？大家竞聘到的职务，绝对不会多次犯错的。"一同学反驳道。

"因为每个同学认领的一份工作，难保每个同学都有为大家服务的意识，有的同学邋遢怎么办？"这倒是实情，看来监督到位势在必行。针锋相对到这个地步，可见孩子们已经有了一定的民主意识。

"如果多次犯，就说明他没有热情干好工作了，可以写书面检查，情节严重的撤职。"以前做过班干部的姚金鹏马上发表自己的看法。

大家商量出了班干部失职惩戒法则：

（1）不认真履行工作职责一次，扣除班干部表现积分2分。

（2）三次以上不履行职责，要写出书面检查，并勒令改正。

（3）造成班级声誉损失的，应向全班致歉，同时扣除班干部表现积分5分，换任其他职务。部员失职，部长找其谈话；部长失职，立法部部长和监督部部长联合找其谈话；情节严重的，班主任找其谈话。

孩子们七嘴八舌地就将班干部职责监督落实到位了。

后面的工作证明，我的这"四个定位"是恰当的，它让每一个班干部都明白自己要做什么。分工越具体，班干部的独立操作意识和能力就越强，工作效率就越高。

第三章 打造卓越班干部团队的6个策略

附录：

高214班班委会一览表

部门	部长	职责	成员	职责
立法部	杨雨勤	1. 制定班纪班规；2. 与时俱进，及时进行班纪班规的修订；3. 民主评议班干部和班主任的工作；4. 做好每月合作小组的评比及个人的表现总评。	王翔 李佳丽 班主任助理：贺莉	
班委会	班长 杨梦欢	1. 严格执行班规，管理班级工作；2. 负责安排值日，抓班级纪律，领导其他班委开展工作；3. 每周向全班做一次总结，平时代表全班同学向班主任反映情况；4. 班主任不在时，代行班主任职权。	行政组长： 唐寒冰 何倩雯 王翔 周晓芬 杨凯麟 谌柯呈 唐如璇 周奕涛 周鑫	1. 负责维持本组课堂纪律，按时收交本组作业，认真组织本组开展清洁扫除、搞好各项活动，组织管理各学科组长做好学科辅导工作。若有失职，向全班同学做书面检查，严重者撤职。 2. 每周对各小组进行一次评估，每月评选三个明星小组和一个飞跃（进步最大）小组。

续表

部门	部长	职责	成员	职责
班委会	学习部 唐娜	1.负责组织各类学习交流活动；2.督促学习部各学科班长的工作。	语文班长：张叶 数学班长：黄睿洁 英语班长：龙依雯 历史班长：曾巧 地理班长：陈斌 生物班长：张耀中 政治班长：杨亚 化学班长：段铭柯 物理班长：李俊蓉 音、美、计算机班长：唐如璇	1.每天及时把作业交到老师的办公室，把未交者名单交给学习委员，协助老师做好相关工作；2.带领高效学习研究小组解决其相应学科的问题，组织交流学习心得。另：语文班长、英语班长带领同学们早读和安排早自习。
	纪律部 米宇琦	1.负责考勤工作；2.负责课堂纪律、自习纪律；3.按照班规对违纪同学做出弹性惩戒决定。	何亚磊 姚玙烟 杨坤凌	
	劳卫部 姚金鹏	1.负责班级卫生劳动工作的安排、检查和评比；2.负责组织同学到外班参观学习相关经验。	杨琢 肖剑朝	

第三章 打造卓越班干部团队的6个策略

续表

部门	部长	职责	成员	职责
班委会	生活部 吴婷乐	1. 负责管理教室的电灯及其他电器；2. 在生活方面为同学提供各种力所能及的服务；3. 负责班费管理，且每月向同学们汇报一次；4. 加强寄宿生就寝和就餐管理工作。	水管：曾健宾 电管：李俊蓉 生日创意：吴宇轩 图书角：阳杨、郭卜韶 废物回收：马圳林 计算机管理：张智阳 报刊购买：郑思华 贴吧主管：曾巧 信息联络员：罗肖 门窗管理：石雨芳	
			寝室长：周鑫、张耀中、吴婷乐、周晓芬、陈甜	健康生活，打造和谐文明寝室，协调寝室成员关系。
	素养部 陈甜	1. 每天检查仪容仪表；2. 定期检查课桌、书柜、书籍摆放及离座推凳情况；3. 提醒检查校服穿着和校徽佩戴；4. 检查文明语言情况。	各组素质组长	
	宣传部 周弘	1. 积极组织各种文娱活动；2. 组织黑板报编写工作；3. 组织编辑班级日报。	班级内墙：吴宇轩 班级外墙：向情 节目主持、黑板报：杨晓沛、张育凡、唐维韬	

续表

部门	部长	职责	成员	职责
班委会	健身部 廖业贵	1.负责早操和体育课管理；2.记载体育课违纪情况；3.组织并监督课间操与罚跑。	申铖皓	
	监督部 舒思羽	监督各部门工作是否认真到位，监督班主任工作，对违纪同学拟定弹性惩戒单，做到当天问题当天解决。	杨诺、周婧雯、杨芳沐、黄梦海、林铷	
	团支部 林铷	完成好团支部布置的工作。		

第三章 打造卓越班干部团队的6个策略

策略15：让每个学生都参与到班级管理中来

越付出才越爱，当他们为这个集体付出了自己的汗水，付出了自己的心血，这个团队的进退荣辱就和每一个人密切相关了……

在"三权分治"的基础上，我对班委会的组成进行了明确分工，设置了像国务院一样的大部制——"一长七部"，即一个班长，下设学习、纪律、劳卫、生活、素养、宣传、健身七个职能不同的行政部门。每个部门的最高"长官"叫部长，由学生竞聘产生；部长产生之后，部内的人员由部长自己安排；我只给他们一个要求——让每个同学都有锻炼的机会。

一、学生自选岗位，突出个人特长

杨雨勤找到我，扑闪着一双大眼睛，笑呵呵地找我要部员了。

"部员自己找！"

"真的？！"

"不是蒸的，难道还是煮的？"我逗她。

得到我的指令，她异常高兴："我就将刚才参加立法部部长竞聘的那几位同学收于麾下，怎么样？您没意见吧？"这鬼丫头，原来早就有打算呀。

"呵呵呵，好啊，我准了。"

让每个学生在班级都有事做，让每个学生在班级都找到自己的位置，56个学生就要设置56个岗位。这确实是有些难度的。光岗位设置就让部长们头疼不已。部长们冥思苦想，学科班长、小组长、寄宿部室长等固定设置的岗位加起来也才

打造高中卓越班级的 42 个策略

40 来个，譬如生活部刚开始就只设置了 9 个岗位，立法部也只设立了 3 个岗位。一些岗位实在是不知道怎么设。

各位部长没辙了，不约而同地聚集在我跟前，愁眉苦脸的，为没有那么多岗位而发愁，都想到我这里来讨几个锦囊妙计。

"妙计嘛——"听到"妙计"，几位部长的眼睛放出光芒，盯着我，生怕我嘴里吐出的妙计他们没接住，跑掉了。

我不禁莞尔："从群众中来，到群众中去。让同学们主动去找岗位，然后上报不就得了？"

这主意不错，同学们集思广益，自告奋勇去找岗位了。为了丰富我们的业余生活，让班级更有家的温馨，吴宇轩申报了为同学过生日的工作；郑思华说图书角需要购买一些最新的报刊，兴冲冲地申请了购买报刊的工作，她说："反正顺路，买回杂志我可以先睹为快，既干了本职工作，又增长了见识，一举两得。"

姚燕兴奋地冲进办公室："西早姐，我们班养些花草，绿色让我们感受生机盎然，你觉得怎么样？"

"好呀。这活儿就交给你了。"

"好嘞！生活部部长乐乐说要问你，我就说肯定行的！"她又一溜烟地跑出办公室申报岗位去了。

罗肖特别爱管事，什么东家长西家短，经常讲给同学们听。同学们就建议："罗肖，你是包打听，就专门帮我们班搜集信息，怎么样？这下，学校、年级写的一些通知、表扬批评的情况，我们就全知道了。"罗肖一听这提议好，于是就干起了"包打听"这工作。"包打听"是俗语，叫起来不雅，于是大家给他的职务起了个很好听的名称——"信息联络员"。

快下班了，贺莉走进我的办公室，这是位内秀、不爱说话的女生。我耐心地等待她说话。她涨红着脸，提议道："老师，你工作忙，我怕你会忽略一些同学。"

忙碌，这确实是实情。家务事、班级工作、各个部门一些杂事、偶尔外出做

第三章 打造卓越班干部团队的6个策略

讲座，都很耗费我的精力。由于工作忙，我的确是很容易忽略那些乖巧又听话的孩子。听到她这么为我着想，我内心里有一股暖流涌动。

我赞许地摸摸她的头："你这样为老师着想，老师十分感动。你有什么好主意可以帮助老师？"

"我们班有'三人行'，老师你是不是能定期和我们谈话？这样全班同学就会照顾到了。"

师生之间需要建立一条交流沟通的渠道，好主意！太棒了！我不禁惊喜地拥抱了她一下。

她继续说道："老师，我毛遂自荐做你的助手，我帮你安排和同学们的谈话。"

贺莉就这样成了我这个班主任的助理，专门安排我与同学们的谈话工作。于是，"三人行谈话"制度应运而生，什么时间谈话、谈什么内容，均由班主任助理安排，目的就是使我和学生的谈话制度化、正常化、定期化。

这职务设置得很有特色。自从有了这助理之后，我这班主任马上发觉省了不少心。她还邀请曾巧同学建立一个"班级贴吧"，同学们在这里可以倾吐心语。"贴吧"里时常有温暖的节日（生日）祝福，有提醒大家变天加衣乃至预防感冒的温馨提示，也有对同学帮助的感激。这"贴吧主管"做得是有声有色。

甜甜感觉同学们的基本素养还不够高，她主动申请监督同学们的日常素养，譬如不乱扔纸屑，书桌和书柜要整齐，放学后要将椅子推进课桌下，便于打扫卫生的同学清扫。

……

就这样，班委会的七个部门，人员一一到位。好多部门的岗位设置超出了原来简单的班委会设置。比如说，生活部就设置了水管、电管、生日创意智囊团经理、图书角（2人）、废物回收、计算机管理、报刊购买、贴吧主管、信息联络员、公民素养部、花草美化、寄宿部管理（4人）等12个职务16个岗位，比原来的岗位多出了一半。

打造高中卓越班级的42个策略

二、班主任创造条件，磨炼班干部执行力

立法部就拟定的几条班主任职责征求我的意见：

1. 不主观武断，若错批评同学一次，须向同学道歉。

2. 上课不得无故迟到（以上课音乐结束为准），违者在班上唱一首歌。

3. 按时下课，特殊情况下拖堂不得超过1分钟，违者在班上唱一首歌。

4. 批评同学应尽量态度平和，不得对同学们大发雷霆，每月向全班同学发火超过一次，罚扫教室一次。

5. 每学期对班主任组织一次全班评议，投信任票。

这五条措施主要针对我在管理班级时和学生之间的关系应如何恰当处理，还真有了民主的味道。班规约束班主任，这是法律面前人人平等的表现，我欣然接受。赵毅就成了监督我的专职工作人员。

如果执行不深入，规则就是一纸空文。为了让学生真正做到违规必究、执规必严，我就从赵毅监督我开始，磨炼这群孩子工作的能力和耐心。

上完课，铃声一响，我特意拖堂："我还有几件事情想说一下啊。"孩子们望着我，眼睛里掠过笑意。我心想，你们这群家伙，就等着我拖堂，想惩罚我唱歌。但我仍装作浑然不知。等我说完，赵毅马上站起来："老师你拖堂两分钟，按规定明天罚唱一首歌。"全班同学附和，喜笑颜开："对对对，老师违规，罚唱歌。"

我假装愁眉苦脸："赵毅你怎么不提醒我？难道班干部就是等待同学犯错吗？让同学犯错你们处罚，这就是班干部的工作？我抗议！"

"抗议无效！"全班同学嬉闹着。好吧，我笑呵呵地走出了教室。

第二天，我照常上课，装作忘记了处罚这件事，我倒要看看监督部能拿我怎么样。上完课，赵毅起立说："请覃老师为大家唱歌！"刚好下课铃响了，我故作无可奈何状："这不是我的错，是铃声响了，否则你们又算我拖堂。现在是跑操时

间，我改天唱，好不？"学生们唏嘘着，只好去跑操。

第三天，赵毅课前就跑到办公室提醒我："覃老师，你今天要记得唱歌了。"

我嗯嗯啊啊地答应着，进了教室，仍像往常一样上课，故意上到铃声响。赵毅再次提出让我接受处罚。我耸耸肩："孩子们，下课了，我唱歌，你们又要算我拖堂，为了不陷入拖堂连环的被动局面，我争取明天唱。"孩子们大叫着"老师要赖"，我笑嘻嘻地走出了教室。

我想看你们监督部拿我怎么办。是不是就妥协了呢？我静观其变，为自己这几天扮演的顽劣违纪生而自得其乐。没有一件事情是那么容易完成的，尤其是作为班干部，总会遇到一些令人头疼的甚至不配合的同学，我要好好磨炼这群孩子做事的耐性。

第四天课前，赵毅不依不饶，再次提醒道："老师，今天你一定要唱歌了。否则我们监督部威信尽失，违纪的同学就拿你做榜样，不肯接受弹性惩戒。按规定你要罚唱两首歌了。"

我幸灾乐祸地望着他，望着他一脸的懊丧和恼怒，我更乐了。

我依旧找了个理由，又没接受惩罚。看来，这回，监督部的成员已经十分恼火了。我觉得自己玩得过分了，可是不这样做，就不能让孩子们挑战工作的难度。

第五天，赵毅带着监督部的全体成员，将我堵在办公室："老师，我们发出最后通牒，你今天必须唱歌了，否则——"

"否则怎样？不让我上课吗？"

他们开始动之以情："你是班主任，你要支持我们的工作。"

"你去教室看看。"赵毅诡秘地笑着。

一进教室，全班同学都打着节拍，喊着："唱歌，唱歌，唱歌……"这就是监督部的举措呀，居然全民动员。我当然该配合监督部的工作呀，乖乖地唱了两首歌。

唱完后，我表扬了赵毅："覃老师星期一故意违纪，这几天又故意赖着不唱歌，就是想考验大家是否能做到有规可依、执规必严。再好的班规都需要加强执行力度才能有效。而监督部的工作做得很好。当遇到不正之风时，同学们当如赵毅这样坚持原则，不依不饶；当遇到屡教不改的违纪同学时，当如赵毅这样不急不躁、耐心稳重。我为赵毅这样的班干部感到骄傲和自豪。"我向他深深鞠了一个90°的躬，全班掌声雷动！

后来我也偶尔会逗逗学生，故意拖拖堂，却在56秒甚至58秒戛然而止，学生笑着说："西早老师鬼得很，就差那么两秒，她愣是不说了。"有时我也会故意拖堂唱首歌，满足学生的愿望，给他们一份好心情。

在学生监督我的过程中，我让学生懂得了做班干部必须要有足够的耐心。

三、老师主动放手，学生自治能力增强

俗语道"勤快父母懒惰儿"，这句俗语的背面就是"懒惰老师勤快学生"。老师适当、适时放手，将班干部推向前台，每个班干部就能够锻炼得很精明、很能干。

第一次开家长会，我让班干部组织。班干部个个愁眉苦脸的，嘀咕我"偷懒"。我笑道："你才知道覃老师偷懒啊！覃老师向来都偷懒的，这是惯例。你们想办法吧，先列个初步方案给我看看。"

两天后，他们拿出了初步方案。我笑："看，你们不是挺能干的嘛！这方案做得好。其实还可以做得更好一点，可以增添'班干部工作职责陈述'。"学生又改进了方案，全部工作分成了准备工作和会议内容两部分。准备工作由生活部和文宣部完成，主要是布置教室、做好家长到来的导引工作；会议内容再分成两部分，第一部分是班委会各成员介绍相关工作，让家长了解我们班级的情况；第二部分才是班主任和任课老师发言。会议由班长和副班长主持。

家长会如期开始了。

"叔叔阿姨好，我是本班的文宣委员，我们工作的主要职责是为班级做好美

第三章 打造卓越班干部团队的6个策略

化环境和文娱宣传工作,提高同学们的审美情趣和学习兴趣。我们文宣部组织同学拟定了富有我班特点的班训——团结、坚忍、智明、豁达,制作了班徽,一棵四瓣花瓣的幸运草,代表我们积极进取、朝气蓬勃。我们也选定了我们喜欢的班歌《蜗牛》。据说能够到达金字塔的动物只有两种:一种是搏击长空的老鹰,它天生擅长飞翔;另一种是蜗牛,它通过自己的坚韧不拔,一步一步地往上爬,实现了自己的梦想……"文宣部部长袁恬这个从小站在台上说话就声音小、脸红的女孩,竟然能舞着班旗给家长们介绍了。袁恬的妈妈笑得合不拢嘴:"我家女儿这么大方,真是没想到啊!"

学生主持的家长会给家长留下了别样的感受,他们纷纷打电话或发短信,欣喜地分享着他们参加家长会的细节。

细节一:温馨的指示牌。在教学楼大厅,我们看到了带有"180"字样的指示牌:"亲爱的爸爸妈妈,请你们到二楼最中间的180教室就座。"

细节二:可爱的导引员。教室门口那几个女生很朴素、很阳光,笑得好甜。看到这些甜美而阳光的笑脸,家长感觉自己的孩子在这个班就是舒心,因为这个班的孩子温和、大方、有教养。有一个家长说:"我女儿以前总是愁眉苦脸的,今天竟然在笑着引领家长,我都没想到她会有这样的变化。"

细节三:与众不同的程序。"我开了这么多年的家长会,只有今天的家长会让我耳目一新。我听惯了千篇一律的班主任的汇报讲话,而今天的家长会太不一样了,因为班主任的讲话只是家长会的一个重要部分。"

细节四:班委会集体亮相。"你们班委会同学的集体亮相、学生自己组织主持家长会,让我们感受到孩子们在这里受到高度重视。虽然我的孩子只讲了短短几句话,但我感到高兴、感到荣耀,起码,儿子不像以前那样胆小了,到这个班变得自信、开朗了,还常和我们说班上的事儿。感谢您,老师!"

……

我把家长的评价添油加醋地告诉学生,所有的孩子都喜笑颜开。从此,我们班的班级事务,就从老师手中转移到了班干部手中。甚至包括布置课后作业,有时我忘记了，对学生说一句"抱歉，年龄大了"，学生就会说，已经布置了，做完了。我问谁布置的，学科班长不好意思地站出来："是我。"

全班同学笑："西早老师现在是英国女王，只要在教室里转转，体察一下民情就可以了！其他的事情，我们干！"有时我外出学习十几天，没有委托临时班主任，班级仍井然有序，而且量化评比全校第一。

我们学校的好些老师曾问过我一个问题："为什么您班上的学生那么关心班级荣誉、对班集体那么有感情？"秘诀就是让孩子付出！越付出才越爱。当他们为这个集体付出了自己的汗水、付出了自己的心血时，这个团队的进退荣辱就和每一个人密切相关了……

第三章　打造卓越班干部团队的6个策略

策略16：班主任要学会适度隐身

让我们的班干部越来越成熟、越来越卓越的最好办法，就是班主任适当地隐身，退居幕后，而让班干部越来越多地走向前台……

仰望天空，繁星点点，闪烁光芒，将天空点缀得无比美丽。月明之时，我们看到的星星却屈指可数。原来，月亮隐去是为了星星的闪亮。

这不禁让我想到另外一个道理：在班级事务中，老师过多地插手，是不是干扰了学生的表现呢？为什么老师不适度地隐身呢？老师"隐身"不更能衬托出学生的光芒吗？

我不由得回忆起了自己外出学习期间，学生自主破案的一件事来。

一、班级突发盗窃案

"西早老师，晓寒和小薇的钱包在教室里不翼而飞了！"我出去学习才两天，班上就出了盗窃案，当我从电话里得知这个消息时，心里一阵烦乱。

外出时我没委托临时班主任，学生完全自主管理。可是这样的突发盗窃案，别说学生难破，就是老师都难解呀！

可是，我又不能因此而返校。这事情，处理也宜早不宜迟。怎么办？还是依靠学生吧，世上没有救世主，全靠自己救自己了。在我的遥控指导下，班委开始自主处理这件棘手的事情。

班长晓玥说，各种迹象表明，这次偷盗事件不是外来人员做的。班委已经召开紧急会议，达成了共识：此事不宜对外声张，尽量在内部妥善处理，要想办法让拿钱包的同学用隐秘的方式归还钱包。

我肯定了他们的想法,但是提出要注意三点:一是做好安全防范工作,不要把问题扩大化,不要随便怀疑同学,以免搞得人心惶惶;二是找几个稳重慎言的同学,成立破案小组,让破案小组察言观色、掌握情况;三是腾出空间和时间,给拿钱包的同学制造归还钱包的机会。

晓玥立即成立破案小组。晚自习时,她在班上发布"劝善令"。她对全班同学说:"我们希蕾班是全年级公认的、最团结的班级,别的班有很多同学羡慕我们,而现在却发生了丢钱的事情,同学们一定感觉很没面子。一个同学一时糊涂拿了别人的钱,这不仅给我们班抹了黑,也给自己造成了不好的影响。其实,谁都有做错事的时候,只要改了,我们都还是好同学。所以我恳切希望这个同学把钱退回来,你可以把钱包放到厕所里(厕所与教室只有一墙之隔),也可以放到讲台上,还可以放到丢钱同学的课桌里……"

一下晚自习,晓玥立马让同学们快速离开教室。半小时后,寄宿的晓寒和小薇返回寻找,竟然在厕所里发现了两个月前海伦丢的钱包。海伦的钱包这时出现在厕所里,不是很奇怪么?

二、破案组有了新线索

第二天晚上,晓玥发短信说:"覃老师,小薇骗了我们,她撒谎。"

为什么这么说呢?因为他们根据小薇前一天反映的情况判断,作案时间应该在中午放学后的20分钟时间里。小薇和小华最后离开教室,二人嫌疑最大。可小薇也丢了200多元呀,嫌疑似乎都落在了小华身上。破案小组冥思苦想,小宇说,不如问问保安,说不定有录像。破案小组调出监控录像,找到了最后出教室的几个同学,对小华和小薇说的情况予以核实,发现小薇在好几个细节上撒了谎。

其一,中午放学后20分钟,小薇说自己趴在课桌上睡觉,而最后走出教室的几个同学都说小薇没趴在课桌上睡觉,而是抬着头说话。其二,她丢了钱后,请小华找,她自己却去上厕所;上厕所后,就告诉小华,她的钱包在女厕所洗漱台上找到了,只是钱已不在了。可是监控录像中看到的情况是小薇没有再返回教室,她在两分钟后出现在校门口的监控录像里。如果算上上厕所的时间,两分钟后她是不可能出现在校门口的。其三,那天下午,小薇买了200多元的东西。小薇说,丢了钱之后,同学送来了200多元钱,爸爸也送来了400多元的生活费。

晓寒丢了钱伤心难过,而小薇丢了钱却毫不在意,这实在是不大正常呀。

破案组立即行动,从班级档案"家长联系表"里找到小薇父亲的电话,并与小薇父亲联系,请求他协助学校做中学生消费情况调查。通过调查得知,小薇父亲没有在小薇丢钱后送钱给她,只是周末给了100元伙食费。

小薇在撒谎!

她为什么要撒谎?她想掩藏真相,掩盖自己"拿"晓寒钱包的事实。

学生的分析和推理合乎情理,我不由得佩服学生的智慧了。真的会是小薇吗?会不会另有他人呢?如果是小薇,同学们会不会对她另眼相看呢?

听完晓玥的汇报后,我提醒晓玥和破案小组:"你们所了解的情况不得在班上随意说出,否则就会伤害小薇;就算是小薇,也要宽容善待她。如果把事情传得沸沸扬扬,小薇就没法在班上待下去,她的一生就有可能被我们毁掉。"

挂了电话,我对晓玥他们能否破案并不抱太大的希望,这样放手,是让班干部在分析问题上、在处理棘手问题上能得到一次锻炼的机会,让他们在这个过程中学会关照、体谅同学的情绪,站在同学的角度思考问题。

三、事情再次陷入困境

破案小组利用体育课分别对小薇和小华所说的情况进行了进一步核实。小薇仍在不断地为自己辩解,她的复述漏洞越来越多。可是没有真凭实据,就是漏洞再多、嫌疑再大,只要她一口咬定自己没拿,谁也不能说她拿了晓寒的钱。

怎么办?晓寒刚好过生日,同学的温馨祝福、晓寒的感动泪水,汇成了爱的河流。同学们再次呼吁,希望拿钱的同学不要伤害同学的真挚友谊。

可是,钱包仍无下落,对方仍无动于衷。

只靠情感打动已经不能让那位同学良心发现了。她还心存侥幸,拖延着时间。

晓玥他们再一次陷入了困境。

四、借助外力成功收官

怎么办?就这样搁浅吗?大家不甘心。破案小组商量,只有铤而走险逼一逼了!

这"逼"的角色谁来演?若我在校,是该我去施加压力的;可是现在我不在校,找谁?谁有这样的威慑力呢?保卫科。

当学生告诉我他们要找保卫科时,我着实感到有点奇怪:为什么不找政教处而找保卫科呢?破案小组觉得不能找政教处,找保卫科才最合适,因为保卫科管破案,政教处会处分人,他们实在不愿意一时犯糊涂的同学受到处分呀!而且,他们的真实想法只是要借助保卫科的威力,给迷途的同伴一个威慑而已。

我同意晓玥向保卫科主任求助,请他们在不伤害同学的前提下,能帮忙逼一逼。

当晚,钱包追回!破案完美收官。

当晓玥欣喜地告诉我钱包追回时,我也不由得感到宽慰:孩子们的智慧和出色表现足以证明他们有能力管理好自己,也有能力处理好这类突发事件。试想,即使我在校,也不一定能处理得这样高明,也不一定能像他们一样顾及学生的感受。

我曾经拿这个案例和一些老师交流过。有些老师指出:在这个案件中,肇事者并没有真正地出现,究竟是化名小薇的孩子,还是另有他人?嫌疑人没有找出来,是不是一次完美的终结?也有老师争论,学校破案和公安机关破案是有区别的，学校破案重在这件事情完了之后，还需要跟进后续的教育。学生犯了错误，我们要给迷途的孩子一个改正的机会，因为教育的本质就是不断给犯错的孩子向善的机会，而非学习机会的终结。从这个意义上说，孩子们最后选择借助保卫科的压力而不是把事件弄个水落石出，就是给同伴一个机会。嫌疑人是谁，破案的人都清楚，没有必要进一步深究。

更多的老师肯定地认为，在这个事件中，承担班级管理事务的班干部表现出了卓越的复杂事件应对能力。一是案件发生之后，能够及时地稳定同学的情绪，并在班上较好地进行劝善工作，将事件的影响降到了最低，显示了学生快速的应急反应能力。二是整个案件的处理，没有激化矛盾，没有让失盗者激愤，没有让犯错者破罐子破摔，显示了班干部较好的驾驭能力。三是最重要的一点，整个事件没有老师的亲自参与，纯粹是班干部运用自身能力、发挥同伴力量、借助学校保卫科的力量，显示了班干部在处理复杂事件时较好的人际协调能力，是一次成功的尝试。

我想到的则是在这个事件中一个卓越的班干部团队和老师的关系。如果我在校，自身的责任感可能会让我成为这个事件的主要处理者。我若协调各方力量去处理，班干部的能力和作用是否能有效地体现出来？这个事件，对今后的工作有什么借鉴和启发？对我打造一个卓越班级，有什么参考作用？我想这应该是更主要的。因为，问题或者困难，都只是一个检测机会，培养学生具备处理这些问题、应对这些困难的能力，则更是我们工作的重心。而这次事件无疑表明，让我们的班干部越来越成熟、越来越卓越的最好办法，就是班主任适当地隐身，退居幕后，而让班干部越来越多地走向前台，这样，我们的班干部队伍就会越来越精干、越来越优秀、越来越卓越。

打造高中卓越班级的 42 个策略

策略 17：建立健全班干部培训机制

打造一个卓越班级，就需要建立一整套的卓越班干部培训机制。只有这样，您才能够实现团队内部管理的升级换代，才能够推动这个团队不断向前发展。

在班干部建设问题上，曾经有不少老师问过我一个问题：不是每个学生都是做班干部的料子，您让那些能力弱的学生做班干部，不会降低团队的工作效率吗？

提这样问题的老师，他们可能是比我还懒的老师——他们不想对班干部进行培训，因此他们只使用那些曾经有过管理经验又很能干的班干部来开展工作，而对那些以前没有从事过管理工作、有可能存在巨大管理潜能的学生，他们看不到。

我是这么认为的：每个人都能做班干部，只要他有热情，他就能做好这个工作。有没有相关经验，那是次要的。只要学生愿意学习，我就有办法把一个管理"菜鸟"变成资深班级管理工作者。

一、干部学院——大规模地进行全员培训

每接一个新班，开学的第一周，每天第七节课，我都要用来对我的学生进行干部管理知识和业务技能培训。我们把它命名为"干部行政学院"，这是我们班组建航母级别的班干部队伍的基础。我亲任"院长"和"讲师"，每个学生都参与听课。

刚开始时，有些学生说，老师，我不想做班干部，这课是否可以不听？我说

不行，每个人都得听，因为在我们这个班上，每个学生都必须做一回班干部。不做班干部的学生，不是完整的学生；不包括公共事务管理知识的学校学习，不是完整的学习。所以，每个学生都必须认真听课。

而且，讲完课之后，我还要对学生进行结业考试。我出题，学生书面回答。这样，就没有一个学生敢心不在焉了。

可能有老师会感兴趣：您做讲师，您会对学生讲什么方面的内容？一般来说，我公开讲课，主要是对学生进行下面一些观点和技能的教育：一，树立班干部就是服务的意识，在我们班上，班干部不是特权，而是服务群众、服务班级的一个光荣的岗位，我们要靠服务赢得同学的支持和理解。二，怎么处理班干部与班干部之间的权力矛盾，怎么处理干部之间的职责纠纷。三，怎么处理当班干部和学习的矛盾，怎样在既做好班干部的情况下，又努力提高自己的综合素质、抓好学习。四，怎么处理班干部和普通同学之间的矛盾，怎样做一个让人喜欢的管理者。这四个方面是我授课的主要内容。

为了让课堂生动，我还请以前有过当班干部经验的同学上来，分享他们的管理经验，现身说法，现场传经送宝，这样，学生的体会更深。一般来说，经过这样一周的教育，我们班每个学生都能具备一定的专业管理知识和能力。这就为我后面的工作开展打下了基础。

二、每周例会——研究中开展实践培训

班干部队伍选举出来之后，如何提升每个班干部的实际管理水平？我在班上推行每周例会制度，让班干部每周定时开例会，让他们一起研究交流实际工作，比如、如何处理实际工作中存在的问题，如何实现团队的分工和合作等。这样一系列的很具有操作性的问题，就让班干部们自己去做，我不插手。这样，在与同伴的交流互动中，在对同一个事件的质疑推敲中，在亲眼看到同伴如何布置安排工作中，不少学生的实战能力提升了。

打造高中卓越班级的 42 个策略

每周例会对班干部的提升作用，绝不是我们一个老师能给的。

我班每周的班干部例会在周日晚上召开，因为周一有周会课，这样便于总结上周工作、布置下周工作。

班委会成立后，我就告诉他们："今后你们每周要定期召开班干部会议。"孩子们觉得新奇，以前向来都是班主任想临时布置工作就开会，现在怎么由我们负责开，而且竟然将班干部会议常态化？

会议怎么开？第一次会议，我做示范，班长做会议要点记录。我告诉孩子们如何确定每周例会议题，怎么安排讨论和发言顺序，如何让每个问题都经过大家集体协商，如何决策投票，最后如何形成集体意志，如何分工合作，如何督促落实，要注意哪些方面……我一一进行示范，并且告诉他们，这就是今后你们班干部开会的基本模式。有了这样的班干部例会基本模式后，班干部们运用起来就得心应手了。

第二次就由班长主持会议了。

他们摸索出了会议议程：

第一步，请各部门盘点一下本部门一周工作，同时也确定了发言顺序——立法、监督、学习、劳卫、文宣、生活、健身，有事说事，无事就过。

立法部部长郑思华：值日班长和值周班长对每周个人、小组评议做得很好，尤其是陈恬、依雯、唐涛值日各方面都做得好，提出表扬。只是找不到时间进行晋级表彰。

监督部部长乐乐：课堂纪律很好，班级晚自习纪律还不太理想，尤其是晚自习前，教室里简直就是菜市场，我们怎么喊都控制不了。

学习部张檬：班级交作业不够积极，好几门功课的作业一上午才收齐。

劳卫部萍萍：自从上周的卫生情况实行即时公布后，乱扔纸屑的现象明显减少，下周坚持公布。

文宣部段波尔：文化墙设计方案已经出来，请班委过目，看这个方案是否可行。

第三章　打造卓越班干部团队的6个策略

生活部娜娜：近段时间同学流行感冒严重，我想买些消毒液，不知道什么时候撒合适。

健身部：跑操情况良好，只是口号喊得不响亮。

第二步，根据各部门总结的情况予以全班表扬，所提问题根据主次先后顺序由班委会提出解决办法。

重点解决的是晚自习前纪律和作业收交问题，其他问题，几乎是一两句话就过了。大家七嘴八舌地提出建议。

"赏罚分明，上交作业积极的小组还是要给予奖励，最不积极的也要处罚。"

大家一致赞同，但怎么赏罚？

"加多少积分、减多少合适？差距大，不好吧？"

"给交作业积极的前三名分别加3分、2分、1分，怎么样？"

"这个加重了学科班长负担。还是统一加3分吧，最后一名扣2分。"

"总有一个小组交到最后，这样不公平。"

大家冥思苦想。"在第二节课间前交不扣分。这样可以吗？"

这不错，大家纷纷点头赞同。

于是大家达成共识："作业上交前三名的小组分别加3分。最后一名交作业的小组如果赶在第二节课之前交上来，不扣分；如果在第二节课间休息之后交作业，扣减该小组的积分2分。这个方案，由立法部征求全班同学意见，若过半数的同学同意，周一就开始实施。"

这样，提高作业效率问题就解决了。

针对晚自习前纪律，大家开始支招。

"晚自习前纪律，是否请值日班长提前半小时在教室里值班？"

"如果值日班长是通宿生，回家吃晚饭赶不来，怎么办？"

"可以委托本组同学代为维持纪律啊！"

这方法可行，于是也通过了。

第三步，将计划的主题活动与班级发生的实际情况结合进行调整，确定出下周班级工作重点。

双周周三实行"学习高效日",周二值周班长提醒同学做好学习计划,下周工作重点就是落实上述两大问题的解决。

整个班干部例会控制在半小时以内,有话则长,无话则短,而且要站着开,站着才有工作效率,一旦坐下,东拉西扯,工作效率就会打折扣。

工作中时常会出现各种烦恼,这种班干部例会最怕开成牢骚会。于是大家约定,班干部例会就是输入正能量,办法总比困难多,要多积极想办法解决问题;一旦形成决议,就说是全体班委会成员一致赞同的,不能外泄是哪个班干部提出的建议,否则他将成为众矢之的。

这样开展一段时间之后,班干部们交流体会:以前还觉得自己能做班干部,现在一开会,才发现自己还有很多不足,需要进一步学习;以前没有工作经验的,在实际交流中,学习了不少方法和技巧。尤其是一些具有管理潜质的班干部,在听、看、说、质疑和回答、总结中,个人的管理才华得到了充分的发挥。

三、要事研究——磨炼班干部的决策能力

我们班建立了"要事研究制度",不管是谁分管的工作,一旦该工作领域内出现了重大事件,如班与班之间发生了矛盾冲突、班级内部发生了重大事件等,一个班干部无法驾驭,该怎么办?这些重大问题的研究,不是该分管班干部一个人的事情,而是整个班干部团队的问题。全体班干部成员都要参加,而且决策的时候,如果能够达成一致意见,则由班长决定。如果不能够达成一致意见,就按照投票的方式解决。无论该事件如何发展,都要求班干部冷静思考、认真分析、正确应对。这是锻炼班干部决策能力的最好机会。

无论研究结果怎么样,班干部都要将情况上报班主任,必要的时候还要向学校相关部门汇报。

上学期开学后,第三周跑操集合,我们班因隔壁班拖堂、堵塞了通道而被扣

分。扣分也就罢了，问题是作为肇事者的隔壁班没被扣分，我们班却被扣分，学生怎么都不服气。班干部更是觉得窝火，找我诉苦。我耐心地听他们说完，笑着问："你们准备怎么处理这件事呢？"

班长晓玥说："这个问题比较难办，是不是召开要事研究会议，集体商量一下？"我说行。

于是，孩子们研究之后决定：这个事件的责任不在我们，我们没有必要为别人背黑锅，我们得向学生会干部提出我们的诉求。

我提醒道："好好向别人解释，这也是锻炼你们交际能力的机会啊！注意，态度一定要好，伸手不打笑脸人，多赔笑，多说软话，别人才能听得进去。还有，去的人不要多，就你们两个人去就可以了。"

下午，晓玥和盼盼一脸懊丧地回来了，说"他们认为我们是去找碴儿的"。心直口快的盼盼说了事情原委——原来她和晓玥在找学生会干部说的时候，学生会干部很不高兴，还说我们班的同学就喜欢瞎吵，结果被正从这里经过的小宇听见了，小宇不由得参与进来："你们学生会的就是喜欢拿干部的派头，不问青红皂白。"这样，事情闹僵了。

我笑呵呵地说："觉得委屈是吧？"他们点点头。"觉得他们不讲理是吧？"盼盼搭腔："就是，就是。"我笑笑："你们觉得他们为什么会不讲理呢？"晓玥说："本来说得好好的，小宇一插话，气氛就变了。我们人多，让别人觉得我们仗势欺人、太嚣张了。"我说："是呀。你们是去解释说明的，得真诚，当然人不可多呀。若你是学生会干部，见人多，会有什么感受？"晓玥他们笑了："那我们再去道歉吧，还是我一个人去！"

下午晓玥又去了，她告诉学生会的干部，她代表的不是她个人，而是我们整个班级，如果问题得不到妥善解决，她会根据相应的程序，向学校政教处汇报情况。最后，学校政教处征求我的意见，事情得到了圆满解决。

打造高中卓越班级的42个策略

四、民主评议——信息反馈促进班干部内省

我们班每月由立法大会对班委会和班主任做一次工作民主评议。由于班主任都要接受全体同学的评议，班干部也就无话说了。

民主评议活动由文妙主持。

先是个人工作述职，时间五分钟。然后是同学举手投信任票。在公正公平地依次举手表决评议班长、部长等各班干部之后，文妙诡秘地望着我笑："现在对我们可敬的、负责的覃老师举手评议。"

全班学生望着我笑。我明白他们的意思："为了公平起见，我避嫌，没举手的同学我绝不会'打击报复'的。"大家全笑倒了。五分钟后，学生开门了。我进去后，学生掌声一片，文妙对我说："全票投满意票。"我看到黑板上写着全票。我开玩笑道："是怕我打击报复吗？"大家笑作一团，不知哪个喊道："不是呢，您请客！"

举手表决后，接下来就是各监督委员对所监督部门的评价，同时由立法部部长点群众代表发言评价，评价内容既要说优点也要说不足，这样有利于提升我们的工作能力。

监督员们个个条分缕析，评价中肯，群众代表发言，有理有据，让我真切地体会到，学生的主动性一旦发挥出来，真是不可估量。我要求全体班干部和我一样，对同学们的评议要高度重视，要及时收集整理同学们的信息反馈。做得好的，要继续发扬；做得不好的，要及时改正；对存在不同意见的，要冷静分析，有则改之，无则加勉——总之，不管怎样，我们都要把民主评议当作改进自己工作方法、提升自己工作技能的好机会，虚心对待，热心接纳。

立法监督委员佳佳评价班长认真负责细致，须适当注意工作方法；副班长事不多，人缘好，性格好，更要主动负责，和班长一起管理好班级。同学代表卉说："副班工做事缺乏足够的主动性，有次我问班级日记传到哪儿了，他居然不知道，

第三章 打造卓越班干部团队的 6 个策略

这可是他管理的范围,所以他需要加强工作主动性。"

班长和副班长立马表态,一定及时改正,请大家继续监督。

监督员萍萍对健身部部长的工作做出评价:"他工作认真,跑操和升旗集合队伍时,一直很负责地在整理队伍、维持秩序,做眼保健操时也积极督促同学们保护眼睛;不足的是,跑操时他没注意队伍是否整齐。"同学代表评议道:"他工作很负责,总能看见他在维持纪律,只是跑操时要注意压速度,以免女生跟不上。"

健身部部长小宇马上点头,并一一记录在笔记本上。

海文评价监督部:"工作一丝不苟,如清查迟到人员,一打上课铃就提醒同学安静下来。但声音力度不够,需要加强树立威信。"群众代表评议:"非常满意,只是工作要更加放开手脚。"

对于生活部部长和劳卫部部长,同学们全部投了满意票。群众代表给的评价是:"热情肯定,希望再接再厉。"

对于学习部部长,大家直言不讳:"工作未发挥主动性,导致各学科班长各自为政,未有效形成团结协作的整体效应。"部长猛猛直点头,表示工作要主动,一定加大学习部的交流和管理。这不,后来的每日一道数学经典题精讲、OEZ(180)情报处,都是在民主评议后采取的有力措施。

这些评价十分到位,评价到优点时大家鼓掌鼓励,评价班干部的不足时,班干部们脸带羞涩,认真倾听以期改进工作。

最后雯雯说:"现在我们要对覃老师的工作做出评价,请张浩同学发言。"

张浩是这个学期我的专职监督员,他为评价我做了大量的工作,他从我的工作态度、方式方法、工作艺术和成效等各方面逐条评析,非常具体:"覃老师工作认真负责,为我们创建了一个温馨的家;老师待人谦和,总是面带微笑,让我们感到温暖贴心;老师常和同学们交谈,解决学习和生活疑难,是我们的良师益友;覃老师工作作风民主,能发动全班同学管理班级的所有工作……"

说完了所有的优点之后,张浩说:"只是学习部部长的工作力度不够,导致一些工作实施不够到位,希望覃老师多来教室里转转,为我们创设更好的学习氛围和学习风气。"

群众发言，有一位同学简单地说"非常完美"，有一位说"Very good"，还有一位说"除了好，我实在挑不出毛病，提醒老师要适当体恤语文学科班长惠敏"。

这番评价让我真是感受到了学生的信任，作为老师还有什么比这更重要的呢？学生的信任和爱就是对我们工作的最好支持！我把学生提的意见用心记下了，也给予了回答："惠敏是位非常热心的同学，她负责管理图书角、购买报刊、课前开卷5分钟的组织活动，主动管理班级废物回收工作，又参与出黑板报的工作和担任180QQ群的网管……确实事务太杂，我不让她参与这么多事务，可她总是说不耽误时间。于是我让霄霄和她一起指导监督同学练字，我要倩倩和一枚协同她管理图书角，我请卉和她一起回收废物。同学们看到她为大家做了那么多事情，说明大家的眼光是明亮的，同时也说明惠敏是幸福的，她的工作大家这么认可……"

我话还没有说完，惠敏马上站起来表态："这与覃老师无关，我愿意为大家服务，我想让大家因我的存在而幸福。"说到这句话时，惠敏很是动情，大家也被她的真挚感动了。

我们班的每次民主评议，不仅仅是一次服务者和工作对象的互动交流，更是一种心灵的震撼和感动。我们在信息反馈中明白了自己的得失，更收获了人与人之间的信任、爱护和尊重。很多次民主评议中，参评者和评议者会心一笑甚至感动得流泪。这在我们班上成为一道不可多得的风景。好多孩子主动参与班级管理，主动竞选班干部，他们的想法是——寻找一次心灵的感动！

第三章 打造卓越班干部团队的6个策略

策略 18：值日擂台赛激活班级管理

一方打擂，一方守擂，一攻一守之间，学生在服务意识、服务水平、服务技巧及管理效益上互相挑战、互相比赛，班级管理活动就变得生动、活跃了。

值日班长制度是老师们普遍采用的一种日常管理制度。在刚开始推行的时候，学生很感兴趣。但是，推行一段时间之后，老师们惊讶地发现，再风光的管理机制，推行不到两个学期，学生就没有动力了……

如何克服同学们在值日过程中的审美疲倦感，把老办法做出新意来呢？学生建议我在班上推行"值日班长擂台赛"——公开打擂。这办法好，可具体怎么操作呢？

学生们各抒己见：

"像星光大道一样，先评选出月冠军，然后月冠军进入总决赛，进行终极PK。"

"月冠军时间太长，我们可以从周冠军开始。"

"快乐男声采用晋级的方式，我们不妨也试试。比如从值日班长开始，做得好的晋级为值周班长；然后值周班长做得好的，升级为月冠军；月冠军之间进行打擂……"

这主意好！大家一致赞同。于是，我们班的值日班长擂台赛正式开始搭台。

一、精心制定值日班长一日常规

既然要比赛，就得有比赛细则。经过大家反复商议，立法部出台了《值日班长必做的 15 件事》，作为值日班长考核细则：

<h3 style="text-align:center">值日班长必做的 15 件事</h3>

1. 早上提前 5 分钟（7:20）到教室，写好黑板提示内容，包括课程表、名人名言、通知等。

2. 督促卫生承包人员搞好卫生，并同宿舍寝室长核实前一天晚上宿舍住校生的卫生纪律情况，记录在值日班长的日记本上。

3. 7:25—7:30 在教室门口迎接同学，做好考勤登记。同时，检查同学们的仪容仪表，以及是否带违规电子产品入校，及时提醒不合格者整改。

4. 早读老师进教室前，带领同学激情宣誓，巡视、督促同学们大声、快速朗读，疯狂背诵。

5. 督促各学科班长在第一个课间收交作业并将作业交到任课老师处。

6. 以适当的语气提醒同学们不要在教室里打闹、大声喧哗，提醒同学们提前做好上课准备，保证预备铃响之后安静下来。

7. 记录每节课迟到、旷课、早退和上课违纪被老师点名的学生名单，并同任课老师一起填好班务日记登记本。

8. 每节课后及时将前后黑板擦干净，并整理好讲台，为下节课做准备。

9. 上午第三节课后立即同健身部部长督促同学迅速排好队出操，清查并记录无故没有跑操的同学名单。

10. 全天保持教室的地面干净，保证及时开窗通风，按规定及时关灯断电，发现卫生问题及时督促卫生责任人搞好卫生，在学校生活中如遇到突发情况应立即报告老师。

11. 记录下午和晚自习迟到的学生名单，维持好晚自习前 20 分钟的纪律，确保教室安静，以利于学习。

12. 每天向同学通报学生会检查的情况，若有违规者要及时提醒改正，并于晚自习前在后黑板上公示违规学生名单。

13. 晚自习前督促学科班长将本学科的作业布置情况写在黑板上，并坐在讲

第三章 打造卓越班干部团队的6个策略

台上维持晚自习纪律，保证教室内始终安静，督促外出问问题的同学持出入证并做好出入登记，记录违纪学生名单和登记请假人员。

14. 提醒各小组负责人对本组成员的成长日记进行检查、评价，并对全班同学的成长日记进行抽查、评价（每组成长日记抽查1~2本）。

15. 在值日班长日记本上写好班级日志总结，总结表上应逐条记录上述14条对应的工作记录，对值日当天的各项加减分进行汇总登记；在晚自习前5分钟做好一天的总结或班风点评，要求围绕推荐的每日名言进行简短的激情演讲，内容积极、健康、向上。做好值日班长交接工作。

值日是擂台赛的基础，只有值日做得好，才有资格参与擂台攻守赛。值日班长为了增加自己的人气分数，纷纷在这15项指标上挖空心思想办法。别的不说，光每日名言，孩子们就动足了脑筋。大家看看他们的每日名言，没有一条是重复的，没有一条不充满着正能量：

"人生没有彩排，每天都是现场直播。"

"理想很丰满，现实很骨感。"

"每天叫醒我们的不是闹钟，而是梦想。"

"人生只有这一次，就要活得精彩飞扬。"

"没有绝对的小地方，只有绝对的小眼光。"

"你若盛开，清风自来。"

……

这些名言经值日班长的总结和发挥，不时会让同学们小激动一番。有位同学告诉我，为参与值日比赛，他很兴奋，前一晚居然没睡好觉，早在一星期前就在想该选取哪一条名言，以提醒大家做得更好。

打造高中卓越班级的42个策略

二、严格制定值周班长晋级标准

根据同学们的要求,我们首先进行值日班长周冠军赛——值日班长每天一人,周末进行评比,该周某一天做得最好的,就晋级为值周班长,参加当月值周班长擂台赛。这样一来,当值日班长荣升为值周班长之后,这值周班长就重要起来。于是,学生们又出台了我们班的《值周班长必做的10件事》:

值周班长必做的10件事

1. 提前一周熟悉值周常规工作,周日参与班委会常规会议,与上一周的值周班长进行工作衔接并围绕班级发展需要领取、策划下周工作任务。

2. 周一组织同学认真有序地完成升旗仪式或国旗下的讲话。

3. 周一班会课推荐一首健康阳光的歌曲,并围绕歌曲进行3~5分钟的激情演说。

4. 每周一根据月主题活动安排,开好每周主题班会,组织同学围绕主题内容进行热烈探讨或整理出相关资料组织同学观看,予以启迪。

5. 组织协调、督促支持本周值日班长做好各项值日工作,并对值日班长的工作从工作态度、工作执行力、工作效果等15个方面做出评价。

6. 督促相关部门及时更换文化墙相关内容。

7. 积极主动配合支持完成相关部门的各项学校或班级活动。

8. 有权处理本周班级事务中的突发事件,并及时上报常务班长和班主任。

9. 每周日晚自习前,将值周当周各学习小组和各同学个人评分做好汇总登记,并在教室班级事务栏中粘贴出来。

10. 周日在值周班长记录本里做好值周工作总结记录,周日下晚自习前5分钟进行本周值周工作总结评价。

每一位值周班长都是"过五关斩四将"(五天值日比赛,淘汰四位同学)之后留下的高手,经过初步的淘汰赛,每个人在班级管理上都有自己的"独门技术"

或者"当家本领"。因此，值周班长比赛，就比值日班长更有看头。尤其是那些有想法的值日班长，当一天班长不过瘾，来不及实施他改造班级的宏伟蓝图，而这一个星期的值日，给了他相对较多的时间和空间，他们想通过一个星期的尝试，实现自己"称霸一月"的宏图。

于是，这个值周班长必做的10件事，就成为他们工作的重点。为避免同学们因为感情因素而出现错误判断，每天的"值日之星"由同学们评选，"值周之星"则由立法部成立专门机构考核。一学期下来，我们班先后评选了33个"值日之星"班长，有20人成为值周冠军。

三、值日班长终极擂台赛

值日班长成功晋级为值周班长之后，他们将接受更严格的挑战，因为月冠军的评选条件远超过值日班长和值周班长。他们除了要接受值日班长必做的15件事和值周班长必做的10件事的考核之外，还有一个新的内容——每月第四周该月挑战者和擂主均值日一天，同学们针对他们同时值日一天的情况进行打分评比。

为了使评比更好看，孩子们结合当下娱乐界最流行的评选方式，开展了一天值日基本功比赛、最佳仪表和礼仪比赛，还有最佳迎宾先生和最佳迎宾小姐比赛（即当天在教室门口迎候同学和老师的表现）……比赛的项目比前面更多。

如果说评选周擂主的时候，还是悄无声息，那么评选月擂主的时候，大家就开始硝烟弥漫。为了在月擂台赛中取胜，擂主们各显神通。

周冠军文婷为晋级月冠军，从班级管理细节上入手，把黑板用湿抹布擦了三遍，擦得透亮才算满意。

课前为了制止同学喧哗，依雯借来老师的电脑，播放轻音乐，调节同学的情绪。成长日记批改，不再是简单的一个等级评定，还写上了评价："合理安排，学习超棒！向为自己代言的你学习！"

……

一方打擂,一方守擂,一攻一守之间,学生在服务意识、服务水平、服务技巧及管理效益上互相挑战、互相比赛,班级管理活动就变得生动、活跃了。最终娜娜、梁依涵、周麟、米婧、依雯、郑思华、乐乐、巧儿被评为月擂主。

月擂主选出之后,学期总决赛在即,此时战火更浓。根据比赛细则,学期总决赛不仅仅是评选出一个总冠军,还要选出亚军和季军。这些获奖者最终和星光大道节目中的获奖者一样,在我们班上的星光大道上走红地毯。

这无疑为擂台赛增添了荣誉的筹码。于是,大家铆足劲地比拼——

班会课上,擂主争霸赛拉开序幕,娜娜一上场,娜娜的粉丝团舞动花球,直喊"娜娜——枝花,我们——支持她"。

华仔(郑思华)虽是女生,却有男生的干练。一上场,她露出八颗牙的招牌笑容,摆出"V"字手势的pose,爆出一句她的经典话语——"我有我的踏实,我有我的干练,我是郑思华,我为自己代言!"华仔的"子衿"粉丝团虽崇尚低调,却不乏活力,横空出场:"华仔,华仔,我们为你代言!"

"清晓组"干脆擂主粉丝齐上阵,6双手伸出,叠成圆心:"姐妹同心,其利断金!'清晓'加油!米婧加油!"这样的场景让全场气氛火爆。

短暂的仪式,激情的开始。学期值日班长总决赛将花落谁家,大家拭目以待。一周半的值日,比赛选手们更加注重将工作落到实处,温馨提示更暖人心,公布栏的话语越来越具有人情味——

"春困时节,望大家春眠也觉晓、早早到学校!"

"跟着老师走,学考有劲头!"

"紧拉住梦的手,努力做好每一天!"

乖乖,有了这样的温馨提示、激情鼓励,想不努力都不行啊!

好多经过我们班教室的老师都说,"西早"老师班上的学生读书怎么那么疯狂?他们班怎么那么有活力?!我们班的同学笑而不语——我们班有独家管理秘籍,我们班的值日班长终极比赛在即,每个人都在值日班长的"忽悠"下,和值日班长一样干劲十足呢!

第三章 打造卓越班干部团队的6个策略

策略 19：让换届成为管理的新契机

仅仅是简单地把一个岗位指定给某一位学生，他所获得的成就感，绝对没有自己亲自参与竞选、层层竞争得来的强。

班干部换届对不少班主任来说都是一件让人头大的事情。原来做得好的要不要留任？留任太多会不会剥夺其他学生的锻炼机会？新选拔出来的班干部，整体战斗力是上升了还是下降了？如何让自己的班干部团队一直高效？

这些问题很实在，也很迫切地摆在班主任面前。一些保守的班主任，一个学期，或者一个年度满了之后，为避免不可预知的麻烦，不管上一届班干部做得怎样，第二个学年都继续使用。这样做无疑是有缺陷的，因为一些上一届没有使用的人才，这次仍然没有机会脱颖而出；班主任的平庸，导致自己的班干部团队也跟着平庸。一些激进的班主任，对原来的班子不满意，全套人马更换，结果又因为新手不熟悉业务，导致换届之后的班干部工作很被动。

换，还是不换？一些班主任很纠结，就像哈姆雷特说的："这是个问题。"

理智一点的班主任都知道，其实，换与不换，都不是问题，问题是如何换、换成什么样的班干部团队，这才是我们要重点思考的问题。

一个卓越的班级，班干部团队就应该不断地进行自身力量的更新，就应该有一个机制，确保新鲜血液不断加入。唯有不断地寻找更适合的人，唯有不断尝试新思路，班干部团队才能够不断保持发展优势。所以，我们班的班干部任满一年后，就要按班规光荣卸任，重新选举立法部成员和班委会各部门的干部。

而所有的选举和交接工作，都变得非常有趣、非常有新意。

打造高中卓越班级的42个策略

一、八仙过海寻找接班人

第二学期一开学,我就在班干部例会上吹风:"要注意传帮带,到这个学期结束,你们已经为班级服务一年,下学期要选举新的班委会。"期中考试后,班干部例会时,我们设立了班干部交接安排时间表,6月份班委会各部门寻找候选人,大家得令而去。然后我留下立法部秘书长于华、班长晓玥商量:"你们可得把关,给我选好新的班干部啊。遇到困难需要我出马,就告诉我。"这两人也是鬼精灵,笑道:"放心了,西早老师,保准你满意!"

确实,孩子们做得很好,方法很多:

1. 悄悄在本部门培养接班人

张韵是文宣部部长,这丫头机灵得很,老早就相中了部员汤瑶。汤瑶工作细致踏实,吃苦耐劳。文宣部工作烦琐,一旦到更换文化墙的时候,不得不牺牲大量课余时间。为了有效地培养接班人,张韵早就任命汤瑶为文宣部副部长,还没正式选举,副部长就已经挂职锻炼挑起部长大任了,张韵甩手,居然成了名誉部长。汤瑶的亲和力超强,别看她不大言语,但笑眯眯地闪动的大眼睛让人顿生亲近和敬意,部内成员对她简直是言听计从。往日让张韵时常抓狂的文化墙,在汤瑶的手下三下五除二就搞定了。渐渐地,班干部例会,文宣部也派汤瑶参加。大家打心眼里佩服她稳健的工作作风,私下里跟我说:"汤瑶比张韵的工作能力强。"言下之意,下一届文宣部的部长,非汤瑶莫属了。

2. 面向全班寻求本岗位接班人

本部门没有合适人选的,班干部就要从其他部门去寻找合适的人选,甚至说服她(他)参加部长竞聘。自我们公布换届时间表之后,课间休息,原班委会成员满教室地寻找工作接班人了。因为我们规定,不管您在岗时多么优秀,您退下

第三章 打造卓越班干部团队的 6 个策略

来之后,该部门的工作逊色,就说明您在保持部门的后劲上能力不足。一个优秀的部门负责人,不仅要在在位的时候保持优秀业绩,还要能高瞻远瞩,让自己的部门在自己退职之后依然优秀,那才是一个卓越的部门负责人。因此,大家铆足劲地找岗位接班人。这不,监督部部长欧文在找婷婷谈话,想让婷婷去竞聘监督部部长一职。谁知,学习部部长猛猛也来找婷婷,希望她加盟学习部,成为学习部部长候选人。看着欧文和猛猛对着婷婷各自宣传本部门的好处,我在一旁觉得有趣极了。当然,在动员中,有的同学很乐意,满口答应了,有的可要软磨硬泡,磨了不少嘴皮子,才勉强答应。

3. 软硬兼施寻找合适人选

有时候因为岗位工作的需要,寻找接替人员还真是一个难题。接替人员没有找到,原岗位的人员不能够退位。这下可急坏了团支书雯雯。她瞅来瞅去,觉得唐萍比较合适。问题是雯雯有心、唐萍无意,该怎么办呢?雯雯使出了女孩子特有的死缠硬磨功,软硬兼施地"下套"。

刚下课,我就看到了雯雯游说的一幕。只见雯雯使出萧太后(她由于在我班戏剧表演中出演萧太后这一角色而出名)的"忽悠"功夫开始游说了:"可爱的唐萍,你越来越可爱了,能不能休息一下,和你商量一点事?"

"是不是又要我竞选团支书?我胆子小,不敢站在讲台上对着同学说话。"

"说话,不要怕,以后你发言,我帮你先打好草稿,你熟悉了再去说,就OK了。"

"那——"

"别犹豫了,就这样说定了,不能反悔哟,乖乖,我的好乖乖!我们现在去立法部登记!"

她边说边拉着唐萍的手,击掌为誓,然后拽着唐萍去了立法部报名参加团支书竞选。

雯雯的媚功、赖功、缠功齐上阵,望着这一幕,我忍俊不禁。嗯?!这话我怎么这么熟悉？好像是台词。哦，是《葛朗台》中的一段台词。脑海里放映着葛朗台和女儿的对话场景，想起雯雯刚才的言行，我会心一笑。

4. 重点角色班主任亲自考察

候选人名单大多数在前任班干部的忽悠术下浮出水面。可是班长候选人一直还没有敲定。

晓玥向我求助："覃老师，就是这班长一职找不到合适的候选人，好不容易觉得夏君不错，可她就是不愿意。"

要热情、有气魄、待人公平，能独当一面，这是我给他们定下的"尺码"。确实，这个掌舵人不大好物色，最终他们觉得夏君不错。可班干部找她谈了几次话，她就是不肯。

看来，这次需要我这老将出马了。

夏君这女生性格倔强，说句实话，我也怕驾驭不了她。上个学期，我就曾因为手机一事跟她闹得不大愉快。既然同学们觉得合适，她肯定有她的优势。在晚自习时，我请来了夏君。

我和夏君先谈生活和学习，表示老师的关心："近段时间吃饭正常吗？胃病不找你的麻烦吧？"这女生中午经常不吃饭，为此闹下了胃病。她告诉我还好，身体没问题。

"学习怎样？"

"还好，就是数学吃紧。你让我多和数学老师沟通，感觉好些了，但还要加强。"

"数学纠错本积累效果怎么样？"

"在做，效果还可以。"

"其他功课呢？"

"英语还行。对了，覃老师，我的作文老是结构把握不够好，不知道怎么办。"

第三章 打造卓越班干部团队的6个策略

"哪天你将作文整理好,我们一起分析分析,行吗?"

接着我们自然聊到了班干部一事。原来,她顾虑自己成绩中等,怕做了班干部,学习更加跟不上;而且到了高三,怕见到个别纪律松散的同学屡次提醒不听,影响自己的学习情绪。

这些顾虑我能理解。

我直言告诉她:"这些不是问题,一些事分给大家做,不会占用多少学习时间,而且会逼自己在学习上做得更好,因为你是班干部呀,要以身作则。这样也是无形的动力呢。工作嘛,总是有人听有人不听的,只要80%的同学听,那就已经很不错了。优秀概率是多少? 20%。也就是说真正能够坚持成为优秀者的只有20%的人,不可能大家都成为优秀者呀!"

最后,我真诚地说道:"在你身上我找到了我高中时的影子,我们是同'尺码'的人,所以我希望你来帮我,好吗?"夏君没有说话。

事实证明,没有谁会拒绝真诚。

二、煽风点火召开班干部竞聘会

一切准备就绪,班干部竞聘工作马上开始。关于这个竞聘工作,我想了很久。这是一个美丽的仪式,绝对不能马虎。尽管很多人选在换届选举前已经没有多大的悬念了,但是,如果仅仅是简单地把一个岗位指定给某一位学生,他所获得的成就感,绝对没有自己亲自参与竞选、层层竞争得来的强。我要在班上召开一次热烈的班干部竞聘会,把同学们的关注度、候选人的责任感、当选人的自豪感全部彰显出来。那么,我们的班干部换届,就不仅仅是更换几个人,而是一种岗位宣言和岗位重托。我相信,这样选出来的班干部,今后就会格外珍惜这个工作,效率就会更高。

因此,我得大张旗鼓地做好班干部竞聘工作,尽可能地把这个换届工作渲染得气氛庄严。我安排上届立法部秘书长于华做好主持竞聘工作,本届秘书长佳佳发表竞聘宣言，这样才显示出工作的延续性和大家对竞聘的重视程度。于华经过一年的历练，鼓动水平没得说。

到了班会课时间，于华充满激情地上台。

"我们满怀希望与憧憬，走进了希蕾班这个温馨团结的大家庭。一年来，我们同心协力，为梦想一起奋斗，为未来一同拼搏，成功通过了学业水平测试。

"这期间，班委会与立法部功不可没，他们取得了令人瞩目的成果，他们是希蕾班的核心，是我们的领路人。

"现在，我们进入高三，在这关键时期，班级管理更为重要。因此，班委会需要输入新鲜血液，我们需要一股新的力量！

"我们要选出希蕾班最得力、最负责、最认真的新掌舵人，带领我们乘风破浪，在新学年创造新辉煌。下面，我宣布，希蕾班班干部竞选现在开始！"

随即18人纷纷上台进行竞选演讲。

佳佳说，竞选立法部部长，是因为自己有能力担当此任。夏君竞选班长，在这之前，她不愿意参加班干部竞选，因为怕影响学习，但后来她坚定地走上了竞选演讲台。这个一直缺少足够的家庭温暖的倔强的孩子，在和我的一次次交往中，在和同学们不断的交流中，懂得了感恩。她说："我要尽自己所能为大家服务，我非常感谢同学们一直以来对我的照顾和关心，更感谢覃老师对我的信任和关心，我要竞选班长，就是想尽自己的力量回报大家对我的好！"好一个懂得感恩的孩子！

唐萍更有意思，说："上次竞选团支书没成功，这次我还是要竞选团支书，我要用坚持告诉大家，我想为大家的团支部工作服务。"——大有"我胡汉三又回来了"的豪情。

小章上学期是立法部成员，专门监督我的工作，别看他是富家子弟，却全没有纨绔子弟的习气。上学期他对我的工作建议，多少让我感觉芒刺在背，我被罚唱歌就有四次。我稍微拖一下堂，他就不依不饶地要我接受班规处罚。我有时故意耍赖，看他拿我怎么办。这黑黑的小章真有包公的铁面无私、不畏强权的精神。就这韧劲,不错!他说:"上学期,我监督覃老师,很有威慑力,现在我想换个工作威慑一下大家,怎么样?"

18名候选人一一上台发表竞选演讲,高潮迭起。

主持人于华说道:"想必同学们心中已经有了信任的人选,请同学们投出神圣的选票,做出你最正确的选择。"

大家都投出最神圣的一票。最终新班委诞生。

在班干部选举中,我一直认为,只要学生选出值得他们信任的同学,不管这些同学有没有当班干部的经验,只要给他们舞台,给他们机会,他们就会成长,就能慢慢独当一面。

三、有条不紊做好交接仪式

上届班干部已经卸任,如何让原班干部继续保持参与班级管理的热情?如何让他们成为新班干部的最有力的后盾?我和立法委员会商量出了一个做法,那就是聘请原班干部为新任班干部的高级顾问、高级助理。

利用读报十分钟时间,新立法部对原任班干部进行了表彰,并颁发了荣誉证书。

以班长证书为例——

班长荣誉证书

晓玥同学:

感谢你一年以来作为班长带领我们努力奋斗,将希蕾班打造成学校最优秀、凝聚力最强的班级,创造了一个个属于希蕾班的奇迹,感谢你对班级做出的贡献!特发此证,以资鼓励。

希蕾班立法大会(加盖班级公章)
2010年9月14日

立法部代表全体同学向前任班干部颁发证书，给予热情肯定。原班干部个个都很高兴地上台领取了证书。

接下来是对新班干部的任命，并颁发聘任证书。

以班长聘任证书为例。

班长聘任书

夏君同学：

经过全班民主选举，在2010学年期间，特聘你担任希蕾班班长。你将带领我们书写一个与众不同的高三、精彩的高三；你将带领我们积极奋斗，创造希蕾班新的辉煌！望你克服困难、认真工作，用你的霸气和沉稳带领我们奋勇前进！

希蕾班立法大会（加盖班级公章）
2010年9月14日

为了使整个班干部换届工作显得有条不紊，我们还特地举行了一个岗位交接仪式，即每一个岗位，都由前任班干部向新任班干部颁发聘书，并宣读他们的交接嘱托。

前任班长晓玥慎重地将聘任书交给新任班长夏君，并提出鼓励："愿我们班在你的带领下越来越好！我们一齐努力！有什么事，尽管找我，我会做好你的高级助理的。"

原劳卫部部长小能递交聘任书时对唐霞说："好好干！"唐霞说："我一定会好好干的，请大家支持，大家放心！"

原学习部部长猛猛对新任学习部部长婷婷说："加油干，我们的学习靠你了！"婷婷说："希望你多帮助指点！"

……

庄严的交接仪式、充满希望的叮嘱和充满激情的承诺，将班干部换届工作渲染得气氛浓重。新老两届班干部的联手，显示了我们班特有的换届现象——退位者不是因为无能，而是因为制度，他们的成绩我们铭记；新任者任重而道远，寄托着大家的希望,我们鼓劲加油!

接着全体新老班干部一起宣誓:"我们要为希蕾班同学竭诚服务,我们要为将希蕾班打造成学校一流的班级而努力,我们将严守纪律、恪尽职守,让同学们因我们的存在而幸福!"声音高亢激越,将两届班干部紧紧联系在了一起。

我把我们班班干部换届工作的情况发在论坛上,不少老师跟帖:"覃老师的换届工作,已经不仅仅是一种新旧干部班子的接替,还是一种新老干部的传帮带,是一种管理水平的提升。这样的换届工作,每换一次,都是一次班级管理境界的上升。"

是的,希蕾班从高一到高三,从一个普通班级到全校的明星班级,一步一步走来,班干部换届在中间起着不可磨灭的作用。每一次换届,都成为班级管理水平上台阶的契机。

第四章　推进卓越班级日常管理的6个策略

卓越是一种在乎细节的优秀。

我曾经让好多孩子做过一道计算题："1"重复相乘365次之后，依然是"1"；"1.1"重复相乘365次之后是1.283305580313乘以10的15次方；而"0.9"重复相乘365次之后，在小数点后面有17个0！这说明什么问题？——说明哪怕是和别人相比你仅仅是差那么一点点，一年之后，你就和别人相差了一个档次；相反，你哪怕只是比别人优秀0.1，累计一年之后，它将带来巨大的能量，塑造一个崭新的你！

卓越班级的日常管理，自然有和一般班级截然不同的卓越办法：温馨的制度教育、固定的开学收心程序、激情的名字激励策略、自动的升级管理、成建制地解决学习问题、有趣的导师制……

也许，这些做法一些班主任闻所未闻；也许，有些班主任已经知道了，而且也做得很好。但是，我们仅仅是比别人做得更优秀一点点而已。这种坚持不懈的、哪怕只是相差0.1的优秀，一年之后，就会产生巨大的改变力量……

打造高中卓越班级的 42 个策略

策略 20：让规则变得温馨可爱

给班规取一个温馨的名字，给制度一个让人能够接受的理由，让班规更亲切、更富有关怀气息。这样，孩子们不仅容易接受，还会把它当作构建自己幸福生活的行为指南。

网络上流行的一首诗《当今的一天》这样描述我们现今的生活：
早起，
买两根地沟油油条，
切个苏丹红咸蛋，
冲一杯三聚氰胺奶，
吃完开锦湖轮胎的车去上班。

中午，
瘦肉精猪肉炒农药韭菜，
再来一份人造鸡蛋卤注胶牛肉，
加一碗石蜡翻新陈米饭，
泡壶香精茶叶。

下班，
买避孕药鱼，
尿素豆芽，
膨大西红柿，

第四章 推进卓越班级日常管理的6个策略

石膏豆腐,

回到豆腐渣工程房,

开瓶甲醇勾兑酒,

吃个增白剂加硫磺的馒头。

饭后,

抽根高汞烟,

去地摊买本盗版小说,

回去上一会儿盗版操作系统网,

晚上钻进黑心棉被窝。

核辐射算啥,很"盐重"吗?

这首诗,反映了在规则不完善的情况下当前社会生活的无奈——食品安全已经成为我们这个社会的突出问题。所以,很多时候,我倡导依法治班、以制度治班,很多老师都好奇地问:"你是想用一纸班规管住学生吗?"

用制度管理学生,这仅仅是班规的一个方面,更重要的是,我想用制度治班,给孩子们一个规则意识,让他们在规则空间里享受到制度的好处,从而为未来社会培养有强烈规则意识的公民。这就是我一直倡导在班级进行规则教育的初衷——不仅仅着眼于现在的高效教育管理,更着眼于未来公民的培养。

但是,好多老师认为,规则是冷的、僵化的、死板的,学生是热的、灵活的、激情的,用规则去看护心灵,想得很好,做起来却有一长段距离。我说,不,其实,规则也可以是很温馨的、很人文的、很具有人格魅力的。一个卓越的班级,它绝对需要一种很有意思的班规来构建我们的幸福生活。我们可以给班规取一个温馨的名字,给制度一个让人能够接受的理由,让班规更亲切、更富有关怀气息。这样,孩子们不仅容易接受,还会把它当作构建自己幸福生活的行为指南。

一、诗化家庭公约

我们班的班规不叫"班规",因为我们班是一个大家庭,用"制度"来约束大家的行为那就会大煞风景。因此,孩子们给它取了一个美丽的名字——"家庭公约"。

而且,在制定"家庭公约"的时候,孩子们说——

"不能够只有扣分、没有加分。我们又不是盗贼,要这么防范我们吗?"

"既然是家庭公约,文字叙述就不要那么生硬,要有人情味一些。"

"我们一直倡导文化治班,那这班规是不是可以写得更美一些呢?"

……

于是,我们诗化的"瑾瑜214家庭公约"出台了:

瑾瑜214家庭公约

我们"宁静致远,奋勇不凡",我们"年轻没有失败,青春炫出多彩"。我们的家庭我们自己守护,拿出你的真心,拿出你的热情,爱护家园从守纪开始,爱护家园从呵护心灵做起。瑾瑜214,我们一起努力!

1.【教室纪律】教室安静要记牢,喧闹嬉戏必浮躁;自主学习很重要,美好未来我创造;课堂展示无口语,我的课堂我做主;认真听讲随手记,大胆展示勇质疑;课下落实记头条,随时复习记得牢;按时到校要做到,课堂纪律最重要。(理由:课堂是我们学习的根本,发挥主观能动性,才能将知识变成自己的。)

2.【出操集会】集会上操快静齐,千万别做吊车尾;国歌高唱是爱国,严肃认真最可贵;集会解散留洁净,返回教室快快回;两操集会显素质,优秀品质惹人追。(理由:集体活动是展示一个班级素质的舞台,相信我们都是高素质的人才。)

3.【检测作业】考试就是考人品,作业就是测自制;真实成绩以示人,弄虚作假太可耻;完成作业高效率,诚信作业见水平;这是职责与责任,不找借口少邋遢。(理由:学生做作业是义务,不论何时,老师布置的作业都必须写,诚信乃为人之本。)

第四章 推进卓越班级日常管理的6个策略

4.【生活习惯】勤剪指甲常理发,勤换衣服勤洗头;正确刷牙保齿康,穿着整洁又大方;教室卫生齐维护,劳动任务勇担当;书桌就是考试卷,理好书桌少忙乱;养成生活好习惯,一生受益无怨言。(理由:良好的生活习惯会促进你养成良好的学习习惯。)

5.【生活情趣】男生不抽烟嚼槟榔,女生涂脂抹粉不合宜;不要刻意去打扮,自然大方才最美;多读好书交高友,做个精神贵族人。(理由:外表是天生的,我们没有办法改变,但我们可以增加自己的文化涵养,注重生命的化妆。)

6.【道德追求】要比品德比胸怀,要比志向比学习;不比吃喝不比穿,不比花费不比玩。(理由:正确的比较让自己成为一个健康发展的人。)

7.【社交规范】手机固然重要,网络固然新奇,恋爱固然美好,但作为中学生,这些暂时不适合。花开应有时节,青涩果子不好吃。(理由:每个年龄段有每个年龄段要做的事,我们这个年龄段的第一要务是学习。)

8.【宿舍纪律】有缘千里来相会,宿舍兄弟和姐妹;其乐融融和谐美,幸福友缘须珍惜;宿舍就是休憩园,少些卧聊足睡眠;不要垃圾来装点,清洁才是好装饰;跑操迅速又整齐,回到寝室要及时。(理由:睡自己的觉,也不能让别人说去吧;动作迅速,证明你是时间的主人!)

我觉得这"家庭公约"很好,有两大亮点:第一,学生用诗歌的语言、押韵的文字,把一些公共场所的行为规范了,年轻,有才气,好!第二,他们还想出了一个让人能够接受班规的好办法,那就是给每一条制度加一个温馨的注脚,告诉同学们我们为什么要这样做。结果,这个"家庭公约"一出台,就受到学生和家长的好评。

但是,孩子们说,他们还能够让规则更有人性化一些。诗歌的形式固然很美,但是不自由,他们想用另外一种自由的方式,把做人的一些重要法则规定下来。我觉得这也很好。于是,孩子们又出台了《瑾瑜214校园为人处事12条修身宝典》。

打造高中卓越班级的42个策略

二、优美的修身宝典

瑾瑜214校园为人处事12条修身宝典

1. 当同学心情不好或遭受失败时，请你进行鼓励和安慰。（理由：给别人一张笑脸，你收获一份快乐；给别人一份宽慰，你收获一份感激。）

2. 当老师送你礼物时，请你双手接过，并鞠躬相谢。（理由：讲礼仪不论在何时都不落伍。）

3. 赢得任何比赛，或有任何好表现，都不可以炫耀。如果输了，也不要显露出愤怒。（理由：赢要赢得霸气，输要输得大气；生气只能显示你的无能或者逊色。）

4. 在你过生日时，请主动感谢爸妈的养育之恩；请记住亲人的生日并致以祝贺。（理由：懂得感恩的人，一定是关心他人的人，是对社会有责任心的人，是值得信赖的人。）

5. 认识、记住学校的每一位教职员工，请微笑着与他们打招呼。（理由：这可以让你获得更多的人际资源，形成丰厚的人脉。）

6. 健康饮食，健康生活，请不要带零食到学校。（理由：零食大多营养价值低，吃多了易上火，影响食欲，导致抵抗力下降、上课注意力不集中。）

7. 如果遇到别人找麻烦，要让班主任知道。（理由：因为照顾和保护学生是班主任的职责。）

8. 老师在责罚某个同学时，其余同学不可以盯着那个同学看，更不可以凑热闹瞎起哄。（理由：一个犯错的人本来就够难受了，再受到其他同学的奚落，就会无地自容。）

9. 在所有的公开活动中，穿戴、言行举止要符合学生的身份。（理由：凸显班级风貌，体现班级精神，汇聚班级凝聚力。）

10. 用水、用电、吃饭不可贪多造成浪费。（理由：钱是你的，但是资源是大家的。）

第四章 推进卓越班级日常管理的6个策略

11. 随时为别人做一些小小的贴心服务，带给别人一个小惊喜，至少一个月一次。（理由：你给了别人多少，别人也会给你多少。）

12. 如果有人撞到你，即使不是你的错，也要说"对不起"。（理由：这是一种巧妙的应对，也是化解矛盾的明智之举。）

看到这个"修身宝典"，我一下子就笑了，这小鬼头们还真有办法。"修身宝典"和"行为准则"，四字之差，给人的感觉却截然不同。好，符合我们卓越班级富有创造精神的特征！

在确立这两个制度之后，孩子们又把眼光瞄准了寝室——有了诗化的教室"家庭公约"，也有了自由活跃的"行为宝典"，我们的寝室制度，为什么不把它们创造得更加个性化呢？于是，我们班又有了——

三、个性化的寝室约定

寝室是孩子们最放松的地方，是心灵和身体都得到休整的地方。那么，寝室约定就要富有个性、富有青春气息。大家看看我们班的寝室约定，挺有意思的，每个寝室都有与众不同的名字，都有与众不同的"我们的约定"。

式微轩约定

★床铺是你休息的港湾，请把它整理得最整洁，好吗？

★为了我们自己的健康，请少吃方便面等快餐食品。

★珍惜时间，抓紧时间洗澡洗衣，争取今日事今日毕。

★资源是大家的，不浪费一滴水、一度电，贡献自己的力量。

★寝室荣誉就是自己的荣誉，努力维护寝室的荣誉，争创最文明寝室。

雅舍约定

★一屋不扫，何以扫天下。干大事者请从扫地这些平常事做起。

★限制体香在室内扩散，请不要把毛巾当抹布、抹布当垃圾，要保持整洁，养成良好的卫生习惯。

★请不要让晾出的衣服流泪。

★寝室内偶有梁上君子造访,请保管好自己的家珍。

★夜长梦多,有很多美梦等着你,别留恋休息时的唾沫飞溅。

★男子汉敢做敢当,尊重人权,可不要拿寝室长当替罪羊。

★和睦相处,何来隙乎?任何时候,雅舍成员都团结一致、抵抗外敌。

香榭雅居约定

★我们情同姐妹,室歌《暖暖》,让温暖洋溢在我们的香榭。

★你热爱自己的皮肤吗?如果热爱,请在23:30前熄灯吧。

★垃圾也有自己的"家",别让它们流浪在外,请将它们安全送到"家"。

★一张桌子、一张床就是我们的试卷,让我们把试卷书写得整整齐齐。

★千万别小看那些普通的水,它可是生命之源,让我们一起珍惜呵护它。

★你的铃声很美妙,在我的梦中响了一遍又一遍,可是你的"音乐"让我成了"熊猫眼",请让美妙的音乐在适合的场合响起。

心窝约定

★让《心窝》这首歌伴我们相亲相爱,请真诚待人,为心窝家庭的每一个成员着想。

★在生活和学习上互相帮助,我们共同学习督促,共同进步。

★整洁是一种美,好好经营自己的储物柜,让美丽成为一种常态。

★别让垃圾流离失所吧!让它们好好在垃圾箱里待着。

★每天做好自己的分内事,也是一种成功。

★离寝时,请把椅子推到桌位下,它们也要好好休息。请随手关灯锁门,举手之劳,So easy!

★咱们在学习时自动关闭语言功能、封锁歌唱细胞,讨论时请使用"悄悄话静音模式",或者到卫生间或室外讨论。

★姐妹们,每天给自己一个笑脸,迎接下一秒的灿烂。

★爱我们的小家,维护家的荣誉,团结一心,构建一个温暖、快乐的小窝。

馨甸阁约定

★做文明人,创文明室。属于我们的歌——《把我唱给你听》。

★我们不爱蚊子,可蚊子像我们经不起美食的诱惑一样经不起垃圾的诱惑,让垃圾远离我们。

★累了一天了,回到我们的家,悄悄地进入梦乡吧!

★水是生命之源,我们手足情深,彼此深爱着对方,那就让我们一起珍爱生命、珍惜水资源吧。

★幸福温馨是我们的代名词,那就让我们将它发扬下去。

★我们的家是靠我们自己维护的,离开家时,请锁好门窗,不要失掉属于我们的美好东西。

★爱美之心人皆有之,寝室同样爱美,让我们携起手来,共创文明寝室。

★团结就是力量,让我们把微小的力量聚集在一起做大的事情。

五个不同名字的寝室,五个不同的寝室公约!温馨提示,幽默语言,善意批评,这样的寝室公约让大家不禁莞尔,如果自己真有这样的毛病,自己不改掉都不好意思呢!

为了彰显每个寝室的不同个性,他们还在宿舍、洗漱间、卫生间粘贴了可爱的图贴。校园宿舍文化节,我们班一举夺得"最具幸福感寝室""最具创意寝室""最优寝室"等称号。孩子们谈起自己的宿舍,爱意和自豪不由得挂在脸上。

卓越,不仅仅是一种追求,更是一种行动。当不少老师因为孩子们不乐意接受制度引导而头痛的时候,我们班却享受着制度带来的幸福生活。因为,我们班的制度,已经从名字到内容,深入到孩子们的心灵里了。规则,已经成为孩子们心中最美丽的花朵。

策略21：开学收心也可以很从容

我们只是比别人早起那么一点点，我们只是比别人提前收拢了那一份散漫的心。但是，即使是这微不足道的提前的"0.1"，重复一年之后，我们也就比别人多了一份未来优秀的把握。

我曾经让好多孩子做过一道计算题："1"重复相乘365次之后，依然是"1"；"1.1"重复相乘365次之后是1.283305580313乘以10的15次方；而"0.9"重复相乘365次之后，在小数点后面有17个0！

这说明什么问题？——说明哪怕是和别人相比你仅仅是差那么一点点，一年之后，你就和别人相差了一个档次；相反，你哪怕只是比别人优秀0.1，累计一年之后，它将带来巨大的能量，塑造一个崭新的你！

在开学这个问题上，我也常常对学生说：我们只是比别人早起那么一点点，我们只是比别人提前收拢了那一份散漫的心。但是，即使是这微不足道的提前的"0.1"，重复一年之后，我们也就比别人多了一份未来优秀的把握。

所以，我们班——

一、提前介入——弯道超车保持学习状态

每次放假，我都会给学生一份倡议书——《行在弯道处，笑看云起时》：

假期即将来临，你是否在欢呼雀跃？是否欣欣然地想"假期了，我要玩个痛快，我要天天睡懒觉，我要将学习抛到九霄云外"？是的，假期我们都想好好休息一下。会休息的人才是会学习的人，好好地休整是为了更好地迸发。但是，我

第四章 推进卓越班级日常管理的6个策略

要温馨地提醒你们,适度休息,适度放松。为什么呢?因为高中学习就如一场长跑比赛,而假期好比长跑中途的弯道,此时最易疲惫和懈怠,也最能够给人以超车的机会。挑战与机遇并存,我们要好好地策划一下。上网、聊天、游玩、看电视、无所事事,是消遣,也会消磨你的斗志,泯灭你的初衷。但是,我们利用假期,在别人打盹的时候抵住诱惑,耐住寂寞,守住宁静,适当地紧走几步,你就会看到与众不同的风景……

在倡议的结尾,我鼓励他们做一个弯道超车的勇者,"只有勇者才能让机遇青睐自己"。经过这样一番倡议,学生们自然会热血沸腾,于是纷纷给自己下挑战书:"我向我的懒惰挑战,这个寒假争取看完三本课外书,完成60道数学题型归纳,完成高一和高二英语单词的背诵默写。"看着他们的挑战书,我喜上心头。我知道,这个假期,会有相当一部分学生让自己保持忙碌的。一颗本来就忙碌的心,怎么会在开学时收不了呢?

二、开学应对——成果展示鼓足学习劲头

开学报名,我现场办公,先由学生自行填写挑战书完成情况,然后一一对照检查。认真的作业,我马上在全班进行展览表扬,个别邋遢同学的作业一看有抄袭之嫌,我也会当场揭穿,询问他们的作业是不是这几天赶的。别看都是十五六岁的孩子,还是觉得心虚啊,只好承认自己的懈怠。大家笑话他一两句,他已经是面红耳赤了。

这些例行检查完毕后,我就开始我们班的假期弯道超车成果展,让没有分心的学生持续发力,让贪玩的孩子对比别人的成绩赶紧加快收心。我首先邀请作业做得好的学生上来分享他们的作业,好成果与大家共享。

接着请大家晒自己假期弯道超车学习的收获:

"我看了三本课外书,余秋雨的《山居笔记》《文化苦旅》《千年一叹》,深感

自己的文化底蕴不足。"

"我看了《货币史》。"

"我完成了数学题型归纳100题,超额完成任务40道题。"

"我背了30篇新概念英语课文。"

"我看完了《史记》和《明朝那些事儿》。"

"我去了乡下,调查了我家的家族史,这是我写的家族史报告。"

……

学生们个个自信满满地汇报着自己的收获。做得好的收获掌声一片,做得不到位的同学挖空心思找到一点收获,大家也只是报之一笑。其实这"晒"就是让学生与自己比、与同学比,看你做得够不够。往往通过这一晒,那些做得不够的学生,明白了自己和别人的差距,开学立即夹住自己贪玩的"狐狸尾巴",尽快收心了。

三、后续跟进——借力考试激发学习状态

开学收心,就要讲究一个字——快,快速进入紧张状态是收心的一个要诀。我尝试多年,让学生立即有紧张感的,莫过于开学即举行一场效果检测考试了。

考试的内容很简单,就是假期布置的学习任务。任务布置下去不检查、不检测,是没有执行力的。因此,适当的考试和检查,能够让学生很快地明白自己的责任。我们班的学生,只要带了一个学期,就都会了解我的这种工作作风和习惯。所以,我们班开学不像别的班那样,开学两天了,精神还提不起来。我们班学生开学了就三五个围成一团。干什么?讨论学习重点、琢磨考试内容。还有的学生追着老师问问题,问得老师课间出不了教室,晚自习时都没时间喝水。

然后是出题,这出题也有妙招——学生自行出题。他们将假期复习中的典型题和易错题每门课上交3~5道题,语文、英语则上交自行设题的一篇阅读文章,然后开始考试。考卷中标明是摘选×××同学供题,学生的钻研劲头自然高涨,

想想自己选的题被作为考题让同学做,那多荣耀呀!

一场考试,不论有没有试题入选,每个孩子都很慎重,这心,早就收到学习上来了。

四、学会等待——让迟归的心慢慢地回来

采用了上面三个措施之后,实在还有些学生心思收不回来,怎么办?放宽心态,学会等待,让迟归的心慢慢地醒悟、慢慢地回来。不是所有的措施都能够立竿见影的,总有些孩子,因为性格问题,因为其他一些心理的、生活上的因素,开学几天了,心还是收不回来。这时候,我们应该学会宽容,允许部分学生慢一点。

这是有道理可讲的。因为每个孩子的适应能力是不同的,有些孩子转换角色快,能够很快适应学校快节奏的生活,可是,有些孩子适应能力差,心理调适不过来,如果我们过于武断地让他们强制归心,那么学生们失掉的就是对慢生活的享受和对学习的自信心。好多孩子害怕上学,尤其是低年级的学生,一开学就哭,就恐惧,我想,应该是我们过于功利的心,把孩子们逼急了。

那么,这时候我们该怎么办呢?我会利用开班会的机会,或者和学生们开一个假期见闻发布会,让他们把迷恋假期、迷恋生活的乐趣说出来,让他们带着假期美好的回忆,慢慢地回到学习中来;或者,在春天来临之后,带着学生们一起郊游、散心,让他们在集体活动中享受生活的美好。我想,这比急着让他们收心也许更有意义。

我不能说我的办法是最好的,但是多年的实践告诉我,我这些做法很不错,至少,我们班学生学习时的快乐感,明显高于别的班级。有这一点,我觉得就足够了。

策略22：发挥每一个名字的激励力量

每一个人都在乎自己的名字，发挥名字的激励作用，在班级日常管理中往往会让人有意想不到的收获。

中国台湾地区著名现代派诗人纪弦有一首名作——《你的名字》。诗歌是这样写的：

用了世界上最轻最轻的声音，
轻轻地唤你的名字每夜每夜。

写你的名字，
画你的名字，
而梦见的是你的发光的名字。

如日，如星，你的名字。
如灯，如钻石，你的名字。
如缤飞的火花，如闪电，你的名字。
如原始森林的燃烧，你的名字。

刻你的名字，
刻你的名字在树上，
刻你的名字在不凋的生命树上。

当这植物长成了参天的古木时，

啊啊，多好，多好，
你的名字也大起来。
大起来了，你的名字。
亮起来了，你的名字。

于是，轻轻轻轻轻轻地唤你的名字！

纪弦呼唤的是祖国的名字，如此让人惊心动魄！其实，每一个人都在乎自己的名字，发挥名字的激励作用，在班级日常管理中往往会让人有意想不到的收获。

在这方面，我有一些经验和体会，值得和大家分享。

一、名字上墙，挑战惰性治迟到

我们班对于出勤，有一个特别的要求——我们要比其他班早到 5 分钟。可是，冬天来了，天气寒冷，孩子们很纠结地和温暖的被窝作战，迟到人数明显增多了……

如何解决这迟到问题呢？我和大家聊起柏拉图的故事。有一天，苏格拉底的弟子询问怎样才能成为他那样的哲学家，苏格拉底说，每天将手抬起来向后甩 300 下就可以。一个月内，大家都能做到；半年以后坚持下来的人不到一半；一年后，真正坚持下来的就只有一人，那就是后来成为大哲学家的柏拉图。学生一听，都明白了我讲话的目的。

"卓越并不是天生比别人强大多少，很多时候，卓越仅仅是来源于我们对某一种美好品德的坚持。现在天气寒冷了，一些同学就把早到五分钟这个好作风丢掉了。今天，我们也和冬天来个赛跑，看谁坚持出满勤。每周出满勤的同学，周日第四节课以前，自己将名字写到后黑板的公布栏里。如果你能够做到出满勤，就可以获得 5 个积分的奖励，并计入个人和小组积分。"大家顿时兴奋起来。

但还有几个自制力不够强的学生无动于衷。这需要一个个地解决问题。我问："起床要不要大人提醒？"大家都说不要，自己的事情自己做。

既然都这么信心满满，那就拿出实际行动来。于是班级建立了一个"一诺千金墙"——迟到一次可以原谅，自行将名字写在"一诺千金墙"上，主动保证不再第二次迟到。若是有人接二连三地迟到，不仅自己的名字上墙，还要爸妈签名担保。

实在有孩子做不到，我不说他懒散，我会找他谈话："孩子，近段时间怎么了？是不是睡得太晚了？"学生会找各种借口回答我。他怎么回答并不重要，我会说："你的生物钟是不是需要调整了？每天起床很纠结吧？这样吧，覃老师每天给你打电话叫你起床。"学生一般都不好意思让我打电话叫他起床，会马上回答："那不用老师费心。"

我就接过话茬："那这样吧，我还是提醒你爸妈叫你起床吧。"于是我掏出手机递给学生，孩子不好意思地拨通电话，将迟到原委说给父母听，然后将电话递给我，家长在那边唠叨："覃老师，哪里是我没喊他，是他老是赖床，每天早上他都要和我吵架，动作又慢。"

我在这头听着，孩子的脸早已是一阵红一阵白，哪里还敢赖床迟到！"赶紧调整生物钟，按时到校吧！千万别让自己的名字和爸妈的名字都上'一诺千金墙'。"

这样，我们班迅速消灭了冬季迟到现象。

二、自我签名，一诺千金促学习

学生反映，晚自习前教室里总是不太安静，原因是大家一进教室，就忍不住叽里呱啦地传播各种新闻，教室简直就成了菜市场——不，比菜市场还闹腾。用孩子们自己的话讲，是巨型养鸭场——因为我曾笑话她们"一个女生是 500 只鸭

第四章 推进卓越班级日常管理的6个策略

子，闹腾得很"。为解决这个问题，值日班长提前20分钟到教室维持纪律，也常常是收效不大。

有没有更好的办法解决这一难题呢？

"老师，后黑板满勤登记名字就可以获奖励，我们也可以在前面黑板上登记名字，谁如果做到安静学习，我们也可以给他奖励积分呀！"孩子们触类旁通。

"谁登记？值日班长？若这样，值日班长都没法学习了，就忙着做登记去了。"

"还有，即使登记了，可是他待会儿又出去了，这怎么算？"这确实是实情，不能因此加重值日班长的负担。

看来，光靠值日班长的力量远远不能解决这个难题。

"可不可以这样，6点半到的同学，如果他认为自己能够坚持安静自习了，就自己将名字写在黑板上？"做事严谨的瑞萍慢条斯理地说道。

"万一他写了名字又外出呢？"

"万一他有什么事情，不能坚持这半小时自习，就自行擦掉名字。这样就增强了同学们的自制力。"班长也想到了进一步的解决办法。

"什么时候写上名字可以奖励积分？总要给出时间段吧。"

"6点35分前将名字写到前黑板上，7点钟晚自习正式开始由值日班长记录到积分栏里。"

第一天试行，一下子有20多个同学将名字写在黑板上，签名各异，楷体、隶书、行书，各种字体可见；红色、白色、绿色、黄色、紫色，彩色粉笔签名，每一个名字都神采飞扬；英文、中文、图案签名并现，黑板简直成了孩子们的签名秀。一个签名就让孩子们找到了乐趣，也做了自我承诺——"我能安静学习"。

第二天，第三天……最多的一天居然有36位同学的签名！学生们告诉我，往日不少同学踏着铃声进教室，现在大家都自觉在6点半赶到学校安静学习了。就这样，签名秀结束了晚自习前的喧哗。

打造高中卓越班级的 42 个策略

三、团队签名，共同担责保质量

湖南省学业水平测试在即，我们班和全年级提出了口号——"不抛弃，不放弃，让每一个学生都能顺利过关"。光有这口号是远远不够的，如何帮助学习困难的学生树立信心，尤其是如何发挥"三人行"互帮互助的威力，才是我要考虑的重点内容。

班委会商议：全组写个承诺书吧？白纸黑字，一表过关决心，二也督促各组关注学困同学。必须是全组成员慎重签名，还要按上手印。

按手印？太夸张了吧。

"这是宣誓，老师。背水一战，来不得半点马虎，只许成功，不许失败！"

行，我十分支持。我知道，一些孩子学习成绩不好，困难多多，关键是学习习惯不好，怕吃苦。只有将他们逼到一定程度，让他们认识到问题的严重性，引起足够重视，这学习的问题才好解决。

不到一天，全班九个小组全部把团队的签名承诺书给我交上来了。每个组的签名不同，而且还有学考动员承诺。下面是"尚翊组"学考签名承诺书：

"尚翊组"学考承诺书

学考马不停蹄向我们走来，我们将紧紧挽起手臂，坚定地迎接最大的挑战。我们珍惜这身边每一张熟悉的笑脸，我们相信我们每个独特的自我都有无可替代的光芒。不抛弃，不放弃，我们有信心，疯狂学习，一定全员一次性通过学考。

在此，我们"尚翊组"庄严承诺：

跟着老师走，紧牵梦的手，分数越来越高，越来越快活；

拒绝周公，马到成功；

为了不把自己拖瘦、拖死，请按时完成作业；

我们是尚翊人，我们是好朋友，我们手拉手，一帮一；

第四章 推进卓越班级日常管理的6个策略

我们团结友爱,我们学考必过,我们是尚翊人,我们为自己代言。

签名加盖手印

张世伦、赵子晴、蒋臻、段波尔、周麟、朱佩文

集体承诺签名之后,我惊讶地发现,这办法有效!在这之前,同样强调"三人行"小组大家要帮扶差一点的同学,但是效果都不是很明显。这次签名盖手印之后,差生的自觉性、主动性明显增强,好多孩子6点半就主动赶到了学校,要同学帮忙补弱势学科。还有些孩子甚至主动申请加上第三节晚自习。他们热情高涨,帮扶同学当起小老师更是信心百倍,高考放假期间,那些结对子帮扶的同学还在学生宿舍里"加班"呢!

我悄悄问学困生:"有信心没?"他们说:"要是还不努力,过不了关,对不起自己,更对不起自己盖手印的名字啊,那我岂不是枉为人!"看着他们自信的脸庞,我都被感染了。有了集体的签名承诺,有了大环境的积极向上,还怕学生不能过关吗?

打造高中卓越班级的42个策略

策略23：建立日常管理的自动升级机制

我们的班级建设和管理，为什么不建立一种自动升级机制，让孩子们也享受不断递增的成就感呢？我相信，这将比百元大钞更让人喜欢。

有位同事曾向我倾诉烦恼：为了激发小组积极性，他每周对综合排名前三名的小组各奖励100元，结果学生们依旧无动于衷。他不由得发问：100元的物质刺激都不能激发他们的热情，这些孩子到底需要什么？

孩子们需要什么？孩子们需要一种持续向上的精神动力！当物质欲望不能成为孩子们进取的动力时，精神上的需要往往就成为孩子们追求向上的动力。为此，我们班开发了一个以兰花品质为主的奖励升级系统，来激励学生不断挑战自我。

灵感来源很简单。我发现好多孩子沉迷于网络游戏，好多成年人也对淘宝购物没有免疫力，除了那些游戏、那些商品确实有吸引力之外，还有什么原因让他们痴迷呢？一个重要原因是——升级。游戏过程中、购物过程中通过升级不断递增的成就感，让他们欲丢不舍、欲罢不能。那么，我们的班级建设和管理，为什么不建立一种自动升级机制，让孩子们也享受不断递增的成就感呢？我相信，这将比百元大钞更让人喜欢。

于是，带"兰泽班"时，我有意识地引导学生建立了一个以兰花品质升级的班级建设管理递升系统。

我利用休息时间鼓动他们："兰花素来是精神情操高洁的象征，不同的兰花具有不同的寓意。你们愿意像兰花一样，不断地修正自己的品质、提升自己的精神境界吗？"

思想工作靠的是老师的宣传和鼓动。您还别说，尽管孩子们对这个升级机制还一头雾水,但是他们愿意不断挑战自己。听我一番宣传之后,孩子们马上动手筹建一个兰花品质逐渐递升的班级日常管理考核和奖励系统。

"要找出不同兰花代表的不同寓意。"

"要建立一个完善的考核奖励机制,不然不好——对应。"

"应该有一个积分机制,这样就很明确了。"

"要鼓励大家通过努力赚取升级的积分。"

……

孩子们七嘴八舌,思路越来越清晰。然后他们上网寻找相关资料。

"老师!我们有惊人的发现!"

"有什么惊人的发现?"

"老师,以前我们以为兰花只在春天开放,而菊花开在秋天,所以有'春兰秋菊'之说。现在我们在网络上居然发现,一年四季都有兰花开放。"

"我们是不是建立一种四季开花顺序的升级机制,分别从春到冬呢?这样时间上不就有一个纵深发展的方向了吗?"

"好,我赞成!"

孩子们越搜越开心,一下子就搜集到了不少兰花品种,还分门别类地将其特征整理出来。他们惊喜地发现,每一种兰花品种都别具形态,而且都暗含一种品质,譬如蕙兰就是"草木有本心",所以蕙兰又称蕙心。

"何不结合花的特征,来想想我们需要怎样的兰花品质呢?"

——这建议好,很有创造性!

于是孩子们很快整理出不同兰花的不同象征意义。比如说,春剑株形俊秀挺拔、绰约飘逸,其叶刚柔兼具、豪气凌天,花期深冬初春,艳丽耀目,幽香四溢,观之则使人油然而生英雄气魄,闻之则唤起有志之士追求生命无穷之美,那么,它的寓意就可以定义为"彰显生命活力,向着明亮前行"。又如,夏季台兰,这种兰花多生长在山岩之上,叶比春兰略长略宽,叶面平展光滑,花开数量虽多,但是花小,无香——这不正可以寓意为"我虽渺小,可是我是不可复制的唯

打造高中卓越班级的42个策略

一,我很重要"吗?于是,学生们马上又赋予台兰一种新的精神内涵:"我能绽放自己的美丽,属于自己的精彩,能为家庭、集体、社会奉献我的微薄之力。"

很快,一年四季的不同兰花,孩子们都挖掘出了它们的象征意义。这些象征意义,有些是在漫长的文化沉淀中积累下来的,有些是我指导他们引申出来的,还有些根本就是孩子们自己想象出来的……不过,这又有什么关系呢?所有的象征意义,不都是人为添加上去的吗?贾宝玉说:"四书五经都是杜撰的,唯我杜撰不成?"说白了,所谓的班级管理无非就是一种通向成年人的游戏罢了,只要孩子们喜欢就行。他们能够借助这种游戏过程学会成年人的生活。

然后,他们又制定出不同等级的兰花升级的积分要求,每个人达到一定的积分,才能够升级到相应的级别。比如说,进入我们班级,只要不违纪、不惹事,自觉遵守班级日常管理规范,有明确的学习和生活目标,那么,你就赚足了30积分,相关执行同学就在你的名字旁边贴上一朵"春剑"。这是大家的基准分。建立基准分之后,后面的积分就要通过自己的努力去赚取了。比如说,提前背完一篇文言文,可以加3分;在规定时间内背完一篇英语课文,加5分;一个月内没有缺交作业且保持正确率在80%,可以加10分……这样,当我们班的孩子个人又赚够30分的时候,累计分数有60分了,就晋级为"春兰"。执行同学就又在你的名字旁边贴上一朵"春兰",而且加上"春兰"的寓意"生命力旺盛,临危而不乱,遇折而不弯"作为该同学晋级的颁奖辞。

最高级别是盛开在冬季的"莲瓣兰",该花含苞于严冬,怒放于早春,长在寒山,香在草野,不择生地,只求开花,不逢知音,幽谷自芳,洁质高雅,心地空灵,极富中国兰花的传统韵味,是孩子们心目中最完美的兰花级别。而这个级别要积满360分才有资格获得。而且,孩子们还给这种兰花级别赋予"腹有诗书气自华,博览群书以修高雅气质"的寓意。换句话说,谁获得了这个级别的奖励,他就是我们班的王子或公主,就是"万民瞩目"的对象。

就这样,我们班的升级机制就从春天开始,从春风里富有浪漫气息的春剑开始,开始了贯穿一年四季的个人兰花品质修炼的优美传说,一个完善的兰花品质

第四章 推进卓越班级日常管理的6个策略

升级的班级日常管理奖励机制就出来了。

下面是"兰泽班"学生个人升级奖励系统——兰泽个人评价晋级榜。

兰泽个人评价晋级榜

花季	兰花名	图例	内涵
春季	春剑		积分30分。春剑常称为正宗川兰，其形俊秀挺拔、绰约飘逸，其叶刚柔兼具、豪气凌天，花期深冬初春，艳丽耀目，幽香四溢。观之则使人油然而生英雄气魄，闻之则唤起有志之士追求生命无穷之美。寓意彰显生命活力，向着明亮前行。
	春兰		积分60分。春兰又名草兰、山兰。春兰历史悠久，其形常见于众多古诗古画中，生命力顽强，多生于林缘、草盛、多石的湿润山坡。花期为2—3月，花香浓郁纯正。寓意生命力旺盛，临危而不乱，遇折而不弯。
夏季	蕙兰		积分100分。蕙兰又名九节兰，是我国栽培最久和最普及的兰花品种之一。古代常称"蕙"，"蕙"指中国兰花的中心"蕙心"。蕙兰根粗而长，叶狭质坚，浓香远溢而持久。寓意草木有本心，为人要有原则和底线，明辨是非，富有正义感。
	台兰		积分150分。台兰又名多花兰、蒲兰、金棱边、方兰，产地有人称石兰。多生长在山岩之上，叶比春兰略长略宽，叶面平展光滑，花开数量较多，花小，花色多红褐，因此又称"蜜蜂兰"，无香。花期为5—6月上旬。寓意我虽渺小，可是我是不可复制的唯一，我很重要，我能绽放自己的美丽，演绎属于自己的精彩，能为家庭、集体、社会奉献我的微薄之力。

147

续表

花季	兰花名	图例	内涵
秋季	建兰		积分200分。建兰又名四季兰，健壮挺拔，叶绿花繁，轩昂挺秀，一派英姿，花多色雅，清香萦绕，神采飞扬，不畏暑，不畏寒，生命力强。寓意百折不挠，穷且益坚，既然选择了远方，就毅然风雨兼程。
	墨兰		积分250分。墨兰又称报岁兰、拜岁兰、丰岁兰，多生长于向阳密林间，叶阔有光泽，花梗直立，大方高雅，花期1—3月，花香色美，叶形独特，清艳含娇，幽香四溢，满室生春。凉子诗云："小砚依旧，忆浓知否？缠绵春江在等候，独兰墨幽幽。"寓意加强修身，砥砺心志，完善人格，此乃兰泽人的追求。
冬季	寒兰		积分300分。株型修长健美，叶姿优雅俊秀，碧绿清秀，花色洁净无瑕，别具风格，清秀可爱，香味清醇久远。寒兰集诸种兰花之美于一身，聚万物之灵气于一体。寓意钟灵毓秀来自自我锤炼和自我陶冶，成为你想成为的人必经寒霜凄雨历练；坦然接受生活中的风雨、荆棘和泥泞，它是上天赐予我们的宝贵财富。
	莲瓣兰		积分360分。莲瓣兰主产滇西北，时逢每年的元旦、春节盛开。花瓣酷似盛开的莲藕花瓣，故称为"莲瓣兰"。其含苞于严冬，怒放于早春，长在寒山，香在草野，不择生地，只求开花，不逢知音，幽谷自芳，洁质高雅，心地空灵，极富中国兰花的传统韵味。观其叶态，绿叶兮素枝；观其唇瓣，色艳兮缤纷；闻其花香，芳菲菲兮袭予。一枝在室，满屋馥郁，幽芬不绝，使人思情缠绵。寓意腹有诗书气自华，博览群书以修高雅气质。

第四章 推进卓越班级日常管理的6个策略

一段时间之后,学生们又提建议:"老师,我们班是以小组为单位的管理机制,我们不仅要实现个人优秀,还要实现团队优秀。我们需要创建一个小组的自然晋级奖励系统!"

行,我支持!

于是,学生触类旁通,又依葫芦画瓢,创建了小组晋级系统。小组晋级也采用兰花为升级标志,也是一个等级代表一种品质发展方向。我问他们为什么要这么做,他们狡猾地说:"我们都是兰兰老师的学生,我们热爱兰花,我们享兰花的恩泽而成长。"一席话说得我心花怒放,女人爱臭美,尤其是这些青春曼妙的孩子们给我的这些虚荣,最能满足我的心理需要。

有人问我为什么这么喜欢做教师,您说,有这么心灵相通的学生,您怎么会不迷恋这种神圣的教育生活呢?

孩子们建立的这些兰花小组晋级机制,利用兰花品质,给自己输入一种正能量,给自己一种美好的心灵熏陶,这不是一种很好的传统文化教育吗?它在日常管理中,在看起来很枯燥的学习中,给我们班增加了一丝传统文化的滋润。

下面是孩子们出台的小组晋级系统——兰泽小组评价晋级榜。

兰泽小组评价晋级榜

兰花名	图例	内涵
奥迪牡丹		积分180分。春剑珍品,牡丹瓣,花大色艳,多舌多瓣,花色浅桃红色,花瓣多重,多舌如波涌,花大,姿态集牡丹的雍容华贵、兰花的高雅脱俗于一身。寓意精诚协作才能绽放小组魅力。

续表

兰花名	图例	内涵
杨氏素荷		积分360分。春兰名品，短圆的外三瓣，纯白的大圆舌，绿色筋纹的浅蚌壳捧，花色翠绿娇嫩，花品端正素雅，给人一种清新淡雅、细腻秀美的感觉。寓意组员交往冰心一片，不染尘滓，亲密有间。
宋梅		积分600分。春兰珍品，梅瓣兰，与万字、龙字、集圆一起列为春兰"四大天王"，并被推为"四大天王"之首，清乾隆年间由绍兴宋锦旋选出而得名，故又名宋锦旋梅，叶姿曲线优美，花形外三瓣紧圆健壮，全无春兰的"娇气"。宋梅是具有人类奉献精神的"人格花"。寓意为荣誉而战，需要不计回报的付出和甘于奉献的精神。
关顶		积分900分。蕙兰梅门精品，又名万和梅，叶姿半垂，叶幅宽阔而长，外瓣圆整、捧厚、捧心分窠。"那知一醉瘗仙后，便是寿阳点额花。"寓意善于包容，有容乃大，方和谐融合。
彩心建兰		积分1200分。建兰名品，花容端庄，英姿飒爽，多彩不艳，巧装不俗，足令满盆生辉。彩心建兰如血气方刚、风华正茂的年轻人。寓意小组青春活力、朝气蓬勃。
达摩兰		积分1500分。墨兰名品，被誉为"国宝级不倒翁"，兰株短圆矮实，兰叶宽厚肥壮，风吹不移，浇水不动，命名微妙贴切。在中国古代，诗、书、茶、禅总与兰有着不解之缘，又有少林达摩祖师的传说，达摩兰更是增添了不少禅意，有如佛经，让人总有感悟不完的迷韵。寓意组员和而不同，每个人都有自己的声音，但又能理解、认同、尊重、欣赏他人。

第四章 推进卓越班级日常管理的6个策略

续表

兰花名	图例	内涵
红寒兰		积分1800分。寒兰名品，株形秀逸挺拔，柔中有刚。叶片和花线条优美，花香淡雅素净。寒兰十余叶片，挺拔与弯垂相间，疏密有致，碧润有力。寓意做事只有坚持挺拔、劲道不减、刚柔相济，方能风雨之后见彩虹。
碧龙玉素		积分2200分。莲瓣兰名品，花玉绿白色，花稍带荷型，花香清远，花姿优美飘逸，青青素雅，给人一份宁静。寓意抵住诱惑，耐住寂寞，守住宁静，淡泊方能明志，宁静方能致远。

后来，孩子们还在小组晋级的基础上，每组确定了自己的进取方向，选择不同的兰花作为自己小组的精神标志。比如说，"素弦组"的组花是蕙兰，主修包容博爱；"惊梦组"的组花是春兰素荷，主修真诚谦和；"仓颉组"的组花是莲瓣兰，主修诗书气质；"璟涵组"的组花是碧龙玉素，主修宁静致远；"尚翊组"的组花是墨兰，主修豁达乐观；"清晓组"的组花是寒兰，主修坚持不懈；"子衿组"的组花是春兰，主修低调上进；"绣心琴影组"的组花是建兰，主修百折不挠；"咏絮组"的组花是春剑素荷，主修热情专注……

这些既好玩又有品位的升级机制，给学生带来了巨大的新鲜感，激发了他们极大的学习及管理热忱。班上的纪律、卫生、学习、个人素养等各项综合评比均排在学校前列。而且，最有意思的是，我们不仅在和别人的班级比，我们班内的各组也铆足了劲，你争我赶，班级管理蒸蒸日上。

打造高中卓越班级的42个策略

策略24：从组织建设上解决学习问题

我在班上设立学科班长，让他享有班长在班级里的影响力。有多少门课程，班上就有多少位学科班长。这就从组织建设上，解决了过去班干部只重管理、不重学习的问题。

我们班没有课代表，只有学科班长；而且每个学科班长，下面都对应有学科小组长。

为什么要这样做？这是基于我的一个基本认识：学习是学生的第一要务，要提高一个班级的学习成效，就要从建制上、从规格上、从组织建设上，提高学习职位在班级管理中的地位，让学科负责人在班级中享有相应的话语权。

所以，我在班上设立学科班长，让他们享有班长在班级里的影响力。有多少门课程，班上就有多少位学科班长。

一、学科班长为学科把脉掌舵

每周一，中午休息的半个小时，我们班都要召集学科班长开会，会议的议题是汇总班级各学科的学习情况，分析存在的问题，及时调整该学科全班同学的学习状态，谋求最佳的学习效果。这是学科班长的常规会议，一般每周一开一次。

还有学科班长的重大事件会商制度。一般是在开学初，或是期中考试后，学科班长们就班级学习中存在的主要问题进行集中协商和研究。这是学科班长的最高会议，一般来说，在这个会议上做出的一些重大决策，会影响到我们班一个月或者一个学期的学习政策、方针和计划的实施。

第四章 推进卓越班级日常管理的6个策略

这不,高二学业水平测试完以后,同学们进入了准高三。站在高三的门口,针对如何解决部分学生的思想散漫问题,如何由松懈的学业水平测试进入竞争性非常强的高考应考学习,学科班长们开始了激烈的讨论。

学科班长们可是有备而来。首先是民意调查,各个小组积极献计献策,学科小组长将本组的意见反馈给学科班长汇总;其次,学科班长联系科任教师,听取老师的建议,弄清老师一学期的复习进度,以便有效地督促同学们按进度进行;最后提交预案,学科班长会议讨论。

会议由学习部部长主持,各学科班长提交预案,大家商量协调时间,讨论方案的可行性。

语文学科班长姚姚工作特别认真,我一忙碌,她几乎就揽过了我的日常辅导工作。这是她提交的语文学科复习预案:

语文学科复习预案

1. 弹性任务:每个学习单元"三人行"每周自行完成1～2张语文试卷,并交换试卷批改,共同讨论。

2. 每周安排时间进行课文默写,每月进行一次名句总默写测试。

3. 报纸、作文等资料发到各组,组内制订计划进行阅读,并写读后感;读后感可长可短,主要写结构特点、表达手法、帮助意义等。

4. 每月安排时间,由同学进行课本知识点梳理,各小组进行知识梳理并互相补充。

5. 每天2道口语交际题,督促同学们用语规范化、标准化。

6. 早读使用高考复习资料,纠正字音字形。

7. 每天练字,全班性的练字行为同学们感觉难坚持。

8. 每周用一节自习课继续背《语文基础知识手册》,本期主要完成文学常识、写作、修辞部分,完善基础知识。

姚姚写了满满一页纸,同学们佩服她的认真,但也有疑虑:文科生的突破点主要在数学上，学科之间的时间怎么协调？方案中的哪些内容具有可行性、哪些是做不到的？大家决定逐条讨论，并予以表决，因为既要确保每个学科班长在班级里的执行力，又要确保不能占用太多时间。

"'三人行'自行完成，如果没有适当的督促措施，就很难坚持。而且C类同学、专业生他们是没能力或者没精力完成的。"历史学科班长说。

"是呀，还是要督促的！"同学们纷纷附和。

"怎么督促？"

"我想，是不是用主动申报的形式落实督促和坚持？因为高三的学习主要强调自主，我不赞成到高三了，还需要我们每个学科班长和小组长去督促落实每个同学的学习情况。学习是我们自己的事情，高考反正要看效果的，谁复习不好，最终受害者是他自己。因此，我建议，高三的督促检查，主要用主动申报的形式去落实。谁主动申报，我们就坚持督促谁的'三人行'小组。"英语学科班长提议。

大家觉得这个办法可行："我们就检查申报同学的练习，每周做多少也由他们在复习计划里列好，我们按他们自己定的量进行检查。"

于是增加了一条"9.督促检查"，内容定义为"主动申报目标任务，学科班长和小组长主要督促主动申报项目的落实"。

对于姚姚提出的第3—5条，同学们又提出建议：

"采蜜本，摘抄我们可以继续用阅读课做，第3条可行。"

"课前活动我还是喜欢诗歌专题，高一'四季如歌'、上学期'专题诗歌'，我都很喜欢，我们也该让高三有一点诗意吧。"

"对对对，天天做题，我们会做晕了去，诗歌可以陶冶性情。"

"那以前《论语》《道德经》讲坛讲什么呢？"

"可不可以注重素材积累？或者是经典美文欣赏，或者是作文赏析？"向倩一提议，大家觉得可行，于是课前5分钟活动确定了下来。

"作文我们最头疼，怎么提升？"

"要加大作文修改力度。以前是同学批改打分、同学修改，我觉得作文要自己修改，这样才有进步。"姚姚的这一想法马上得到同学们的赞同，大家决定两周一次作文，一周写作，一周讲评后修改上交。

这样就完成了语文学科复习预案。用相同的方法，大家又通过了其他5门学科的复习预案。每个预案都必须考虑它的可行性，同时又要确保有时间实施，确保落到实处。

商量完6门学科的预案，大家又探讨了班上存在的一些学习问题，比如抄作业问题。最后，大家形成决议：

（1）为方便同学之间质疑答疑，激活学习激情，我们班特建立"兰泽"情报处。情报处重点做好两项工作：①用张贴便利贴的形式，把同学们在学习中遇到的疑难问题公布出来，每日由学科班长派出学科高效学习小组长进行答题，也提倡有独到体会的同学自愿答题。②各学科高效学习团队整理出本学科经典题型张贴在情报栏里，同学以跟帖的形式将答案写在后面。为提高效率，激发大家的积极性，学科班长会议特制定积分加分机制——提出问题者每次加2分，解决问题者，每次3分。而且，每个问题提出的当天解答加分，过期作废。

（2）认真落实作业检查情况，严禁抄袭作业。学科班长排表，每天每组抽查作业1~2本，拖欠作业与未完成作业者由学科班长统计下来交至学习部部长处处理，情节特别恶劣者，上交班主任处理。每天的作业及时完成，杜绝抄袭。一旦发现抄袭作业，该学期的作业每次均派人监督完成。

学科班长会议是我们班学科学习的最高会议，他们出台的决议，各部门、各小组和每个学生，都必须不折不扣地落实下去。日常管理在左，业务学习在右，我通过设立学科班长职务，解决了学生学习的"业务"问题。

二、高效智囊团解决学科学习问题

学科班长是我们班专门抓学习的业务长官，但是学习仅仅靠学习班长还不够，还得围绕学科班长建立一个"学科高效智囊团"——由他们组团，调研同学们学习中存在的问题，提出解决方案，攻坚该学科学习的疑难杂症。

进入高效智囊团的人可不是一般人物，必须是该学科成绩的前五名。而且，孩子们还明确规定：学科智囊团成员必须在该学科学习中有自己独到的学习方法或心得体会，每个学期能够针对班级学习问题做一次公开讲座。这就非常具有挑战性了。

这里我以数学讲师团为例介绍一下我们班学科高效智囊团的工作。

大家都知道，文科生最怕数学。开学初，我在班上做过调查，85%的同学是因为数学学不好，觉得文科的数学容易一些，而迫不得已选择文科。这话语中有不少无奈。

恰恰我们班的数学老师又是另一个文科班的班主任，他没有足够的精力来对孩子们进行进一步的辅导。那孩子们遇到疑难怎么办？数学学科班长和我商议："我们自己成立一个数学讲师团吧，由九个数学小组长组成。"可是，召集学科小组长开会的时候，好几个小组长说："我们自己的数学不好，讲题心里没底……"

该怎么办？难道就此放弃？不，"我们可以面向全班公开招募讲师团成员"。

学习部部长写出了招募通告：

兰泽招募讲师团 ing

兰泽招募数学讲师了！

你有足够的为同学解答数学困惑的热情吗？你想稳步提高你的数学成绩吗？你想让自己的思维更活跃吗？你想锻炼你的说话能力吗？只要你敢于挑战以上四项，你就是我们心目中的讲师！还等什么？赶快行动吧！热烈期待你的报名！

报名热线：学习部数学班长舒雨处。报名密码：我爱数学。

在热火朝天的讲师招募活动中，班级迅速集结了班级最优秀、最活跃的七人讲师团队伍。他们每周安排两位讲师帮助同学答疑和讲解经典题型。

为了给同学讲好题目，讲师们要先备课，请教数学老师这道题讲解的重点和疑难之处在哪里，然后在讲师团试讲，看看怎样讲同学们更容易理解和接受。讲

第四章 推进卓越班级日常管理的6个策略

不透的地方,讲师们各抒己见,提出自己的解法和讲法,这对讲师团成员就是一次很好的促进和提高啊。

这次恰好是才貌双全的杨梦欢和朱佩文来为大家答疑和讲题。

杨梦欢和朱佩文两位小老师像模像样。学生们并不因为是同学讲题而有丝毫松懈,纷纷起立展示自己的解题思路,边听边讲述着和小老师互动。听不明白的地方,同学质疑,小老师会耐心地再讲述一遍,于是孩子们发出一阵"哦,原来是这样啊,明白了"的感叹。台上扬扬自得,台下会心一笑,一道道难题就这样迎刃而解了。

我坐在教室里,窗外寒风凛冽,而室内却是温暖如春。

三、学科小组长为学习助力

学科小组长是学科班长的直接下属,他们的职责就是落实学科班长的工作计划,帮助和督促每一个同学完成自己的学习任务。这是我们班学习工作的第三个环节。

有些老师可能有疑问:学科班长是你们班该学科的顶尖人物,也许帮助别的同学还做得到,这学科小组长,芝麻大的官儿,能管用吗?

官不在大小,尽职就行。其实,我们班学科小组长的作用还真不小呢!虽然学科小组长在该学科的成绩比组内的一些尖子生要差,可是,从计划落实的角度,他可以督促组内的尖子生更好地利用好时间啊!换句话说,在成绩比他差的同学跟前,他是先生;在成绩比他好的同学跟前,他是跟班,是服务生——总有一件事情,能够体现他的价值。

比如我们班的小雅,她是年级数一数二的尖子生。刚进入高三时,她曾经有过作业完不成的苦恼。原因是什么?她太认真,每门功课都想早点完成,尤其是对数学,遇到难题更是有着"咬定青山不放松"的精神,一个题目不解决,她决不放弃。这在学习上是一个好品质,但是,任何一种优秀品质,过头就不好了。

打造高中卓越班级的42个策略

小雅"咬定青山不放松"啊,一个小时过去了,题目没做出来,两个小时过去了,题目还是没有做出来,其他作业如地理、历史等也没时间做了。

这问题该怎么处理?学科小组长出面了。她督促小雅准备一个计划本,每天必须写个计划。

"计划还要每天写啊?"小雅感到疑惑了。

"对,计划赶不上变化。我们一定要结合自己的实际情况调整计划。"

小雅听了之后,乖乖地准备了一个小计划本。然后,学科小组长就成了小雅的贴身学习秘书,每天对照小雅的计划本,督促计划的落实情况。小雅某一个学科的学习超时了,学科小组长就及时叫停。这样合作一段时间之后,小雅非常开心地对学科小组长说:"没想到就是你小子帮助我摆脱了学习的烦恼,谢谢你!"最后,小雅以优异的成绩考进了北京大学。

这只是我们班学科小组长工作的一个缩影。更多的学科小组长,帮扶一些普通同学,他们在普通同学的日常学习中默默奉献着,为我们班级的成长留下了很多感动。

第四章　推进卓越班级日常管理的6个策略

策略 25：导师制把科任教师请进来

先找那些年轻的、有教育理想和激情的科任教师帮忙，这些教师一般不会拒绝。然后在条件成熟的时候，一步一步地全面推开导师制……

把科任教师请进来可不是一件很容易的事情。

第一，一般科任教师都身兼几个班的课，时间有限，再和班主任一样做学生的导师，精力不济。

第二，即使有些科任教师有精力，要是认识提不上来，也不会配合开展工作。有些科任教师，除了上课，什么都不管。甚至还有些"极品"科任教师，自己课堂上的问题都撂给班主任："您看看，你们班的课堂纪律这么差，我上课都上不下去了！"遇到这样的科任教师，导师制还能够推行下去吗？

我相信，很多班主任在构建导师制的时候，都曾这样犹豫过。不过，我可以负责任地告诉大家——现实没有我们想象的那么可怕。只要您的方法对头，科任教师是很乐意帮助您的。

我就用先部分教师试点、再全面推进、最后形成惯例的办法，取得了科任教师的大力支持。

一、鼓动部分教师试水

导师制就是给学生安排一个老师，从学习、生活、思想教育等各方面综合做导师，对学生进行全面引导的德育形式。刚开始有这个想法的时候，我就动了脑筋：找谁试点？找谁商量？我把眼光放在搭班教师中最年轻的两位老师——数学易老师和英语李老师身上。年轻人富有理想，精力充沛，还有教育激情，应该能够理解我的想法。

果然，当我把想法告诉他们俩的时候，他们俩异口同声地答应："行，你把需要导师帮扶的孩子摸个底！"

好嘞！我马上答应，迅速拉了一个名单，第一批关注对象定十位学生。

然后我又和这十位学生交流。我对他们说："从现在开始，我们要对你们十名同学进行重点培养，像大学教授带研究生一样地带你们。你们的导师就是我们的易老师和李老师。今后，你们在学习、生活、工作和思想上有什么需要，他们都可以在第一时间给你们提供帮助！"

"哇，有这等好事情！"学生们十分高兴，马上自觉分成两组，根据自己的需求，自行选择了导师——这样，180班部分学生和科任教师结对的导师制度，开始了第一次试水。

两位科任教师很尽责，他们在上完自己的课之后，每周抽出时间，定期和孩子谈话，及时解决孩子们提出的各种问题。孩子们有了导师的帮助，学习和精神状态也发生了显著改变。

一个叫小理的孩子，在周记中写下了对导师的真挚谢意。

我的导师，我的朋友

记得第一次和她真正对话是在一次晚自习上。因为刚进入高中，我对晚自习不太熟悉。我戴着深蓝色的帽子，趴在桌子上写作业。一双手轻轻地在我座位上拍了拍，示意我跟她出去。原来是检查老师说我与前面的同学讲话，被记名字。可我很委屈，因为我一直在写作业，根本没讲话。不知怎的，眼泪一下子滑了下来。她温柔地帮我擦掉眼泪，安慰我说："不要哭，也许是我看错了，把眼泪擦干，进教室再哭就好丑的了。"说完她轻轻地摸了摸我的脸。

我突然感到一种特别的亲切。

因为她，我第一次知道学生与老师能坐着交流，而且是那么自然、无拘无束。以前，我最怕进办公室，因为每次进去，准没好事儿。那一次我把自己心中

第四章 推进卓越班级日常管理的6个策略

的想法写进周记,小心翼翼地用文字表达自己的情感,生怕触了老师的霉头。可她却并不生气,晚自习时把我叫到办公室,耐心地与我交流,就像一个了解我的朋友一样。慢慢地,我从紧张转为自然,把心中的想法讲给她听。她说她可以看出我对文学的热爱,希望我在文学上发芽、开花、结果。

演讲比赛后,她又把我叫进办公室。和上一次不同的是,我没有了紧张感。她纠正着我的读音,教我一些演讲技巧。我直视着她的眼睛——这是我第一次敢跟老师对视。但我是那么自然,因为那双眼睛满是关切,没有一丝严苛。她真像个朋友,甚至比朋友还了解我。

她也跟我们一样,喜欢看小说,甚至一个月看了25本小说。但她每看一本书都会写随笔,那诗一般的优美文字,触动着我的心灵,让我不自觉地向她看齐。她的课,生动有趣,会一点一点地激发我们的兴趣。她也会像朋友一样跟我们一起笑、一起闹。每一次看书看累了,抬起头,看到她的眼睛,嘴角不由得扬起微笑,心里感觉轻松不少。

我的文章,没有华丽的辞藻,没有深刻的意蕴;我没有优美的文笔,不能给文字加工珍珠般的光彩。但我会将我的文字附上我最真的情感,展现给您——我的导师!不,我的朋友!

小理这孩子,原来非常内向,有才华,但是不敢表现。导师帮扶一个学期之后,居然在我们学校的演讲比赛上连续夺冠。

期末时,我私下里做了一个对比,发现有导师帮扶的孩子,成绩进步普遍比没有导师帮扶的孩子大。好多学生在导师的引导下,由原来的默默无闻,成长为班级活动的明星。

给一点阳光,他们就灿烂。给一分水分,他们就滋润。我明显感受着这些孩子在导师帮扶下的进步。

打造高中卓越班级的42个策略

二、全面铺开导师制

有了一个学期的成功尝试，高三时，我借口加强高考辅导力量，名正言顺地"忽悠"其他几个科任老师也做起了导师，在全班全面铺开导师制。

导师人数多，力量也就雄厚了，孩子们有了更广阔的选择余地。几经讨论之后，我们确定以学习小组为单位，自由选择自己需要的导师。

"万一有几个组都选择同一个导师怎么办？"有学生提出疑问。

"我们再统一调配啊！"就这样，导师和学习小组一一落实到位。然后导师和学生见面，还一起拍下照片留念。

刚开始，导师工作是随性的，谁想起来了，就去和孩子们聊聊天，忙了，就缓一段时间。后来，有科任教师提出来："太自由了也不行，我们是不是对自己也有一个约束？"于是，导师们自己又出台了一些约定：

导师职责

1. 多与学生沟通。每周举办一次师生见面会，活动的主要内容为：检查（出勤、作业、仪表等）、传达（有关通知、安排、要求等）、了解（与学生有关的各种表现情况）、答疑（解答学生有关学校生活的一般性、共同性问题）、讨论（组织学生讨论与学习生活有关的事情等）。也可根据时间、场地条件，进行有针对性的教育活动。与每位学生谈话每学期不少于5次。

2. 指导学生做好成长档案的建设。每周至少批改一次学生成长日记，并留下激励性的评语。

3. 与学生家长交流。正常情况下，每学期至少与每位家长约见或电话交流一次，介绍学生的在校表现，了解学生的家庭教育状况并征求学生家长的意见；有关情况应及时向科任教师通报。

4. 给学生写评语。每学期末放假起始日前，根据学生一学期的客观行为表现，给所指导的每位学生写一份在校表现综合评语。评语必须力求明确地表述学生的特点与个性，指出学生成长中应注意的问题及发展方向。

5. 推荐或指导学生的课外阅读、交友。指导学生有针对性地选择选修课程和参加社团活动。

你看，这哪里是科任教师做的事情？分明是导师们把我班主任的工作全抢走了。

每次导师们走进教室的时候，都会跟我开玩笑："覃总，给我做好考勤登记哦！"我喜欢小浪漫，同事就把我的姓氏"覃"谐音成"情"，"覃总"就成了不标准普通话里的"情种"。我笑眯眯地回答："好嘞！"有时候我也非常"政治"地讲一句官方话语："孩子们会感谢您的哦！"导师们哈哈大笑。

三、将导师工作常态化

试行一段时间后，我们逐渐将导师制常态化。考前，导师会和小组交流如何复习、如何调整心态；考后，导师们会马上找学生谈话，考得好，一起总结经验，鼓励再接再厉，考得糟，分析原因，防止下次再跌倒。

一些日常管理中出现的小插曲，在导师的帮助下悄无声息地处理了。比如说，龙老师发现盈盈带来 iPad，利用自习课玩，我们就一起劝说，让她带回去。张老师发现晶晶上课打瞌睡，问其原因，原来是晶晶想快速提高成绩，总是晚上加班到凌晨 2 点，于是在课堂上精力不济。张老师马上帮助她制订学习计划，调整生物钟……

在导师们的指导下，小组建设也得到了长足发展。丁老师给"素弦组"支招，告诉他们如何积极发言、认真做作业，才能摆脱小组评价倒数第一；肖老师建议专业生多的小组如何做到专业、文化两不误……

学生们对导师的热心、细心、体贴和关怀深有感触，我们一起来读读已经毕业就读中央美术学院的小英子的心语吧。

铁一中的老师是我见过的最负责、最认真的老师。《学生成长日记》，我的导师李老师每个星期都细心批改，成长日记让我和李老师成为无话不谈的朋友。

当我在学习上遇到疑难时，老师每晚在灯光下为我解惑的忙碌身影成了我最深的记忆；当我遇到挫折而垂头丧气时，总会有老师坐在我身旁开导我，给我安慰和鼓励；当我稍有懈怠时，一仰起头，总能看到老师那带着微笑的脸庞；当我失落迷茫时，总会有一双爱抚的手轻拍着我给我力量……不管我有多少青春的茫然和失落，我明白，依旧能够支撑我含笑坚持下去的动力，就是在教室与办公室里那天使般的脸庞和那永远信任我的目光！

走过青葱岁月，因为导师的呵护、关心，我的双翼逐渐丰满，我张开双翼飞翔，这才能有我今日拥抱梦想的喜悦。感谢导师李老师，感谢班主任覃老师，感谢所有帮助过我的导师们！

读着小英子发来的感恩邮件，透过窗，我仿佛看见李老师在灯下与孩子们击掌激励他们，我仿佛看见张老师正在和孩子们研究高考题型，我仿佛看见孩子们不再因我的精力有限而感伤自己不被覃老师眷顾，我仿佛看见孩子们每一张青春的笑脸正在阳光下明媚绽放……

我要由衷地对我们班的科任教师说一声：感谢你们，我的导师团队！感谢你们，我的导师朋友们！

第五章 打造卓越班级文化的6个策略

> 文化是传递价值、传播思想、滋润心灵、影响生活观念的一种核心力量……对班主任来说，营造什么样的班级文化，就会带来什么样的教育效果。对学生来说，享受什么样的文化熏陶，就会结出什么样的教育果实。
>
> 班级文化建设中，重要的不仅仅是丰富多彩的文化内容，也不仅仅是形式多样的活动载体，更重要的是它的历史使命、精神追求和核心道德价值观。这才是我们班级文化建设的灵魂。我们要用这些来塑造孩子们高贵的心灵。
>
> 教师教不好学生的一门课，影响的可能只是学生某一个方面的技能；教不会学生做人，就有可能毁掉学生的一生。因此，我们要把人性中最美丽、最善良、最珍贵、最有价值的部分，通过我们的班级文化建设，通过我们的班级活动，润物细无声地渗入学生的心田。

打造高中卓越班级的 42 个策略

策略 26：塑造一个高贵的灵魂

"美丽的思想，引领着我们不断上升。"一个班级要塑造一个个高贵的灵魂，就要给学生输入一种健康、积极而又能够让他们接受的思想，用思想的力量指引他们的人格健康发展的方向。

北京师范大学房地产研究中心教授董藩在微博里对他的研究生放出"豪言"：40 岁之前赚不到四千万，就不要来见他。董藩的此言论一出，马上有网友评论说：你的学生不是做房地产的吗，怎样叫"四千万"呢？就是千万要暴利、千万要心黑、千万要行贿、千万要强拆！只有这么四个"千万"，才能弄到你所谓的"四千万"。

网民太有才了，一下就把房地产行业的某些黑心的内幕揭露得淋漓尽致。确实，现在金钱至上、成功主义已经成了很多人的价值观。但是，一个社会若仅仅有物质的欲望而没有精神的追求，那么这个社会的前景是不乐观的。换句话说，没有精神追求的物质繁荣，也经不起时间的检验。

我不希望我的学生充满铜臭味，我不希望我的学生眼里只有"利"字，我希望我的学生不仅是物质的贵族，更是精神的贵族。我要用文化的手段给孩子们塑造高贵的灵魂。

一、"利己与利人"大讨论，触摸真实人性

德育不是空洞的说教，而是发自内心的思想、道德、情感和价值观念的认同。如果我们不能让孩子们正确认识"利"的内涵，精神上的高贵就是一句空话。

为了让孩子们看透"人生"和"利"的关系，我们在班上进行了一次"利己与利人"的大探讨。

我从"损人利己"这个词开始探讨。"孩子们，你们认为损人利己的人是什么人？我们对这一类人要采取什么态度呢？"

这一问，孩子们像炸了锅，大多认为"损人利己"是贬义词，肯定不好。我微笑着，继续倾听孩子们的见解。

"我们不是圣人，不必拔高自己，我们就从现实生活来看看吧！"我提醒道。

"我想，这世界上有不少损人利己的人，他们最多也就是鲁迅笔下的庸人，损人利己也该算是生活中的普遍现象吧。"终于听到了不同的声音。当唐涛抛出这一见解之后，孩子们开始是不假思索地反对，认为唐涛标新立异、出风头。

我知道，我们过去的教育，给孩子们灌输了太多的"克己""利人"的观念，因此，只要存在相反的念头，"损人利己"，孩子们就不加思考地反对。但是，这并不是孩子们内心真实的话。或者说，是他们没有真正地在内心追问过自己之后得出的话。片刻沉思之后，他们又不得不承认唐涛说得有道理。

我继续追问："有没有'损人不利己'的现象呢？"

孩子们狂笑，脱口而出："哪有这样的哈宝呀！""哈宝"是我们本地话，就是蠢人、愚笨之人的意思。

"你还别说，生活中还真有这样的哈宝。你们试着找找这种哈宝现象。"

学生们思考了一会儿，纷纷发言。

"上课讲话，影响自己也影响别人学习。"

"我听我妈说过这样一件事情，一个人在大街上乱扔香蕉皮，结果导致走在他后面的一位老太太摔倒骨折住院，扔香蕉皮的那个人要赔偿医药费，害人害己。"这例子甚好。讲究公共道德，就从我们每一个人做起。

"老师，舞弊算不算？上次考试，我要旁边的同学给我传历史答案，结果我被抓，杨凌也被抓，我们都被记过。我这行为害了自己，也害了同学。"敢于解剖自己，勇气可嘉。大家报以热烈的掌声，为汤月的自我反省喝彩。

我追问道:"那对这样的行为,我们该采取什么态度?"

"当然是讨厌,我们鄙视损人不利己的行为。"

"好,损人利己我们不屑,损人不利己我们鄙视,那么扪心自问,损己利人,在座的各位,你们能做到吗?能做到的请举手。"

"好难啊!我是做不到的。"

"我有时候做到了,我觉得自己在那一刻挺伟大的,挺自豪。"

刘斌的话引起了我的注意,我立即追问:"为什么你会感觉到伟大、自豪?"

"因为我觉得那一刻自己为社会带来了好的元素,输入了一种健康的力量。虽然我不是一个道德高尚的人,但是我偶尔存在着这样一点点品质,我觉得很自豪!"

"孩子们,为刘斌喝彩!"我当即带领学生们为刘斌鼓掌,"我们做不到一辈子总是损己利人,但是我们可以偶尔地体验一下自豪感。让我们为自己的这种社会良知喝彩。"

鼓掌之后,我继续问:"那为什么我们不经常损己利人呢?"

"我们的条件不够,毕竟我们自己也要生活。"

"经常那么做,别人会说我们傻。"

"经常损己利人,就不是一个平常的人,那是圣人,最起码也是一个品德高尚的人。"

我发现孩子们的话越来越趋于理性。"我们现场投票,你认为损己利人难以做到的请举手。"大家哗啦啦地全举了手。

虽然手举起来了,但是我从孩子们眼里还是看到了很多复杂的神情。有的迷茫——难道我们就是一群平凡的人?有的沮丧——大家都不做德行高尚的人,那社会会不会更加混乱?有的沾沾自喜,为自己的自私和不愿为他人付出,找到了依据和同伴。

探讨到这里,确实令我们沮丧。德者做不到,我们就只能做平常人?我们就这样碌碌无为?

第五章　打造卓越班级文化的6个策略

于是我继续追问："我们就这样甘心堕落了？我们就甘心做个庸人和常人吗？"孩子们下意识地摇着头。

"其实《高效能人士的七个习惯》一书已经给了我们答案，"杨梦欢喜形于色，"最好的状态就是利人利己，合作达到双赢。"

"是的，"我肯定了杨梦欢的见解，"这就是我们要追求的境界，也是我们作为一个普通公民应有的道德良知。我们可以没有高贵的地位，但是绝对不能没有高贵的心灵。"

经过讨论，孩子们形成了下面一些基本共识：

利人又利己——智者——聪明

损己以利人——德者——尊敬

不损人利己——常人——称道

损人以利己——庸人——理解

损人不利己——愚人——鄙弃

在以后的日子里，要是谁做了一件利人又利己的事情，全班同学就封他为"高人"；要是谁动了一己私念，损人以利己，同学们不再是过去那样一致地鄙视和批评，而是更多了一份理解、宽容；谁要是做了一件对大家有好处，但是自己吃亏的事情，大家都对他致以崇高的敬意⋯⋯

我不去强求每一个孩子怎样做，也不要求每个孩子都做到最好，能够在平常的生活中保持一种健康的心态，在凡俗的人世里多一份对良知的追求，我觉得，这就能够引导孩子们不断向上了。

二、推荐道德发展课程，塑造完善人格

学生曾探讨过"我要过怎样的高中生活"，不少学生都提到了人格发展。顺应学生的需要，我向学生推荐了雷夫教室推行的"道德发展六阶段"。刚好教材

里有哲学大师冯友兰的《人生的境界》，孩子们学习后感到特别震撼。

他们都说："西早姐，雷夫老师的学生是小学生，小学生都能做到这样，何况我们高中生呢？我们也设定人格发展阶段吧！"

"好啊，怎么做？总不能照搬雷夫教室的吧。"

"那还用说，我们的人格发展自然要符合我们的文化背景、我们的国情和自己的班情。"

最后孩子们结合冯友兰的"人生三境界"和雷夫的"道德六阶段"，确定了我们班学生发展的"人格发展三境界六阶段"道德课程。

这三境界是"功利境界""道德境界""天地境界"，借用了冯友兰人生境界之词，但是内容已经被我们赋予了全新的意义。

这六阶段分别是"我不想受惩罚""我想得到奖励""我遵守捍卫规则""我奉行准则做自己的最好""让别人因我的存在而幸福""己欲立而立人，己欲达而达人"。

"我不想受惩罚""我想得到奖励"，这两阶段属于"功利境界"。

"我遵守捍卫规则""我奉行准则做自己的最好"，这两阶段属于"道德境界"。

"让别人因我的存在而幸福""己欲立而立人，己欲达而达人"，这两阶段属于"天地境界"。

"功利境界"关注的是"他与我"，换句话说，就是他律推动我前行。第一阶段"我不想受惩罚"，是消极地生活和学习；第二阶段"我想得到奖励"，已经将他律转化成为自己努力的正能量。

"道德境界"关注的是"我与我"，就是不断超越自我，让自己内心强大，这样才能充分地影响他人。

第三境界"天地境界"关注的是"我与他"，用我的行为、品质去感染影响他人（具体分解如图）。

第五章 打造卓越班级文化的6个策略

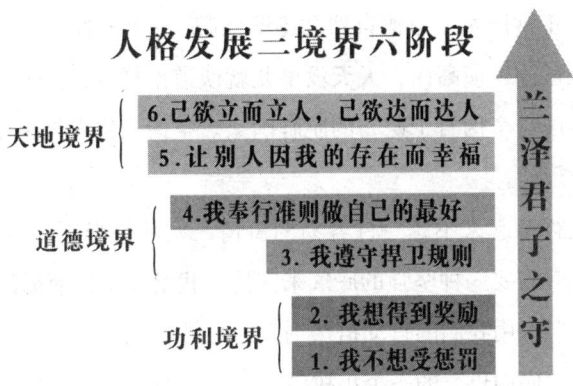

人格课程出台之后，我们利用周会、课后谈心等方式，将这种追求渗透到每一个学生心里去。孩子们纷纷晒出理解：

周静雯：管好自己，就是为他人减少麻烦；提升自我，才能让别人因我的存在而幸福。

姚金鹏：人格发展过程从两方面看，一是内心，内心从自我到爱众的过程；二是外界，人是社会的人，外界催动内心。

何倩雯：给予与得利是和谐统一的，付出得多，会得到更多。

张耀中：我们不能将自己看得太重，太重则狂妄自大、唯我独尊；也不能将自己看得太轻，太轻则妄自菲薄、畏畏缩缩。能否协调好自己与社会的关系，是人格是否完善的指标。

杨圣沛：只要你帮助足够多的人得到他们想要的，你必将得到你想要的一切。

……

批读孩子们的真实感悟，我分明看到人格发展已经在他们心里开出了一朵朵美丽的小花。

三、践行人格发展计划，用行动影响他人

胡适先生说：一个肮脏的国家，如果人人讲规则而不是谈道德，最终会变成

一个有人味儿的正常国家，道德自然会逐渐回归；一个干净的国家，如果人人都不讲规则却大谈道德，谈高尚，天天没事儿就谈道德规范，人人大公无私，最终这个国家会堕落成一个伪君子遍布的肮脏国家。空谈人格发展是毫无意义的，要人心，更要见于行动。

可是，真正行动起来不是一件容易的事情，尤其是当别人不那么做的时候，我们追求崇高，就需要一种坚强的底气来支持。我给孩子们灌输的信条是："我们不求别人怎样，但求用我们的行动捂热别人的心灵。"

这是发生在"瑾瑜班"的一个小故事。

跑操时间到了，但是没有听到学校广播，我们班的孩子们依旧排着整齐的队伍跑进田径场。一些班级站在走廊上观望，一些班级见我们班同学整齐地去了跑操地点，也急着跟了去。整个田径场上一片混乱，有三五成群、三三两两、稀稀拉拉的队伍，有扎成一堆有说有笑的，也有好奇地追问今天为什么没有广播的。

只有我们班的同学分列两队，静静地伫立在田径场的跑道上，等候学校出操广播指令。可是，等到离上课不到10分钟了，大家明白，今天可能是学校广播出问题了，集体出操无法实行了。该怎么办？是原地撤回，还是继续等待？或者是我们自行跑操？健身部长征求大家的意见时，有些孩子说："我们跑自己的操，为什么要等别人的指令呢？跑吧！"于是，我们班喊着整齐的口号，从一堆茫然无措的人群中穿行出来，犹如混乱的战场杀出了一股坚强的力量。

有些班级的学生觉得好奇："看啰，'瑾瑜214班'没有广播组织也跑操！"

"'瑾瑜班'就是不一样啊。"

"我们也赶紧跑操吧。"

一些班级也马上动了起来。陆陆续续地，一个班级又一个班级跟着我们跑了起来。渐渐地，田径场上，加入跑操的队列越来越多，不一会儿，田径场又恢复了往日跑操的井然有序。

当我们班舞着招展的班旗、喊着嘹亮的口号整齐地跑出田径场时，我发现每个孩子都特别自豪。因为，他们发现自己的坚持，也能够影响别人。

第二天，学校又是没有广播，我们班仍旧照常进行跑操。这一回，我们竟然带动了高二、高三的年级跟着我们跑进了田径场。

第三天，学校仍然没有广播，渐渐地，全校同学都井然有序地进行着跑操。

这样持续了一周，直到学校广播修好。校长在广播里公开表扬了我们班级。回想那一周，我至今感到振奋。"不管别人做不做，只要我们认为是对的，我们就要坚持去做。""人生的境界高低不在于所做事情的大小，而在于您做这件事情的觉解程度"。

孩子们用自己的行动感染和影响着他人。他们在感染和影响别人的过程中，感受着自己灵魂的高贵。

打造高中卓越班级的42个策略

策略27：关注细节的落实

细节决定成败。仅仅有伟大的思想而没有具体的实际行动是远远不够的。我们班为"君子之守"出台了一个非常详细的操作细则……

高二文理分科，"瑾瑜214班"番号终止，重新组合的班级的孩子们将班级命名为"兰泽208班"。时间前进，追求也要进步，"兰泽班"的学生们主动提出来："我们不能停留在'瑾瑜214班'的人格追求上，我们要进一步提升我们的班级精神追求，用班级文化浸润、塑造我们高贵的灵魂。"

一、提炼君子之守，诠释高贵人格

有生如此，我还有什么理由说不呢？于是，孩子们将人格发展课程"三境界六阶段"提炼成一句话——"奉行'兰泽班'的'君子之守'"。他们很自得地说，这才是我们"兰泽班"的人格发展。

他们将"君子之守"定义为道德、品质、气质、胸怀四个方面，分别为：

追求一种气清、色清、神清、韵清的道德操守；

固守一种花美、香美、叶美的做人品德；

锤炼一种耐霜雪之寒、坚韧不拔的气质；

静修一种容天地之广的胸怀。

在讨论什么是"守"的时候，我们班的大才女依雯同学形象地解读为："守"并不是一种懦弱，也不是一种退让，而是一种温柔的捍卫，一种圆润而不逆耳的音响，一种低调却仍向上的进取，一种"不以物喜，不以己悲"的成熟，一种"天下皆浊我独清"的骄傲；我们要在世人重利轻义、重利轻法、重利轻律的背景下，保持自己兰花一样的高贵人格！

大家情不自禁地热烈鼓掌。

二、出台修炼箴言，注重细节落实

孩子们更关注细节的落实。

监督部的乐乐一大早告诉我，昨天晚自习博闻和小宇被巡查老师记名字了，而且晚自习前10分钟不够安静，总有一些人做得不够。

"表现在哪些方面呢？"

"有的同学咳嗽、擤鼻涕的声音都很大，从不顾及别人。"

"中午开门关门，砰砰响，老是被吓一跳。"

"晚自习外出问问题登记时，也会有声音。"

"课间有些打闹喧哗。有些女生爱大声叫，耳朵都被她们叫得受不了了。"

……

孩子们的这些诉说，其实都是些细节，跟一个人的品质无关，但是跟一个人的修养、习惯有关。我在黑板上写了两个字"修身"，然后说道："我们不是不够优秀，而是这些细节拖累了我们，我们要做得更好，就必须加强修养——只有'修身'才能更好地自主。"

孩子们决定由立法部商量、起草一个修身方案。立法部领命而去，几天之后，出台了"兰泽班级气质如兰修炼箴言"，从气质形象、课堂内外、社交礼仪、公共场合等四个方面，对大家提出了36个很有针对性的细节修养要求。（具体见本节附录）。从此之后，班上一些细节问题得到了初步的解决。

2013年4月，我所教的孩子们代表怀化市铁路第一中学参加全国中学生美式辩论比赛。这在我校是一场非常艰难的选拔过程。在学校初赛、复赛中，我们班都表现得非常棒。但是在决赛的时候，由于会场气氛的问题，反方辩题误导了裁判评分，结果我们班输了。比赛结束后，有些孩子很失望："无论立论、驳论、总结陈词，我们班都是全校最好的，大家都看得见啊！为什么评判我们输？这不公平！"这时候，我们的队长阳阳站出来说："'兰泽气质如兰修炼箴言'第28条是如何说的？"

队员齐声回答："赢得任何比赛，或有任何好的表现，都不可以炫耀。如果输了，也不要显露出愤怒。"

"为什么这样做？给我一个理由！"

"赢要赢得霸气，输要输得大气；生气只能显示你的无能或者逊色。"

"那我们该怎么办？"

"我们祝贺冠军吧！我们输也输得起，赢也赢得起，相信冷静之后，听众和评委会给我们一个合理的解释的。"

当影响人们判断的喧嚣过去之后，理智逐渐回归，学校在确定赴京参会的代表队时，一致公认我们班的辩论队员是最优秀的。我对领导这个决定多少有点惊讶，领导们说："一个在遭遇不公正评价时仍能够坦然祝贺对方的辩论队是强大的！这一个细节，足以说明你们班有足够的实力，能够代表我们学校。"

于是，2013年4月，我带领孩子们代表学校，赴京参加全国中学生美式辩论赛，并在比赛中获得了相当不错的成绩。

三、每天对照检查，推行晨参暮省

班委会倡议我们每天必修一门功课——晨参暮省。什么叫晨参暮省呢？就是每天早晨起来，对照我们班的这36条修炼箴言，对自己进行励志教育：我能做得更好！然后每天下午或者晚上，孩子们用日记、周记、随笔、小便条等形式，对自己一天的修炼进行对照反省。

他们还互相批注，互相提意见，互相鼓励。做得好的，有"笑脸""太阳""大拇指"等奖励。还要继续加油的，有握紧的"拳头"，有"加油"，还有一双紧紧握着的"大手"……

翻看着孩子们的这些文字和他们涂鸦的作品，欣慰感不由自主地产生。我忍不住摘录了一些孩子的感悟：

当初给自己订目标时是那么豪情壮志，可越到后来，这种激情就越淡了，甚至没有了……关键原因是什么？知易行难。从今天开始，我只要有一点点畏难情绪，就要把这些箴言拿出来读一读，激励自己在成功的路途上迈出伟大的步伐。

——刘奕君

感谢这些箴言，它们是我成功的法宝，有了这些箴言，我就仿佛武林中人得到了绝世宝典、掌握了绝世武功的秘诀一样！这些箴言不仅能提升我们的气质，更能够帮助我们摆脱不良习惯、提高学习能力，还能帮助我们以后在工作、人际方面都为自己确立一个良好的形象。……我相信，做到了这些规范，不仅是局部的提高，更是人生的升华，我们将领略到更多的精彩。

——段波尔

既然已经掌握了成功的方法，就应该不辜负大家的一片苦心，和所有兰泽同学一起修炼，静心静气，将自己做到最好！加油！

——田原

作为一个女生，可以长得不漂亮，但一定要有气质。一个人的坐姿与站姿最能体现一个人的气质，所以一定要注意自己的习惯。还有一点非常严肃，我们组的人都非常之high，每次撒出去就收不回来，作为组长，一般情况下我还是会非常及时地制止这种情况，但有时我也会被他们感染，一起疯掉……所以我们组最该改进的就是下课喧闹这一点。

气质是一个人的门面，做个有气质的女生将成为我的短期目标，加油！

——朱佩文

对于第4条，我平时做得很不够，我应该时常保持微笑才行，爱笑的女孩永远不会受到伤害，笑起来的时候肯定会是最美的。……身体是革命的本钱，嗯，加油！你一定是一个气质女生的！

——蒋臻

孩子们针对这36条，"日参省乎己"，渐渐地，违纪现象少了，集合速度快了，说话分贝小了，早上一进教室笑脸多了……

渐渐地，全校师生中开始流行这么一种说法："只要凭借着眼睛，就能够明确区分谁是西早老师的学生，谁是别的班级的学生。因为他们的身上都流露出一种逼人的气质和特征。"

我深信，那一定是我们的人格发展课程在学生身上留下的痕迹。

附录：

兰泽气质如兰修炼箴言

腹有诗书气自华，气质来自个人涵养，来自举手投足，来自眉宇之间，来自一颦一笑。兰泽同学要注重个人细节修养，力争气质如兰，如兰静雅，如兰芳行远播，如兰无人亦自芳。

一、气质形象

1. 坐如钟，立如松，行如风，言辞得体，举止文明。（理由：坐姿、站立最能体现一个人的气质。）

2. 外表整洁大方，养成良好的生活小习惯，如，指甲、头发、耳朵要保持干净，勤剪指甲，勤洗头发和衣服，常梳头发。（理由：养成良好的生活习惯会对你的身体有益。）

3. 男生不吸烟或嚼槟榔，女生不涂脂抹粉、不戴首饰，心思不放在刻意打扮上，注重生命的化妆。（理由：腹有诗书气自华，通过阅读提升内涵，提升你的气质。）

4. 请时常保持微笑。（理由：微笑给自己信心和好心情，也带给别人快乐。）

二、课堂内外

5. 上课不做与学习无关的事，不藐视课堂，包括语言藐视、肢体藐视。（理由：课堂是大家的，不可有私人行为。）

6. 课堂上要思维活跃，回答问题积极主动，声音洪亮，语言简洁，不扭捏，不迟疑，不拖沓。（理由：教学需要反馈，如果不做回答，老师很难弄清学情，既无法帮助老师教学，也无法提高同学的学习能力。）

7. 使用规范作业本，作业书写工整，少涂改。（理由：作业工整是学习态度的体现，也是对老师的尊重。）

8. 进出教室行动迅速，不发出声响，以免影响同学。（理由：照顾、尊重别人是高素质的体现。）

9. 课间请保持教室的适度安静，音量不得超过15分贝；不可在走廊等公共场所追逐打闹。（理由一，吵闹是学习浮躁的表现，不要在同学面前暴露你的肤浅；理由二，注意人身安全，有了人身保障，一切都可以创造。）

10. 教室是大家学习的最佳场所，个人不要把它私有化——它不是某些人的餐厅，请不要在教室内吃零食、吃饭。（理由：零食大多营养价值低，吃多了易上火，影响食欲，导致抵抗力下降、上课注意力不集中。）

11. 课桌里的东西分类整理，及时整理桌面，桌面上书籍的高度不超过四本教材的厚度。（理由：学会分门别类地整理自己的东西会对今后的工作有很大的帮助。）

12. 个人物品请放到应该放的位置，保持座位下的地板干净整洁。（理由：为了有一个好的学习心情，请展示自己清洁卫生的风采。）

13. 放学后整理课桌桌面并将凳子放到桌子底下。（理由：养成自己的事情自己做的习惯。）

14. 对自己的身体负责，经常参加体育锻炼，选择健康的娱乐活动，绝对不沾染赌博等恶习。（理由：身体是学习和工作的本钱。）

15. 最后出教室，请养成随手关闭门窗和电源的习惯，用水、用电、吃饭不可贪多造成浪费。(理由：钱是你的，但是资源是大家的。)

三、社交礼仪

16. 老师、同学说话时要善于倾听，注意不要从中打断；与别人交谈时，须看着听话人的眼睛。(理由：学会倾听、尊重他人是现代社会必备的优秀素质。)

17. 当同学心情不好或遭受失败时，请你进行鼓励和安慰。(理由：给别人一张笑脸，你收获一份快乐；给别人一份宽慰，你收获一份感激。)

18. 如果班上有同学赢得比赛，或有什么出色的表现，请鼓掌恭喜他。鼓掌须持续至少三秒，手要拍出响亮的掌声。(理由：学会鼓励，才会对自己进行激励。)

19. 当长辈送你礼物时，请你双手接过，并鞠躬相谢。(理由：讲礼仪不论在何时都不落伍。)

20. 有求真务实的精神，考试绝不抄袭，不懂的问题就说"我不知道"；有较好的自制能力，冒犯他人时会说"对不起"；当别人要求我做一件事情，我会说"我尽力"；如果有人撞到你，即使不是你的错，也要说"对不起"。(理由：坦诚待人，既能融洽同学关系，也是化解矛盾的明智之举。)

21. 能够和异性坦然相处，心地单纯。(理由：男女生正常交往，允许暗恋，但不要表达，否则尴尬受伤的肯定是你。)

22. 不要随意借同学的东西，尤其是贵重物品，征得同学同意后才能翻找同学的东西。(理由：经常性地向别人借东西或不经同意拿别人的东西，会让人产生不愉快的心情。)

23. 一旦出现问题，请不要互相埋怨、指责或推诿。如对方有错或者失措，请友善地进行鼓励或者安慰。(理由：埋怨于事无补，只会增加双方的恶感，导致人际关系恶劣。)

24. 对自己的言行负责，不为自己开脱，也不会总是想着自己或是谈论自己；当自己做错了，必须主动认错并赔礼道歉。(理由：一个敢于认错的人才会敢于改错。)

第五章 打造卓越班级文化的6个策略

25. 请用广播说老师和同学的优点，不要私下议论同学和老师的是非。（理由：赞扬一个人会使人际关系和谐，私下议论做长舌妇，只会增加人际关系的紧张。）

26. 同学交往不可以用粗鲁肮脏的字眼，如"滚""笨蛋"等，不要用呲嘴、翻白眼等类似的动作表示轻蔑。（理由：文明的人应该使用文明语言、文明举止。）

27. 如果你想表现与同学的友好关系，想体现你的高素质、高品位，请给同学取一个有趣、有品位的绰号。（理由：这个绰号常常会伴随同学几年甚至一辈子，取一个好绰号，给同学一生的正能量。）

28. 赢得任何比赛，或有任何好的表现，都不可以炫耀。如果输了，也不要显露出愤怒。（理由：赢要赢得霸气，输要输得大气；生气只能显示你的无能或者逊色。）

29. 认识、记住学校的每一位教职员工，请微笑着与他们打招呼。（理由：尊敬、热爱、理解那些不给你上课但是为你服务的人，我们要学会感恩。）

30. 随时为别人做一些小小的贴心服务，带给别人一个小惊喜，至少一个月一次。（理由：你给了别人多少，别人也会给你多少。）

31. 如果你遇到别人找麻烦，请让班主任知道。（理由：照顾和保护学生是班主任的职责。）

四、公共场合

32. 按时起床出操、进教室，必须守时。（理由：守时是一种优秀的品质，养成守时的习惯将受益终生。）

33. 全校集会时，动作迅速，队列整齐，不要说话，不要东张西望，也不要试图吸引别班朋友的注意。（理由：凸显班级风貌，体现班级精神，汇聚班级凝聚力！）

34. 在学校餐厅就餐请自觉排队，如果有人在你前面插队，不要说什么或做什么。（理由：不良的习惯即便别人有，自己也要力争没有。）

35. 用餐时不可高声喧哗，餐毕必须收拾自己的食物残渣。（理由：自己的事情自己做，连自己吃剩的食物残渣都不愿意收拾的人，请问，他能做什么？）

36.就寝时不得乱串寝室以及吵闹。（理由：影响别人休息是最没公德的行为。）

气质如兰从细节开始，加强修炼，做最好的自己！

兰泽立法大会

第五章 打造卓越班级文化的6个策略

策略28：海量阅读浸润学生的心灵

要打造卓越班级，就需要一定量的阅读来托起学生的精神世界，这个"量"就是我所认为的"海量"；要大量地读，放开地读。

有人统计了一下，世界文化名人出得最多的是犹太人，马克思、爱因斯坦、弗洛伊德、毕加索、马尔库塞、费米、门德尔松、卓别林……这些赫赫有名的人都是犹太人。诺贝尔奖设立以来，32%的获奖者属于犹太民族，其所占比例是其他民族的100倍。在经济领域就更不用说了，世界上最会赚钱的人是犹太人。

是犹太人天生的智商比我们高吗？还是他们的能力天生就比我们强？有专家发现了其中的奥秘——犹太人爱读书，他们是世界上读书最多的一个民族，平均每年每人读75本书！

培根云："读史使人明智，读诗使人聪慧，演算使人精密，哲理使人深刻，伦理学使人有修养，逻辑修辞使人善辩。总之，'知识能塑造人的性格'。不仅如此，精神上的各种缺陷，都可以通过求知来改善。"要打造卓越班级，就需要用阅读来托起学生的精神世界，用阅读浸润学生的心灵。

如何阅读呢？

一、阅读变课程——有计划地指导海量阅读

我班上阅读的主要方式是阅读变课程——有计划地海量阅读。爱读书的孩子不会变坏，我们用海量阅读，提升学生的精神空间，提升他们的精神追求和人格修养。

但是也有问题：读什么书？怎么读？

20世纪70年代出生的中学生有琼瑶的爱情滋润，有金庸的《射雕英雄传》《神雕侠侣》《天龙八部》的武侠世界相随。

80年代出生的中学生欣赏周润发、周星驰、张卫健的幽默诙谐和玩世不恭；喜欢青春偶像，韩流风行，哈韩族随处可见；喜欢新概念作文、《萌芽》，一批青春写手如韩寒、郭敬明、安妮宝贝、张悦然应运而生，名噪一时。于是社会唏嘘："80后"是"垮掉的一代"。

那么90年代出生的中学生看什么呢？他们也在寻觅自己的精神食粮，充当"漫迷"（饶雪漫的书迷），沉醉于沧月的奇侠灵幻世界。而且星魔大战、黄金岛、玄幻世界、动漫也成了他们非常喜爱的休闲内容。

不同的年代、不同的学生绝对是需要不同的阅读世界的。"90后"喜欢看网络书籍、言情书籍、玄幻书籍，我们不能一棒子打死。怎么办？我们用课程开发的形式，把自由散漫、率性随机的阅读变成一种有明确计划的、有指导的、有知识体系的系统阅读。

但是，指导孩子的阅读还真不容易。现在的孩子更有个性，如果我们不能走进他们的心理世界，我们站在门外推荐的书，绝对就会被他们认为是老土、老掉牙。前段时间不是有网站评选最难读的书吗？四大名著均居"读不下去"图书榜，尤其是经典名著《红楼梦》，成了今天的孩子们不能够忍受的书！刷屏时代，需要快节奏文化，红楼梦里的一些需要玩味的诗词，成了让新一代读书人读不下去的障碍。

一个缺乏经典阅读的民族是浮躁的，我一直认为，我们的阅读课程就应该兼顾各个方面。既要有经典的阅读，也要有体现时代风貌的阅读，还要有丰富知识体系、开阔视野的阅读，这样的阅读，才能够慰藉心灵、让自己强大。

那我们该怎样做才能和孩子们找到阅读的这根心灵共振之弦呢？——跟孩子们抢书读，然后和他们分享读书经验，用教师的阅读引领他们的成长。

那段时间，我们班女生特别喜欢阅读饶雪漫的书，几乎个个都是"漫迷"。

第五章　打造卓越班级文化的6个策略

我看见了，也打着加强监督的幌子，从她们手中抢书来读。读了之后，我还和她们分享我的读书体会。我肯定饶雪漫的书对她们的吸引力，同时还非常陶醉地告诉她们，我做姑娘的时候、我做学生的时候最喜欢阅读的书籍。听我说得那么神往，不少孩子非常渴望地、撒着娇说："西早姐，把您读过的好书介绍给我们吧！"

于是，我顺理成章地给他们展示了我们班的阅读书目。这份书目经学习部审核，他们加上了自己喜欢的一些书，作为我们三年里师生共读的必读书目。

"瑾瑜班"师生共读书目（三年）

经典：《论语》《道德经》《苏东坡传》。

励志书：李开复《世界因你而不同》《做最好的自己》，李阳《我"疯狂"我成功》，史蒂芬·柯维《高效能人士的七个习惯》。

散文：余秋雨《山居笔记》《文化苦旅》，龙应台《目送》，林清玄散文集，毕淑敏散文集，刘墉散文集，柴静《看见》。

品诗：纳兰性德《纳兰词》《人生若只如初见》。

新新小说：罗琳《哈利·波特》，饶雪漫《沙漏》（随学生喜好更换）。

确定书目之后，我和孩子们一起读书，我们一起读《梦里花落知多少》，读完后，我们各自晒出读后感，写得好的课前诵读。和孩子们一起读书，我发现拉近了与孩子的距离，孩子们更信任我了，更愿意将我当作朋友、听从我的建议了。

二、闲角变书坊，有措施地保障阅读质量

书目确定了，图书从哪里来？有同学建议：西早老师，我们为什么不把教室闲置的角落利用起来，建立"瑾瑜书坊"呢？这想法好，于是孩子们马上动手，买来书柜，买来图书，贴出规章制度，"瑾瑜书坊"开始营业。

为确保读书质量，孩子们又出台了"瑾瑜书坊""三保"规定：

打造高中卓越班级的42个策略

瑾瑜书坊三保约定

保证有好书阅读。由学生提供好书，保证书源，根据借阅次数的多少及阅读的赞誉评选出"好书收藏之星"。

保证阅读时间。利用读报课每天阅读15分钟，利用每周2节阅读课，完成每年25本课外书的阅读量。

保证读书摘抄的落实。要求做阅读摘抄，每读完一本好书，上交一篇有质量的阅读心得。

高中有规定的阅读课。以前的阅读课，不少学生总是用来写作业、做其他的事情，屡禁不止。从我们班开始阅读课程之后，阅读课教室里总是静悄悄的，平日里活泼、充满朝气的孩子们个个都低着头在阅读，偶尔传来轻微地翻动书页的声音，即使我悄悄进入教室，他们也没有察觉。下课了，好多学生没舍得动，仍旧陶醉其中；放学了，我一看，班上还有十几个同学没去吃饭，我催他们赶紧去食堂，他们嘴上答应但就是没行动，我就一个一个地合上他们的书本，他们这才恋恋不舍地放下书离开座位。

有一次，我们班的巧儿看得起劲，忘记了吃饭。我来到巧儿身边，挡住她的光线，她头也不抬，还拨开我："讨厌，挡住我的光了，让开。"其他同学笑了起来，她才抬起头来，很不好意思地说："啊，是西早姐啊。"这些孩子阅读到了这样投入痴迷的地步。

更有趣的是，书坊还建立了一个热闹的快乐贴吧。同学的阅读点滴心得，都用便利贴晒在这贴吧里。这些阅读心得往往妙语连珠，如，晨晨阅读《青鸟》，写下"时间的流转，到处充满着人们没有发现的幸福，生活本身就是幸福，幸福一直都在你的身边"，让人心胸豁然一亮；欢欢在读《苏东坡传》时忍不住写下"一曲《念奴娇·赤壁怀古》响彻古今，他的豪迈柔情需要你用心聆听。屏住呼吸，感受1000多年前的壮志凌云"，让人感慨良久。

孩子们喜欢读书，也喜欢套用书中的模板来解读现实的生活。一次我外出做

第五章 打造卓越班级文化的6个策略

讲座回来，突然在瑾瑜班刊上看到"瑾瑜214七宗罪"，顿时吓我一大跳，怎么了？我才外出两天，班级就出大问题了，而且是七宗罪！到底出什么问题了？

我急不可耐地往下看，结果忍俊不禁。

瑾瑜214七宗罪

1．案发时间：2月27日

作案人："书坊"工作人员

案情摘要：图书角华丽变身"书坊"，侵占我们的精神世界。

2．案发时间：2月27日

作案人：值周班长姚金鹏，从犯为全体同学

案情摘要：每位同学无情"绑架理想"并决定永远不放弃。

3．案发时间：2月28日

作案人：全体同学

案情摘要：夜色深沉，孔明灯照亮一方天空，祝五位同学生日快乐！

4．案发时间：2月29日

作案人：北2309宿舍五位牌友

案情摘要："三国杀"酣战被抓，惨受"千字说明"酷刑。

5．案发时间：3月2日

作案人：214班英语角同学

案情摘要：热歌辣舞大放送，唯一男丁杨圣沛同学倾情演唱《枉凝眉》，催人断肠。

6．案发时间：3月2日

作案人：亲爱的班长大人，从犯为全体同学

案情摘要：激烈辩论，擦出思维火花；温情谈心，吐露内心的声音。

7．案发时间：3月3日

作案人：某讲座

案情摘要：老班西早老师"失踪"。

原来孩子们仿照《福尔摩斯探案全集》里的探案形式拟写了班级新闻,太有创意了!这样的构思,孩子们想出来真是难得!就这样,从阅读到应用,孩子们联系现实生活,不断提升着他们的阅读质量。

三、散兵变团队,"书友会"开阔阅读视野

好读书风气渐浓,但是孩子们还觉得不够。有孩子说:一个人读书太没有意思了,每有会意之处,说个笑话都没有人听。

能不能让这些精练的单兵变成一个强大的阅读团队呢?孩子们想出了一个好办法——喜欢京剧的人有个票友会,歌迷们有个歌友会,我们为什么不能组织一个书友会呢?每两周在阅读课上利用20分钟的时间举行一次名著推介会,大家分享一下自己的阅读体会,交流一下心得,不是一件很好的事情吗?

我是行动派。很快,我们班就组建了"书友会"。"书友会"定期以书会友,规格还非常高。他们要求各个小组非常认真地挑选名著、做好课件,还要和听众互动,接受质疑。

这不,今天又到了名著推介会的时间,是由"虹渊组"讲三毛的《撒哈拉的故事》。开篇选取的是一幅夕阳沙漠图,配有文字"那些年,撒哈拉的故事"。一句经典话语出现在幻灯片上:"生命不在于长短,而在于是否痛快地活过。"一首《橄榄树》歌曲在教室里婉转飞扬。

推介会正式开始。

摇曳在沙漠中的橄榄树——三毛

"还是称她为奇女子吧。'奇'的正面意思应是"特立独行",按《辞海》的解释,即志行高洁,不肯随波逐流之谓也。"(梁羽生)

"三毛是个纯真的人,在她的世界里,不能忍受虚假,就是这点求真的个性,使她踏踏实实地活着。也许她的生活、她的遭遇不够完美,但是我们确知:她没

有逃避她的命运,她勇敢地面对人生。"(三毛母亲缪进兰)

走进三毛的撒哈拉沙漠,我们会通过三毛与荷西在沙漠里的所见所闻,了解当地的风土人情,深切地体会到三毛的乐观、热情、快乐的心境。

《撒哈拉的故事》中,有《沙漠中的饭店》《进入婚姻殿堂记》《悬壶济世》《娃娃新娘》《荒山之夜》《沙漠观浴记》《爱的苦找》《芳邻》《素人渔夫》《死果》《天梯》以及《白手成家》这些篇章。

在《沙漠中的饭店》中,三毛与荷西之间的妙语让人忍俊不禁。尤其是最后,三毛用小黄瓜代替笋做的"笋片炒冬菇"令荷西的老板称赞,读完我也跟着乐了起来。

《悬壶济世》这一节主要是说三毛做大夫,给邻居看病的故事。一次又一次,三毛用她奇异独特的方法,或是用国内药书上的老法子,给当地人治好了病。尤其是有一次,三毛"改行"做牙医,用指甲油来补人的牙齿,并且确实补得那几个不肯去医院的人的牙齿都不痛了,足可令其咬东西。这件事荷西了解后,"吓得全部头发唰地一下竖起来,像漫画里的人物一样"。

在《荒山之夜》中,荷西差点死掉了。看这一个故事的时候,我真是感到身临其境,被当时的紧张、恐惧的气氛打动,也感染了三毛当时的那种惧怕心理,与她同急、同忧、同喜……

《沙漠观浴记》中那主人公离奇的遭遇让我捧腹大笑;《芳邻》中那些邻居的行为让我又好气又好笑;《素人渔夫》中荷西和"我""用12倍的价钱在吃自己卖出的鱼",而后卖鱼的收账单又被洗衣机泡烂,真如同看到他们"又哭又笑";《死果》则SHOW了十分厉害的"灵异"状况,"这种符咒的状况,也是拿人自身健康上的缺点在做攻击,它可将这些小毛病化成厉鬼来取你的性命",看得有些恐怖;《天梯》又描述了三毛考驾驶执照的搞笑历程……一个个故事活灵活现地展现在了读者面前,其中也可看出三毛对撒哈拉沙漠的热爱。但是,在《娃娃新娘》中又可见三毛对撒哈拉当地风俗的无奈、对姑卡的同情。

整本书以《白手成家》作结。《白手成家》记叙了从三毛来到撒哈拉沙漠到

打造高中卓越班级的42个策略

她与荷西一步一步地终于建成了"沙地的城堡"——他们美好的家。这一过程充满挫折,但最后他们的住所还是由"那个灰暗的中间有个大洞的小屋子"变成了"沙漠中最漂亮的小屋",让我心里感受到了白手起家的艰辛和成家后的快乐。

读罢《撒哈拉的故事》,我看到了一个广阔、漂亮的撒哈拉沙漠,看到了一个快乐的三毛……

最后,"虹渊组"借用王洛宾祭奠三毛的诗歌《等待》,结束了推介。教室里再次传来《橄榄树》的音乐——

"你曾在橄榄树下等待再等待/我却在遥远的地方徘徊再徘徊/人生本是一场迷藏的梦/且莫对我责怪/为把遗憾赎回来/我也去等待/每当月圆时/对着那橄榄树独自膜拜/你永远不再来/我永远在等待/等待等待/等待等待/越等待/我心中越爱。"

一些孩子说:

"每一个故事一两句经典的点染,勾起我们的阅读欲望,大有'不看,我们会遗憾终生'之感。"

"每一次名著推介会,为我打开一扇窗,我不再盲目地阅读,我懂得了读一本好书就如交上一个好朋友,我的动漫书束之高阁,我知道了内涵来自读高雅、有品位的书。"

一年下来,学生先后推介过20多本书。我们在《飘》中感受了斯嘉丽困境中的坚忍和率真;跟着《小王子》,驯养了狐狸和玫瑰,懂得了"真实地活着,感受生活的美好";跟随牧羊少年圣地亚哥探寻真正的宝藏;我们懂得了《活着》的意义;我们在《大唐红颜赋》中明白了女子的自尊和倔强;我们看《死亡诗社》《世界因你而不同》《西风独自凉》《苏东坡传》,体会碰撞,触摸成功,感受崇高。

四、墙壁变T台,星级评选激发阅读热忱

我们班筹办过很多阅读活动,有诗词大家秀、朗诵会、故事会、报告会、读书专题班刊、演讲比赛、征文比赛、名著知识擂台赛、辩论赛、瑾瑜(兰泽)讲坛、课本剧表演、阅读之星评选……

这里我重点介绍一下我们班的阅读之星的评选活动。阅读之星的评选分"每周阅读之星""每月阅读之星""每期阅读之星"三个层次。这个活动,让我们干巴巴的读书活动变成了一个读书人全面风采的展示平台。

学生当选"每月阅读之星"后,就有机会在我们的贴吧上展示读书人的一张照片,展示他们的一篇读后感,书写他们的一段阅读旅程,将其张贴到我们班外墙的墙壁上。我们班的外墙,变成了我们班学生风采展示的"T型台"。

阅读不在于速度,而在于阅读的感悟深度,一篇好读后感就是阅读之星的明证。

下面是我们班的"阅读之星"读张爱玲《流言》的一篇读后感:

一代才女的柔情与哀愁

中国历史上总不乏一些奇女子,她们以其独特的光芒照射历史的天空。张爱玲便是民国赫赫有名的才女,宛若天边星辰,泼洒出冷丽的光,诉说着支离破碎的地老天荒。

张爱玲是高贵的。家世显赫,家底殷实,这让她的少女时光粉嫩而欢愉。而高贵的出身让她生来便比别人站得更高,眼光自然也更挑剔,谈得来的朋友少之又少。于是她坦言:"生活的艺术,有一部分我不是不能领略。我懂得看'七月巧云',听苏格兰兵吹 bagpipe(风笛),享受微风中的藤椅……在没有人与人交接的场合,我充满了生命的欢悦。可是我一天不能克服这种咬啮性的小烦恼。"可见独身一人让她更为自由,但少了友情的羁绊让她的生活留有遗憾。接着她又叹道:"生命是一席华丽的袍,爬满了虱子。"美好的东西被破坏了便成悲剧,在张爱玲

高贵的身份下，那颗寂寞的心是否也曾悄悄哭泣？

张爱玲是世俗的。她追逐金钱，注重物质享受，主张及时行乐，以自己的利益为重，是个不折不扣的小市民。她说："我喜欢市声，我是要非得听见电车响才睡得着觉的。"又道："凡是牵涉到快乐地接受，就犯不着斤斤计较了。较量些什么呢？——长的是磨难，短的是人生。"仿佛那个石井弄堂中的女子正款款地走来。亦雅亦俗，不变的是对生活的热爱和执着。

张爱玲是痴情的。高贵如她，骄傲如她，一遇到心爱的人，便"变得很低很低，一直低到尘埃里去，但我的心是欢喜的，并且在那里开出一朵花来"。她像一个孩子般深深沉浸在恋爱的甜蜜里，从那一刻起，她相信一见钟情，也相信命中注定。"于千万人之中遇见你所遇见的人，于千万年之中，时间的无涯的荒野里，没有早一步，也没有晚一步，刚巧赶上了，那也没有别的话可说，唯有轻轻地说一声：'噢，你也在这里吗？'"也许缘分正是如此玄妙而宝贵，恰好四目相对，让她认出了他。轻轻一声问候便让他们确定爱的勇气。沉默的动乱年代，刻骨铭心地爱过便值得珍惜。

读《流言》，读那些隽永的文字、微妙的心情，更是读张爱玲那一代才女的柔情与哀愁。

一张相片、一篇文章、一段阅读旅程，文化外墙"阅读之星"的表彰，羡煞多少读书人。不少同学都力争写好读后感，也想上一次文化墙，展示个人的文雅风采呢！

海量阅读收到了良好的效果，一年下来，全班阅读完30本书的就有25个同学，读完25本的有15人，阅读最少的同学也读完了12本。

第五章 打造卓越班级文化的6个策略

策略29：给青春一份优雅的诗意生活

读诗、品诗、写诗，三部曲一个接一个来，学生在享受诗歌美丽的同时，自己的生活也优雅起来。

中国是诗的国度，高考也经常考察到中学生的诗歌鉴赏。我尝试在我的班级开展诗歌鉴赏课程，并利用这个课程开发的形式，给我们班学生一份优雅的诗意生活。这样，卓越班级不仅仅具有丰富的精神生活，高考也能出类拔萃。呵呵，小女子想得很美！

我常常对孩子们说：诗歌是所有文学体裁中，最具有青春气息的一种。诗歌最能拨动心弦，那平平仄仄间跳跃的文字，时常让我们陶醉。读诗歌吧，诗歌让我们的心灵轻盈美丽，诗歌可以让我们生活得更加优雅高贵，让我们的生活更有品质。

中学三年，我们从"晨起的诗香"开始，到"四季诗词秀"，开始了我们班为期三年的诗词文化之旅。

一、读诗：晨起的诗香——优雅从早晨开始

为什么定义为"晨起的诗香"？我是这样想的：晨起即诵是我们班的作风，每天一进教室，吟咏着诗歌，让青春敏感的触角嗅闻诗歌的馨香，会让我们的一天充满诗意。我的这个想法马上得到了孩子们的支持，我们把它美其名曰"晨起的诗香"。

我们读什么诗歌呢？孩子们展开了讨论，最后一致倡议——读古典诗。其实

193

读什么诗并不重要，重要的是我们在做什么，以及在这个做的过程中，我们要给自己什么样的生活！我骨子里有些小浪漫，只要从早晨开始，不让我们的孩子浪费时间；只要从早上开始，能够给孩子们一种优雅的生活，那就够了。

记得读的第一首诗是《诗经·蒹葭》。那正是一个秋天的早晨，前一天白天较热，晚上又较冷，昼夜温差大，第二天早上起了大雾。这时候，我带领同学们对比诵读《诗经·蒹葭》，诗词中的意境在现实生活中一下子就打动了孩子们的心灵。"蒹葭苍苍，白露为霜。所谓伊人，在水一方。溯洄从之，道阻且长。溯游从之，宛在水中央……"很多孩子吟咏着这首优美的诗歌，感受着诗歌的朦胧之美。

读完这首诗之后，我又顺势推出琼瑶的《在水一方》，用现代的语言，诠释古典的意境："绿草苍苍，白雾茫茫，有位佳人，在水一方。我愿逆流而上，找寻她的方向……"

同样的主题，不同时代的语言，孩子们觉得这样的诗歌美极了，一大早，进教室第一件事情就是齐诵诗歌。有时候在教室外听着孩子们的吟咏，一会儿古典，一会儿现代，我有一种在历史中穿行的恍惚感。

后来，有些孩子建议说："老师，合乐为歌，不合乐即诗，我们还可以用唱的方式唱古典诗歌，用吟的方式读古典诗词。我们不妨来个古典诗词吟咏表演！"

这些小鬼头，一下子把我的教室变成"中国古典风"的表演场地了。一早上这个同学领读这首诗，一早上那个同学又教唱哪首词，引得外班学生对我们班议论纷纷，都说"瑾瑜班"的学子疯了！

我们如法品赏了《唐之韵》《宋人弦歌》。当其他班同学还在忙乱嬉闹时，我们班早已在井然有序地诵读诗歌，氤氲在诗香中了。

孩子们如痴如醉地吟咏着，一首首诗歌让孩子们口舌生香。

二、品诗：我们的素读——眼界从现在打开

光吟诵，没有解读品赏，还是不够的。于是，我动手写了"爱影素读"，引

第五章 打造卓越班级文化的6个策略

导孩子们对诗歌的理解。我的网名叫"爱影摇曳",学生品读着我写的"爱影素读"内容,自有一番滋味。

假期我们也继续品赏吟咏诗歌。在班级QQ群里,我们开设了"献给瑾瑜的歌"。后来"瑾瑜214班"变成"兰泽208班",我又开设了"献给兰泽童鞋的歌"。假期我们重点推荐外国诗歌品赏。

我在QQ群里给同学们发出倡议:

亲爱的瑾瑜同学们:

从今天开始,西早老师要推荐给大家的是泰戈尔的《新月集》。《新月集》笔触细腻多情,富于梦幻之情,有一种童话般纯净的诗意,那用童心绘成的诗歌会让我们纯粹而崇高。每次捧读泰戈尔的诗,内心最柔软的那根琴弦会在不经意间被拨响,那根最柔软的琴弦轻轻地颤动,吟唱着的是单纯和素净。伟大的作品在表面往往呈现一种更为纯粹的简单,让我爱不释手,读了又读。

今天,我给大家推荐的就是泰戈尔的《小大人》(*The Little Big Man*)。

然后,我在群里发出了泰戈尔《小大人》的中英文对照版,并建议大家去书店寻找中英文的《新月集》。我在群里发出我写的"爱影素读":

爱影素读

看到这篇《小大人》,我不禁怦然心动。泰戈尔用一颗童心解读着孩子的心,我们孩童时盼着长大的心情跃然纸上。记得我小时候,看着阿姨美丽的衣裳,就会想我长大了也要打扮得这么漂亮;看着大人可以随意买东西,于是想我长大了也能挣很多钱,可以给爸妈、给自己买很多想买就能买的东西……长大,就意味着可以做很多很多现在自己还不能做的事情。难怪三毛小时候会向往老师的丝袜和口红,难怪席慕蓉会偷穿妈妈美丽的旗袍。原来,盼望长大,是孩子最大的愿望。

可是——可是——真的长大了,却不由得发出"我不想长大"的感慨。长大意味着责任而不是主宰,长大意味着承担而不是洒脱,长大意味着奔波而不是享受,长大意味着要瞻前顾后而不是随心所欲……当我们远离童年,丢失那颗童心时，在读到这首《小大人》时，会不由得会心一笑，将我们在忙碌的成人生活中丢失的童年重新找回来，仿佛又回到了童年那段想长大的时光，又重温了那渴盼长大的纯真呢！

童真是世界上最宝贵的情怀，亲爱的同学们，我们是要有些童真的，让我们用纯洁的心灵触摸世界，让自己在这纷纷扰扰的繁复世界中感受一种简单的生活。

群里边刚开始没有多少人，但不一会儿就有学生发出哈哈大笑的表情，说："真是有趣极了，尤其是最后的一节，小大人跟爸爸说'Father, give them to my dada[elder brother], for I am as big as you are'，小屁孩只以为自己长大了，不知道哥哥比自己还大，爸爸买的小儿装反要送给哥哥穿，真是笑煞人了！"

"爱影素读"发出之后，孩子们更多的是对诗歌内在美的欣赏。杨雨勤留言："泰戈尔的《飞鸟集》，清新的语言，深刻的哲思，真是一片纯真的世界。我只能感叹泰戈尔的心竟是如此安逸，竟能写出如此平静、富有哲理的句子。"

周奕涛在群里留言道："写作需要进入一种纯粹的忘我境界，泰戈尔用一颗朴实的童心，让自己回到儿童天真烂漫又不失积极渴望的年龄，用儿童的语言说着我们最朴实的愿望，真是大道至简、大美至素啊！"我怀疑"大美至素"是他的自创，他承认："是的，美到极致就是不化妆，素面朝天。"他的回复获得了一片赞扬。

整个寒假，我们品赏了泰戈尔、金子美玲、济慈、狄金森、普希金。一个假期，孩子们都沉浸在诗歌的熏陶里，用诗歌温暖了一个寒冬。很多同学告诉我，他们起来的第一件事情，就是打开QQ，看看班级QQ群里的留言。

过了一段时间，学生们主动找到我："西早老师，我们不能光看您解读诗歌，我们自己也要有'我们的素读'！"

"好啊，时间怎么安排？"

"语文课前5分钟，可以吗？您别舍不得您的课堂5分钟，如果我们的诗歌鉴赏水平上来了,您不是更高兴吗?"

行,就这样,我们开始了学生的"我的素读"——课前5分钟的诗歌诵读和素读评点课程。

学生先将诗歌抄写在黑板上,带领同学们吟诵诗歌,然后开始"我的素读",由他们鉴赏诗歌意境及品赏艺术美,最后说出欣赏此诗的独特感受。有的同学觉得自己解读得不够好,还会主动申请进行第二次推荐呢。

泰戈尔说,"生如夏花之绚烂,死如秋叶之静美",一年四季带给我们很多感受。为使"我的素读"更成系列,孩子们又继续开发了走进春夏秋冬、走进二十四节气、走进大自然的"四季如歌"诗歌鉴赏课程。

一年四季,我们在感受文化博大精深的同时,开阔了大家的视野,锻炼了同学们的思维,提升了诗歌鉴赏水平。更重要的是,我们在这些"素读"中找到了一份自娱自乐的优雅。

三、写诗:诗词大家秀——做一回青春诗人

解读品赏了一段时间的诗歌,孩子们又觉得吟咏别人的诗还是不过瘾,何不自己动手创作一首诗歌呢?愤怒出诗人,激情出诗人,诗歌本来就是青春的艺术。年轻就是资本,年轻就是敢想敢做。在孩子们的提议下,我们班开始了一个"诗词大家秀"活动。

第一个主题是"桂花"诗词秀,一共四个环节,为期一个月。

第一周,"诗林拾琼",参观校园里的桂花,桂花诗词搜集,摘录欣赏揣摩3~5首描写桂花的诗词,为模仿创作做准备。

第二周,"我做诗人秀一秀",桂花诗词自创,老师批看。

第三周,"桂诗T型台",以小组为单位,进行诗词展示,要求诗词抄录统一字体,诗词按序号进行编号,不留作者姓名,张贴在教室的后黑板上,便于同学们评选。

第四周,"好诗共品读",学生评选出"我最喜爱的桂花原创诗词",并用小便贴在所在小组诗词下方写出喜欢的理由,最后,利用课堂时间师生共同评赏同学的诗歌。

还别小看这些才子们,创作诗歌时还真像那么回事。有的不时抓着笔冥思苦想。有的偶得佳句,与同学小声探讨。有的为了一个字是用"凝"好还是用"嵌"好,反复揣摩推敲。也有的讨好卖乖,写好几句就赶紧找我分享:"西早姐,你看我这样写行吗?"有的爸妈齐上阵,饭桌上都在探讨诗歌。

到了"桂花诗歌巡回展"的时间了,各组拿出自己的最佳作品,等候全班同学的检阅。最后,大家通过齐欣赏、共品读,投票选出了自己最喜欢的桂花诗。最终"虹渊组"的《鹧鸪天》、"千百度组"的《桂香弥漫》、"寒冰组"的《蝶恋花》和"向日葵组"的《韵桂》分获第一、二、三、四名。"寒冰组""向日葵组""千百度组"为最佳优胜组。

下面是"虹渊组"的《鹧鸪天·秋夜赏桂》:

鹧鸪天·秋夜赏桂

夜风习习拂芬芳,香雾清远入阁房。
寒窗苦读瘦人脸,案前砚纸怼杜康。
丝竹废,灰尘堆,笔锋眷恋叹秋悲。
轻逝落花香满径,何日再来卧西厢?

学生们评价:"《鹧鸪天》语言优美,体现了桂花特色""本诗给了我很不错的感觉,接近我的心声""意象丰富,表现手法好,意境优美""虽未提及桂花,却用侧面描写的手法表现了桂花的香味及特点,超级强大"——这哪里是一群孩子,分明是一群自命不凡的青春诗人嘛!

我们依照此法进行了"菊花诗词秀""竹韵悠悠""清明时节"等诗词创作秀。孩子们在一首首原创诗歌中自我陶醉、自我提升。

那段时间,刚好语文课我们在学习《琵琶行》。有孩子提出来,"以小组为单

第五章 打造卓越班级文化的6个策略

位,将《琵琶行》的每一段内容用古诗体形式概括出来,25分钟之后课堂展示"。各小组顿时诗兴高涨。有的小组一人主笔,大家润色补充;有的小组定好韵脚,每人写一首;有的小组分工合作,规定好字数和内容,一人写两句。短短25分钟后,一首首诗歌呈现出来,一个比一个厉害,让我大为惊奇。

你看,这是"千百度组"的七言诗:

瑟瑟秋风江月白,悠悠琵琶思情哀。
絮絮掩抑诉平生,唧唧叹息今不再。
茫茫天涯沦落人,往往相逢红尘台。
萧萧丝竹浔阳外,青青司马铀头钗。

每一句都是叠词开头,词性相对,恰到好处。孩子们自己夸耀说:"即使是唐伯虎在世,也会羞煞啊!"

再看看"曦芒组"的诗歌:

愁云淡月饮别客,江月荻花映孤魂。
莺语冰泉刀枪鸣,回手拨画裂心痕。
曲尽幽吟生平事,寒风冷落天涯人。
凄凄往事随泪泣,弦拨婉转叹此生。

这首诗很好地概括了《琵琶行》的叙事情节,用语精当。孩子们太棒了!

教师节,别的班级的学生花钱买礼物,我们班的学生写诗送给我:

琴心流恋问君归,
历历晴川正生辉。
兰叶葳蕤佳节近,
老马未老风更吹。
师者但求仁心至,
礼乐教化如剑淬。

最爱回眸轻一笑,
美堪西子何人追。

诗中巧妙地用谐音字嵌进美好的祝福——"覃丽兰老师你最美",真让人惊喜!

吟诵着孩子们的一首首原创诗歌,是惊喜,是智慧,是欣赏,是说不尽的喜悦啊!当那一首首诗歌如春风扑面而来时,当每一天都有新的文学气息熏染我们的情操时,我们的生活变得富有诗意,变得充实,这就是诗歌的魅力。

第五章 打造卓越班级文化的6个策略

策略 30：推出我们的"百家论坛"

我认为，做老师的，要尽量多地向学生传递欣赏、鼓励和信任，而表达这些思想感情的最好办法，就是相信他们能行！

"桂花诗词秀"之后，有学生给我提了一个建议："西早姐，其实我们也可以办一个百家论坛，说说我们的阅读和创作。"

"行！"对孩子们的建议，我说得最多的，就是这个字。我认为，做老师的，要尽量多地向学生传递欣赏、鼓励和信任，而表达这些思想感情的最好办法，就是相信他们能行！

孩子们很快就行动起来。他们把我们班的班级文化定义为"阅读是输入，写作是输出，论坛是我们班的交流展示窗口"，欢迎我们班每一个同学踊跃参与"百家论坛"！

我说："中央电视台是百家讲坛吧，不是百家论坛吧？"

他们说："我们班是百家论坛。因为我们有些内容不是讲，而是贴的。"

一、张贴便利贴，论坛交锋成风气

最早开张的是桂花诗词的评价。"桂花诗词秀"展示出来之后，他们觉得不过瘾，就在墙报上专门开辟了一个专栏，用便利贴的方式，开始了我们班的论坛交流。首先评价的是"千百度组"的《桂香弥漫》。

孩子们把诗词整齐地抄写好，张贴在墙壁上：

桂 香 弥 漫
（千百度组）

吾独处一室，

忽闻幽香阵阵。

寻窗外，

桂树花满枝丫。

喜倚窗，

折桂枝，

忽飘桂花二三朵，

轻捻清香，

暗淡轻黄体性柔，

捧花枝。

丝丝感伤。

人扶醉，

月依墙，

又是一年秋草黄。

花已落，

秋夜已凉，

吾友当下可无恙？

在诗歌的四面八方，粘贴着孩子们自己的评价：

杨亚："千百度组"的这首诗是现代诗体，是典型的古典和现代结合产品，有徐志摩新月派的唯美感，又有李清照古典般的柔肠，确是一首好诗！

张耀中：情真意切，美不可言，意境优美。

第五章　打造卓越班级文化的6个策略

杨芳沐：此诗语言优美，由窗外飘来的桂花香联想到年华逝去，而友人却不知道在何方，给人淡淡的忧愁、淡淡的喜悦，似桂香宜人，又无法拥抱一样，真不错！

杨雨勤：诗体与其他的诗体不一样，由桂花的"暗淡轻黄体性柔""丝丝感伤"体现作者想念自己的朋友。淡雅清香，是对友人的思念与爱的丝丝流露。

吴宇轩：这首诗不似古体诗一样对仗平整，但语言精练，写作转折不留痕迹。如果可以，你还能写得更好，我支持这首诗。

……

有细心的解读，有中肯的评价，还有鼓励建议——"如果可以，你还能写得更好！"也有一些针锋相对的争议。如有些同学对诗歌的语言提出质疑："既然是现代派诗歌，为什么语言上还文绉绉的？单音词太多，不好。"

这哪里是一群孩子，分明是一批个性自由、学术独立的学者专家。而且，学生中间还形成了三派：挺千派（支持"千百度组"派）、倒千派（自然是批评反对的）和中立派。不过，好在我们班同学都有君子之风，大家没有太多的尖刻词语，都挺文雅的，一派谦谦儒雅风度。

从那之后，我们班创作活动中的一些有争议的作品，都被搬上了墙壁，大家自由争鸣。

二、推进小专题，解读学生版典籍

墙壁上的百家论坛，你一言我一语，不能系统地表达观点。为了更深入地推动我班文化建设，把阅读进去的东西变成思想展示出来，孩子们又在我们班推进了"瑾瑜讲坛，固守本心，体悟人格"的活动。他们采用小专题演讲的形式，解读着他们眼中的古代经典。

第一期做的是《论语》解读。

《论语》如何解读呢？那么干巴巴的几句话翻译过来就是讲座了吗？孩子们

表示纳闷。我找来于丹在"百家讲坛"的视频和学生一起欣赏。孩子们在看完于丹的《论语心得》之后,心里痒痒的:中央电视台有"百家讲坛",我们也可以做个"瑾瑜讲坛"啊。

于是我们就确定了课前 5 分钟,用于丹解读《论语》的形式,解读我们同学们眼中的《论语》。为讲出效果,我进一步示范。我将《论语》中的"孝"拎出来,一边翻译一边讲生活实例。

什么是孝?《论语》中孔子做了不少回答。回答子夏时,孔子认为"色难,有事,弟子服其劳",也就是"孝之难就在于孝敬父母的时候一定要和颜悦色"。而我们在实际生活中呢?常常是"不要你管""叫你别收拾我房间,东西都找不到了""好了,我知道了,真啰唆"……这些话语如刀子,插进了父母的心……

我讲述着一个个生活故事,一些典型的细节被展示出来。他们将《论语》中的"孝""如何孝"与现实对接,就有了自己的认识。

老师做好范本,学生不仅会依葫芦画瓢,还会创新呢!学生品赏的诗词和解读的《论语》,班上有一个专门的笔记本抄录,便于同学们课后研读。解读得好的同学,我当堂拜为"老师"。

这是依雯对《论语》的解读。

守·观——我解读的《论语》心得

【子曰:"饭疏食饮水,曲肱而枕之,乐亦在其中矣,不义而富且贵,于我如浮云。"】

第一句话是孔子的生活境界,第二句话是孔子的生活信念,两者都闪耀着理性的色彩和品格的光辉。

或许你面前是幸福的康庄大道,或许你脚下荆棘丛生,或许你是物质上的贵族,或许你是寒风中的乞者,但这一切的外界条件又如何能改变你的心境、左右你的信念?只要你的心灵花园里阳光普照、繁花似锦,亦必有良多趣味,而"乐

第五章　打造卓越班级文化的6个策略

在其中矣"。所以，今天我想和大家交流的第一个关键字便是"守"。

一"盖"一"寸"成一"守"，字的本身便是告诉我们要保卫、维护这心中的一寸净土。"守"并不是一种懦弱，也不是一种退让，而是一种温柔的捍卫，一种圆润而不逆耳的音响，一种低调却仍向上的进取，一种"不以物喜，不以己悲"的成熟，一种"天下皆浊我独清"的骄傲。

在这个物欲横流的世界里，太多的事物如走马灯一般，在我们一个转身之间便逝去，任凭你"众里寻她千百度"，蓦然回首，亦不知它早已向何处。我们能够抓住什么？我们能够留下什么？我们又将痛失什么？这一长串的问题就如刻在德尔菲神庙上的众神誓言，句句扣人心弦，却无人能回答。

在这纷繁的世界中，我们应该怎么办？是随波逐流，让功利的灰烟笼罩自己的心灵，还是厌倦这一切，干脆如"梅妻鹤子"般归隐于山野？要我说，我们只需做得一字便足矣，那就是"守"！守住心中的自我，你不会为世事变化而感到慌乱迷茫；守住心中的宁静，你不会心烦意乱于世俗的喧嚣；守住心中的阳光，你会看到真善美的光芒，你会触到平淡生活中的温暖，你会嗅到彼岸花开一片的盛宴的芬芳！这样，纵使"饭疏食饮水，曲肱而枕之"，又何妨？

好一句"于我如浮云"，将孔子的淡泊表现得淋漓尽致了。

我要推荐给大家的第二个关键字就是——"观"。世事纷杂，一个人的成功不仅取决于他付出的努力有多大，还取决于他之所"观"。

何为"观"？正是人之观感、信念、心态也。拥有积极乐观的心态的人，总能在黎明前最深的黑暗里唱响希望之歌；拥有坚忍、执着的心态的人，总能等到风雨过后彩虹的绚烂；拥有淡泊悠然心态的人，总能发现生活之美、自然之美，人生的境界也总比平庸的大众高出许多。由此可见，好的心态对人的人格健康发展和人生境界的提高都有着很重要的作用。

只要我们拥有良好的心态，即使面前是深深的阴霾，也会有"于我如浮云"的坦然。不得不说到"期末考试"和"高考"这样的词，即使它们已成了陈词滥调。在各种各样的考场上摸爬滚打了这么多年，我们除了关心每次所得的成绩，

205

打造高中卓越班级的42个策略

也应该培养良好的心理素质,明确学习目的,快乐地学习,从容地应考。就算戴着镣铐,我们也要能跳出最美的舞蹈。唱不了凯歌,也要能唱出激昂的战歌。这就是我们现在应该具有的"观"。

何为"守",何为"观",希望大家都能学会何物该"守",何为我"观"。

神马都是浮云,贵在有本心。

你看看,这才是高一的学生啊,近2000字的感悟,完全可以与于丹的解读相媲美。我当场恭恭敬敬地给学生鞠了一个90°的躬,并称她为老师。依雯感动得不得了。高一,我拜三位学生为师;高二,我又拜两位学生为师。在学生的眼里,我是很有学识、很有才华的老师,我都能鞠躬拜师,那是怎样的一种激励!他不努力都不行啊!

高二,孩子们意犹未尽,又推荐讲评老子的《道德经》。这样,我们的"百家论坛",从"瑾瑜"一路做到"兰泽",班级番号换了,人员也换了不少,但是这活动丝毫没有减弱,一直成为学生们自由表达个人见解的舞台。

而且,他们在发布自己的见解时,并不局限于一个读书的小圈子里看古代经典,而是结合现代社会现象,发出自己的声音。如,学生于璠在2013年3月27日推荐《道德经》第60章:"治大国如烹小鲜。以道莅天下,其鬼不神;非其鬼不神,其神不伤人;非其神不伤人,圣人亦不伤人。夫两不相伤,故德交归焉。"他就引用了2013年3月19日习近平在接受采访时提出的要有"治大国如烹小鲜"的态度。在推荐《道德经》第41章"上德若谷,大白若辱,广德若不足,建德若偷,质真若渝。大方无隅,大器晚成,大音希声,大象无形,道隐无名。夫唯道,善贷且成"时,刘巍就结合湖南卫视最具影响力的选秀节目"我是歌手"中歌手黄绮珊淡泊名利、执着追求音乐理想的故事,谈了我们该怎样做到"大音希声,大象无形"。

无论是读《论语》,还是读《道德经》,一部部古代的经典书籍,被孩子们讲解得朴素亲切。一个个不起眼的黄毛小孩,都变成了令我们肃然起敬的"专家学者"。

第五章 打造卓越班级文化的6个策略

策略 31：倡导一种健康的休闲文化

积极的休闲方式，应该是身心的松弛、情感的愉悦和社会交往的有效协调，通过休息给下一段学习和生活注入新的力量。

休闲娱乐应该是人生的加油站，是劳累一段时间后的积极调整。可是我发现，现在的孩子们，上课学得很累，放假休息得更累。一到放假，他们没日没夜地上网，整天整天地放纵自己，到上课了，教室里趴下一大片。

我问他们：才开始上课，怎么这么累？教室里一片哀嚎："玩——累——的——"家长宽容，自我放纵，不累，才怪呢！

可是玩乐玩到身心俱累，这不是我们的休闲目的。积极的休闲方式，应该是身心的松弛、情感的愉悦和社会交往的有效协调，通过休息给下一段学习和生活注入新的力量。我得引导孩子们采取一种积极健康的休闲方式，这才和我们的卓越班级建设相一致。

一、完善音乐课程，用歌声陶冶心灵

音乐是所有艺术中最具有感染力的一种，它能够跨越语言、人种和地区障碍，在不同的人群之间传播。一首外国歌曲，即使我们听不懂它的歌词，但是那优美的旋律一样能够打动我们、愉悦我们的心灵。因此，用唱歌的方式引导孩子们积极休闲，是一种不错的休闲方式。

但是现在的流行音乐，不是爱得心痛的伤心情歌，就是赤裸裸的情爱宣言，然后掺杂着含混不清的不知道是哪一国的文字……有人说现在的年轻人是"垮掉的一代",从某种程度上说,现在社会上的休闲文化也有一定的责任。

生活需要阳春白雪,同样需要下里巴人,除了爱情忧伤之外,我们还应该引导孩子们感受更广阔的音乐魅力。为此,我专门邀请有专项特长的音乐老师曾老师和其他几个艺术细胞比较丰富的老师,给孩子们设计了三年的在校音乐欣赏课程。高一,民乐经典欣赏,《二泉映月》《春江花月夜》《乱红》《水姻缘》等悠扬的民乐,成为孩子们课余的视听大餐。高二,流行歌曲欣赏,《感恩的心》《最初的梦想》《我相信》等歌曲,向孩子们传递音乐的正能量,让他们知道这世界上还有一种音乐,不仅仅是咏唱失去的爱情,还能够激发我们飞越梦想。高三,超越时代的经典欣赏,从《白杨树下》《歌唱祖国》开始,经《喀秋莎》《爱的奉献》,到《慢慢懂》《相亲相爱一家人》等,搜寻岁月里优美的回响!

音乐课程设计出来之后,加上我那比文字更具有煽动力的语言,在教室里一说,孩子们就对我们的音乐休闲课程充满了期待。就这样,我带领孩子们开始了音乐熏陶灵魂的审美之旅。

我们从电影《放牛班的春天》主题歌开始,那天籁般的声音,拯救了一颗颗顽劣甚至行将堕落的心,孩子们的心灵在歌唱中得到了净化。我们还一起看了《修女也疯狂》,孩子们感慨,原来歌声可以改变一群孩子的生命走向。

我们也利用班会课的15分钟,每周学唱一首充满正能量的歌。于是,《感恩的心》和《隐形的翅膀》首先走进了我们的班级。在学唱完《感恩的心》之后,我动情地讲述了一个聋哑孩子和她母亲的故事:"小女孩望着倒在雨中还未合上眼的妈妈,摸着妈妈手中攥着的带给她的一块年糕,跪在雨水中一遍又一遍地用手语唱着:'感恩的心,感谢有你,让我有勇气做我自己。感恩的心,感谢有你,花开花落我一样会珍惜……'"

音乐和故事结合起来,比单调的叙述更具有杀伤力。孩子们纷纷谈起了自己的感想:

"一个失语的女孩知道如何去感恩自己的亲人,身体健全的我们又做得如何呢?我们是否能好好反省自己,盘点自己的过去,审视现在的所作所为,看看身边是不是有许多需要我们用真心去感恩的人和事……有时可能一声'谢谢'就足以表达你的感恩,有时可能一个微笑就传递了你的回报,有时可能一个手势就能证明你是个知恩图报的人……"

"在未来的道路上,我想对你说,让我们怀抱一颗感恩之心感恩这世界:感谢阳光,感谢大地;感谢你我的相识,感谢上苍的赐予;感谢今天的拥有,感谢明天的风雨。在感谢中,慢慢学会珍惜拥有的甜蜜。"

孩子们再次演唱这首歌时,大家都不禁动容。

从此,音乐成了我们班休闲和工作的常规语言。姚金鹏同学在主持"百学须立志"的微班会时,就带领大家学唱张靓颖的《梦想》,激情的音乐带来的是不尽的希望和青春活力。

不仅在班会课上唱,一旦学生集体犯困了,文宣部也会组织大家课间唱首歌:"老师,我们现在精神一下吧!"然后,全班站起来,打着节拍,开始课间小唱。歌声既消乏,还增加了不少乐趣呢!

我们还进行小组拉歌比赛,看哪一个小组集体会唱的歌最多。在拉歌中,我发现军旅歌曲备受孩子们的青睐,他们说,"军歌更显乐观与豪情,我们的青春就该这样阳光张扬""我心情不好的时候,就唱唱旋律优美的歌曲,歌唱的时候,心情就慢慢好起来了"。

嘿,这群孩子,还真不赖!歌声抒发真性情,激情飞扬的歌声也让孩子们变得阳光开朗。

二、引进电影课程,塑造健康人格

电影是一种综合艺术。在规定时间享受完规定的休闲项目,在别人综合叙事中,享受艺术熏陶,感受人生的另外一种壮美,也是我们班健康休闲文化的一个重要内容。

这些年,利用电影课程塑造学生健康人格的做法比较普遍,"新教育"的一批忠实实验者在这方面做出了不俗的成绩。比如说，在我们自主教育团队和"新教育"中都是骨干力量的济源市一中的王晓琳老师，她的电影课程就给了我很多启发。她班上每月欣赏一部电影，在视听大餐中给孩子们以积极的精神震撼，《肖申克的救赎》《高三》《阿甘正传》《孔子》《美丽人生》《暖春》等，让学生在几乎让人绝望的应试教育中不断奔跑，在繁重的学习重压下欢快前行。那么，我为什么不可以出台自己的电影课程呢？

于是，在广泛借鉴同行经验的基础上，我开发了我们班的高三三年电影励志课程：

1. 让规则看守班级——《十二怒汉》
2. 让愿景引领发展——《放牛班的春天》
3. 坚守教室互相成全——《热血教师》
4. 心怀梦想——《功夫熊猫》
5. 大胆正确超越——《草房子》或者《死亡诗社》
6. 心怀执着希望——《阿甘正传》
7. 传递生命价值——《夏洛的网》
8. 如何拼搏——《高三》
9. 放飞心灵——《心灵捕手》
10. 坚守底线——《肖申克的救赎》

每观看一部电影，我都围绕着事先预定的主题，结合电影内容，和孩子们进行深入的探讨。比如说，在观看电影《十二怒汉》时，姚姚就主持大家进行讨论。大家畅所欲言，每个人都有自己独立的见解，真是仁者见仁、智者见智。

"我印象最深的是工程师不断坚持合理推断，用事实推理说服人。"

"我印象最深的是，一群人迷信权威，差点杀死了少年，迷信权威很可怕。"

"我很佩服工程师百折不挠的毅力和勇气，当推断得不到任何支持，甚至遭到围攻的时候，他面对绝境依旧坚持自我。"

第五章 打造卓越班级文化的6个策略

"我佩服工程师的耐心，处困境而不惧，这正是我们班徽的寓意啊。"

"当不良行为成为主流时，我们是随波逐流，还是固守本心？我想工程师给了我们很大的启发。那就是坚持自我、尽己所能。我想用西早姐常说的那句话来概括：'世事我曾抗争，成败不必在我。'"

"坚持自我，最为重要，认定自己认为对的，即使艰难也要坚持。"

"我们要敢于和不良行为做斗争，对事不对人。"

……

在思维的碰撞中，我明显感受到学生不再是为娱乐而看电影，而是与现实对接，与生活对接，有了自己的思考。

在探讨《肖申克的救赎》时，同学们说：

"每个人都是自己的上帝，每个人都在忙碌，有的忙着追名逐利，有的忙着柴米油盐，停下来想一秒，你的大脑，是不是已经被体制化？你的上帝在哪里？相信自己，不放弃希望，不放弃努力，耐心等待生命中属于自己的辉煌。"

"有信仰的人，才能过上希望中的生活。"

"把梦做大，并付诸行动。"

"有一种精神叫顽强。"

"坚守希望，永不放弃！这就是电影给我的启示。"

用电影传递正能量，用电影激发正思想，用电影塑造孩子健康的人格，从孩子们发自肺腑的体会中，我欣慰地看到，我的电影课程，已经在孩子们的心灵中播下了影响的种子，孩子们已经悟到了在高三高原期需要怎样做才能走出这月黑风高的日子。

一些经典的电影，我们甚至在三年中重复不断地看，每看一次，都有新的体会。比如说，我们看《阿甘正传》，三次欣赏，三次都有不同的感受。

第一次，孩子们感受到："阿甘在影片中被塑造成了美德的化身，诚实、守信、认真、勇敢而重视感情。在影片中，阿甘是十分纯洁的形象，对于所叙述的一切，影片自始至终都是以一种温情和善意的态度来表现的。"大家关注的是人

打造高中卓越班级的 42 个策略

物性格。

第二次，孩子们发现："阿甘在生命的每一个阶段，心中都有一个目标在指引着他，他也只为此而踏实地、不懈地、坚定地奋斗，直到这一目标完成，然后又是新的目标的出现。"孩子们感悟到了心灵的单纯和专注才能让人生举重若轻。

第三次，孩子们留心到了一些经典细节："像片头和片尾那片随风飘浮的白色羽毛，寓意个人在社会中的微不足道，我们总是毫无办法地随波逐流。可是，阿甘用执着与努力，完满地完成了每一次腾挪或转身，于是成就了成功的阿甘！"孩子们开始对自己的人生进行思考：人生就像这羽毛，只有尽力做得完满，才可以越飞越高。

三、倡导积极参与，玩得身心放松

青春期的学生是好动的，在文静的休闲之外，还需要倡导一种健康的、积极的活动休闲，大家唱一唱，跳一跳，闹一闹，一身劳累才能够彻底放下，才能够真正做到身心放松。

期末一考完，恰逢月圆，皎洁的月光静静地洒在校园里，校园里很安静。我天生骨子里有些小浪漫，现在全校放假了，我们全班为什么不留下，在月光下来一次美丽的约会呢？我的建议惹得孩子们一片哇哇大叫。

于是，我就把孩子们带到草地上，大家席地而坐，唱着我们会唱的一首首歌。男生大声宣言——我不是《坏小孩》；女生则是大秀闺蜜真情，一起唱《好想你》，唱得是无比甜蜜；High 到不行了，还把我抓到中间，要我飙一曲《枉凝眉》。我说"行啊，可是我需要一位帅哥合唱"，小沛马上急不可耐地跳出来要和我对唱。于是"一个是阆苑仙葩，一个是美玉无瑕"，就在空旷的草地上飘荡开来。虽然配合不是很默契，但男女声的高低和弦依旧迎来了阵阵掌声。

唱了，还要跳，我们组织几个同学来了个"T 台秀"，看到杨雨勤和王翔的热

第五章　打造卓越班级文化的6个策略

舞,简直是羡煞我也,我开心地为他们跑着龙套。

夜已渐深,我们不由得跳起了侗家的多耶舞,一边唱着多耶,一边手搭手,全班56人转成了一个回形圈,一圈绕一圈,结果常常是走得快,外围的同学就被甩在草地上,大家又爬起来,接上队伍继续"嗨"。那一夜的月光一直很明亮,似乎也流连我们的欢快,和我们一起尽情欢乐呢!

我们在室外玩疯了,在教室里也玩得很疯。那天小维过生日,我才到教室门口,就被学生发现了。"啪——"晓晨将一把面粉扑在我身上。不得了,一下子我成了众矢之的,骏达给我抹了一脸的蛋糕。我想反攻,抢过媛媛的面粉,撒向骏达、晓晨,谁知道小武、博闻、盼盼、晓卉等一群人,全开心地跑上来,抹蛋糕的抹蛋糕,撒面粉的撒面粉,我一下子从头到脚就成了个白粉人。

我大叫:"记着,以后要你们加倍偿还啊!"

"别急,老师你过生日时,我们也会这样替你庆祝的!"大家呵呵笑作一团。

那时候正碰上实习,我们班的实习老师小刘和我都在现场。他如同从面粉厂捞出来似的,又像冬天的雪人,只剩下两个眼睛骨碌骨碌地转了。我望着他笑,他望着我笑。闹腾了半天,天啦,教室里到处是面粉了!

闹腾完了,我心疼我的衣服:"这可是我最贵的一件衣服啊,我就这点家当,你们还这样'欺负'俺,你们赔我的衣服!"

"谁叫你穿这么好的衣服来呀!"

"你应该脱掉衣服和我们玩呀!"

我辩解:"我怎么知道你们这么闹腾呀!"

住宿女生说:"覃老师,你这样怎么回去呀?不如跟我们一起去浴室洗个澡再回去。"她们边给我擦脸边牵我去浴室。

马上有女生反对:"这样,覃老师还是不能回去呀!你先去理发店洗个头,再回去洗澡啊!"还是女生和我贴心,男生只知道"欺负"我。

生日主角小维的妈妈站在教室门口,看到我那副狼狈样,正笑得开心。她挽过我:"你看,孩子们多亲你呀!我陪你去理发店先洗了吧。"

疯闹之后，孩子们将我交给小维的妈妈，他们则自觉地打扫"战场"。在洗头时，理发师知道了原委："唉，我也是做过学生的，见了老师都怕呢！只有对喜欢的人才敢这样，看来学生很喜欢你的。"

他们喜欢我就这样待我呀？我心里不禁自得其乐。

第六章　打造卓越班级活动的5个策略

活动是打造优秀班级的成功密码，也是卓越班级铸造的导向地图。有头脑的班主任，无不注重在日常的班级活动中传递自己的教育理念、落实自己的教育步骤、形成自己的教育影响、实现自己的教育目的。班级活动，是他进行有效教育的绝妙武器。

工作轻松不轻松，班级教育管理高效不高效，很大程度上取决于一个班主任对班级活动的使用程度。会开展班级活动，活动内容丰富多彩，这样的班主任，对学生来说就是一剂青春的迷药，学生们想不亲近班主任都不行。因为他们年轻的心灵，就渴望在班级活动中舒张；他们青春的才华，就需要班级活动去打造、去提升、去展示。

在这一章，我们将向大家叙说卓越班级里那些绽放异彩的常规主题班会、缔造孩子们情感纽带的创意生日、推动高效学习的励志课程、形成班级魅力的绝妙班庆……

一个个班级活动，成就一群孩子的梦想；一个个班级活动，激活一群人的思想、情感和智力活力；一个个班级活动，抒写一个班级的成长传奇！

打造高中卓越班级的42个策略

策略32：让常规班会绽放异彩

对于班会主题和形式选择的问题，我建议大家和买东西一样，不要被市场上的东西弄得眼花缭乱了，只选"对"的，不选"贵"的，从学生的需要出发，绝对不会错。

班级活动是打造卓越班级的有效载体。班主任所有的育人目的、带班愿望，都是通过丰富多彩的班级活动实现的。

每次带班之前，我都要仔细地整理自己的带班思路。我的思路是什么呢？说得官方形式一些，就是以学生健康人格塑造为主线，以系列主题活动为载体，以师生活动交流为主要手段，以创设和谐的班级文化为核心内容，以引领学生完成从他律到自律为特征，以学生实现从自育到自塑为主要目标，引导学生们在快乐中体验成功、在活动中健康发展，切实实现各方面的成长。

说得通俗一点，就是做好常规主题班会，让常规主题班会在卓越班级打造中凝聚人心、激发活力、突出特色、形成品牌，绽放出主题班会应有的奇光异彩。

我从五个方面入手，开展好我的常规主题班会。

一、怀揣学生的"需要"开班会——不选"贵"的，只选"对"的

任何一种行为，都是为了满足某种需要，毫无意义的行为一般是不存在的。即使有些行为纯属无聊，也是为了满足"无聊"的需要。所以，开班会前，我会立足于满足学生的"需要"来确定班会主题。

学生会有哪些需要？思想引导的需要，精神成长的需要，心理慰藉的需要，

行为习惯的需要，情感发展的需要……因为需要，我们就必须设计、组织、筹划和召开主题班会，这已经成为我的一个根本思路。

2013 年 4 月，我受天津教育报刊社的邀请，在天津给 1000 多名班主任上了一堂初中班会示范课《生命因合作而精彩》，收到了很好的效果。很多老师询问："覃老师，您是教初中的吗？""不是，我是教高中的。""教高中的您怎么那么了解初中学生的需要呢？""因为我做了调研啊！"他们又好奇地问："借班上课，您怎么了解学生？""网上查找资料和现场询问学生啊！"现在互联网那么发达，什么地区的孩子具有什么样的年龄和性格特征、他们有什么心理和生理需求，打开网络什么资料都有。

但是，这些并不足以让我设计和组织好主题班会，我还得亲自去面对面地和孩子们交流。

我到天津后，利用学生活动课时间，走进教室和天津的孩子们聊天。这不是为了预演——我反对公开课预演，一切都按部就班地重复进行，再精彩的表现也是嚼第二遍甘蔗。真正有生命的课堂，应该是基于对学生的理解，只设计程序，而不重复操作。随时抓住课堂中生成的因素进行教育，比预演不知道强多少倍、有意思多少倍！

在现场和天津的孩子们交流的时候，他们给了我很多设计灵感。第二天，我就根据初中生对新生事物好奇的特点，设计了一个"如何有效合作"的关键环节——将孩子们所理解的"合作"因素，有机地拼装组织成一艘扬帆远航的船，让他们带着梦想、激情和渴望出发。哗——孩子们兴奋极了，在公开课的现场，一个个抛弃紧张、害羞，在全场 1000 多位老师目光的关注下，一个个自由发言，积极贴图，认真拼装，全然忘记了台下还有别的观众。老师投入，学生忘我，那次公开课上得特别精彩。

有老师问我："您怎么这么巧妙地激发了孩子们的动力？""很简单啊，渴望独立、渴望出发、渴望离开父母的约束、对未知世界的好奇，就是天津这些孩子们的心理需要的特点啊！我昨天通过调研谈话就知道了。"

有些老师开班会,主题只选"高""大""全",只想出奇兵、设奇谋,却忘记了学生的需要。因此,老师设想得非常完美,但是学生并不感冒,甚至冷眼旁观,关键原因是没有满足学生的需要。对于班会主题和形式选择的问题,我建议大家和买东西一样,不要被市场上的东西弄得眼花缭乱了,只选"对"的,不选"贵"的,从学生的需要出发,绝对不会错。

二、怀揣学生的特点与兴趣开展班会——"常规"中见"创新"

2010年学校秋季运动会,我们班级获得了团体总分第一名和精神文明奖第一名的好成绩。取得这样的成绩很不容易。因为我们班是文科班,运动会11月初召开,班上的18个专业生外出学习,只有38个同学参加运动会。而且中长跑、短跑、跳远等项目厉害的学生都没在家。但是,通过体育部的精心安排,通过学生一个月的艰苦准备,我们用行动证明了一切都可以超越。这对于刚刚进入高三的学生来说,是一次励志、鼓劲的好机会。高三,尤其需要发挥这种团结拼搏的精神,把拼搏的体育精神用到学习上去,鼓励孩子们投入地学习。

表彰大会采用前方记者采访报道的形式,事件重现,最大限度地表现出了每一个学生的努力。无论采访者还是被采访者,语言都极富幽默色彩。采访记者幽默搞笑,"欠作业电视台记者马猛猛采访酱油一族代表王鑫""打酱油电视台王牌记者章文逸采访希蕾家族领导者西早老师",这些节目都成为同学们津津乐道的事情。

被采访的同学也是妙语迭出。"同学们这么厉害,我自己这么酱油!""我是吃槟榔长大的,所以我跑得快。""人最脆弱的时候,也就是最坚强的时候!""我们要用团结的力量折磨高考。"这些话语让学生记忆犹新,以至于这届学生毕业两年之后,他们在我家聚会时,还能够清楚地记得哪句话是谁说的、哪句话是谁的名言、哪句话带来了哪些出奇的效果⋯⋯

为什么一次表彰会能够在学生的记忆中留下那么深刻的印象?根本原因就是

形式的创新、内容的创新、组织策划方式的创新,在孩子们的生活中留下了深刻的烙印。高三,不纯粹是高考的机器,不纯粹是苦行僧式的生活。高中生,正是如花似玉的年龄,他们需要劳逸结合,需要充满激情地生活——这就是现在高三学生的特点,搞笑、自虐、特立独行、装酷,这是他们最感兴趣的事情。

我的高三秋季运动会"另类"表彰,恰好符合了孩子们追求创新的兴趣,符合了高三学生想适当放松的心理特点,因此就成了他们印象深刻的一件事情,就成了他们一生中的一段美好记忆。

三、怀揣着对学生的"引领"开班会——小中见大

高三复习应考阶段,学生思想开始发生分化,学校和班级接连出现了好几起偷盗事件,在学生中形成了较坏的影响。为稳定学生的学习情绪,教育曾经犯错的学生,杜绝此类问题在班级再次出现,我们班召开了一次"为心灵拂尘"主题班会。

首先我用幻灯片打出这样一句话——神秀说:"身是菩提树,心如明镜台,时时勤拂拭,勿使惹尘埃。"

接着,我从班主任自身的故事说起,讲述了上初中时偷吃自家菜地里的黄瓜,而让我一辈子都芒刺在背的故事,不让犯错的学生太难堪,尽量以班主任的故事说事,从而旁敲侧击地完成律己教育。

最后,《我把明月送给你》的故事,送学生一轮明月,引导学生改正错误,回到正常的学习生活中来。

事实证明我这样做是正确的。尽管最后犯错的孩子并没有查出来,但是这个主题班会召开一个月后,失主的钱被全额退回——犯错的孩子趁没有人的时候,把钱送回去了。正如我对孩子们说的:"一轮明月照亮了每一个人的心。我相信月亮的光辉会深深地印在所有人内心的最深处,时刻铭记,时刻反省,时刻拂尘!你的睿智,你的宽容,你的爱意,无须言已超过言!"

打造高中卓越班级的42个策略

这个班级事务性主题班会，被郑学志老师选编进万千教育出版的《高中主题班会设计技巧与优秀案例》一书。为什么能够入选那本书，郑学志老师给出的理由是——"班会应该能够引领学生的精神成长，覃丽兰老师的这个主题班会，不侧重于具体案情的侦破，而是用故事启迪学生的心灵，让受教育者在欣赏故事中完成思想认识的提高，用小的题材、小的故事彰显大的专题，以小见大，巧妙地完成了我们班主任的思想教育工作，确实值得借鉴。"

四、怀揣着持续发展的教育理念开班会——将主题班会课程化

教育是慢的艺术，班会课只是班主任工作开展的多种形式之一，寄希望于用一节主题班会就能够解决所有问题是不现实的。心灵的润泽是一个长期潜移默化的过程，我们的班会要关注学生的持续发展，用课程的理念做好我们的系列主题班会。这样，我们就能够从结构的层面上组建一个主题班会的德育系统。

我每开展一个主题班会，都会从时间纵深的角度，设想一下中学三年时间里这个主题该怎么做。这样，就使得我的主题班会在主题上具有延续性、整体性、一贯性，同时在操作上也具有前后的借鉴性、启发性和不断突破。所以，我的主题班会，一般都是以高中三年的需要来做整体规划设计。

举一个很简单的例子，比如，每年过圣诞节，我们班就有一个"圣诞班会课程"，取名叫作"圣诞节的戏剧人生"：高一，学生表演课本剧；高二，专门表演莎士比亚的戏剧人生；高三，则是影视模仿串串烧。这样，每年过圣诞节，孩子们都会有期待：今年的圣诞节和去年有什么不同？今年我们要如何制造浪漫和创新呢？主题班会时间还没有到，孩子们已经投入了他们的渴望。您说，这样的主题班会，哪里会开得不成功呢？

又如，我们班的另一个班会课程——"班级纪念日庆祝活动"，也是三年的设计：高一班庆，"我为'瑾瑜'献首歌"小组原创诗歌朗诵会，小组集体自创的诗歌，朗诵起来更加动情；高二班庆，我们开展了"寻求优雅的生活"古典诗词歌

第六章 打造卓越班级活动的5个策略

曲翻唱演唱会，在一首首经典诗词的吟唱中感受诗词的经久魅力；高三班庆，则是"华丽的转身"兰韵原创诗歌朗诵会。

这样，中学三年，同学们在班会之前要达到什么目标，也就在这个主题班会召开前得到了落实：高一，百学先立志；高二，规划职业理想；高三，让梦想在现实中起舞。梦想就在这一次次班会中得到夯实强化并逐渐走向现实。

不用班主任每天督促，不用我们"盯、关、跟"，孩子们就会自觉地努力拿出自己最好的成绩。

除此以外，我还从课程设计的理念出发，出台了我们一个学期的全部主题班会。下面是"瑾瑜214班"一个学期的主题班会主题。

二月份主题"梦想"

百学须先立志　学长谈梦想

书山有路勤为径　他山之石可以立志

三月份主题"自主学习"

我为何而学　学习效率掌握在我手中

给自己一颗漂亮的心（自我激励）

四月份主题"责任与合作"

做一个敢于担当的人　小组最佳合作方案

五月份主题"自主学习"

高效学习日　我的时间我掌控　最佳成长日记

六月份主题"有效复习"

小纠错本积累展示　复习技巧

不仅仅是娱乐自己，更关注用班会解决实际问题——课程开发的理念，让我的班级越来越优秀，越来越自觉地趋于卓越。

打造高中卓越班级的42个策略

五、关注德育内化——班会后反思和自省

班会你不要开了就完事了，还要关注"后来呢"。如果没有"后续"，班会的教育效果多少会打些折扣。

班会的"后续"是什么？是德育的内化，是班会内容内化为班级日常氛围和舆论环境，内化为学生的情感追求和精神面貌，内化为核心价值观念和道德操守，内化为平时的行为习惯和言行举止，内化为学生的团队意识和荣辱观念。开一次主题班会，一定要让学生有所触动，有所启发，有所警醒。

如何内化？我的招数就是"谈谈，说说，聊聊，尝尝，想想"，即——

撰写随笔，谈谈体会。让学生对班会的主题、内容、理念进行深入思考，并结合自身实际，进行自我省察。

课间交流，说说感想。每次班会随笔，学生以小组为单位进行跟帖交流，孩子们写在跟帖日记本里，互相感染，互相启发，这效果胜过班主任说教十倍！

师生反馈，聊聊心声。聊聊理想，聊聊愿景，聊聊你我彼此的感受，聊聊得失……师生的感情在聊中融洽，隔阂消失，关系密切，成就一个美好的班集体也就为期不远了。

活动跟进，尝尝味道。后续活动的开展和延伸，比如说，利用黑板报等其他活动形式，将德育效果进一步固化。

定期反思，想想行动。我们班有一个定期反思安排，即每次主题班会后一周，我们都要联系主题班会，小组开展反思座谈，聊聊主题班会对大家的改变。比如说，在"我心中的理想班级"班会后，我们对照"气质如兰修炼箴言"进行查摆对照，班级在卫生保持、生活习惯上得到了显著改变。

每届学生毕业之后，对班级充满留恋的同时，又对班上曾经开展过的活动记忆犹新——对他们来说，那就是青春留下的最美好的回忆！

第六章 打造卓越班级活动的5个策略

策略33：给孩子一个有创意的生日庆祝活动

生日过得有意义，重在它与众不同的形式，重在通过生日，让孩子体会到自己的与众不同……

现在的孩子特别重视自己的生日，一次平常的生日庆祝，花费就是数百。要是没有谁关注，对孩子们来说，那可是惊天动地的大事情。

相反，您如果关注了他们的生日，那感情可就不一般了。所以，我在班上推行创意生日，给增强班级凝聚力打造了一个强有力的情感纽带。通过给他们过一个浪漫的创意生日，不自信的变自信了，自卑的变得自强，自私的变得为他人着想，孩子们一个个变得激情上进，一个个变得才华横溢，一个个变成我的"跟屁虫"。同学之间越来越和睦，班级也由一个普通班级变成优秀班级。孩子们在创意生日中蜕变、成长。

2013年7月25日，我在全国班级自主教育管理第二届论坛展示我班上的创意生日文化时，下面一些听课的老师边听边赞叹："天啊，还有这样用心的老师""简直可以用震撼来形容"……其实，这不仅仅是我的用心，而且是我们班一个团队的用心。在我们班上，过一个浪漫的创意生日，已经成为一种文化现象了。

下面，我就给大家介绍一下我们班的创意生日。

一、成立创意生日智囊团——给学生一份不可预期的快乐

我们班有一个特别的部门，叫"创意生日智囊团"，下设一个创意经理、四个创意助手。智囊团推出"创意生日"三原则：一，每位同学的生日费用控制在

10元以内；二，过生日的方式要有品位，不庸俗，不重复；三，注重过精神生日，杜绝攀比风、吃喝风和送礼风。三原则的目的就是倡导过健康生日。

这三原则中，第一、三条比较容易做到，第二条就特别难——什么叫有品位？即使有品位容易，一个班级五六十个同学，生日要做到形式、内容不重复，不能够互相COPY，这可有难度啊！

智囊团头疼，工作一段时间之后，有些技穷，想打退堂鼓了。我"忽悠"这五个同学："你想成为优秀的人，还是只会傻读书的人呢？"学生当然都说要成为优秀的人。我说："成为优秀的人得有三项品质——一是勤奋，二是合作，三是创新。我们要在'山重水复疑无路'的时候，利用创新，寻找'柳暗花明又一村'。把同学们的生日过得一个个地与众不同，就是对我们创意能力的最大挑战。我们从现在开始锻炼自己的创新能力，你说，这是谁赚大了呢？"

听我这么一忽悠，这五个同学摩拳擦掌、跃跃欲试。在我的指导下，前几个创意都很棒。我又开始忽悠已过生日的同学："你因同学的存在而感到幸福吧？那你是否可以让同学因你的存在而幸福呢？浪漫的生日，需要我们大家的智慧制造惊喜，五个人的智慧是有限的，但是集体的智慧是无穷的，让我们用自己的大脑，去挑战生日形式的智慧极限吧！"

我这么一说，全班同学群情激昂，踊跃地加入了生日创意智囊团。刚开始以两个同学为一组进行生日策划，后来创意经理就以学习小组为单位，每组认领几个同学的生日。班上兴起了生日创意大比拼的热潮，各种各样的浪漫生日出炉了——

"D调组"为金鹏过创意生日写藏头诗："金玉情怀非等闲，鹏程万里正当年，快意今日同相聚，乐看明朝志更远。"

"曦芒组"搜集全班同学的祝福做成心形，为陈甜过生日，陈甜笑开了花。

小宇过生日了！他的桌子和凳子上堆满了粉红色的气球。一看投影，居然还有动漫配音："今天，你死定了，我们在气球里安了'炸弹'，不信，你试试看！如果你想坐着上课的话，请按顺序挤爆气球，看我们怎么'待'你。"小宇挤爆第

第六章 打造卓越班级活动的5个策略

一个气球,马上听见卡通声:"呵呵,是送给你的篮球吧,不过是'假'的。"挤爆第二个:"呵呵,是什么?砖头。谁送的?太不地道哦!"挤爆第三个:"哈哈——祝你生日快乐哟!"大家跟着唱起了生日快乐歌。屏幕显示:"还有一些气球,你就慢慢挤吧。"您说,过这样一个与众不同的生日,您的感觉是什么?

……

每个生日都与众不同,孩子们在创意生日里,享受着一场创造力大比拼的快乐。谁也不知道下一个生日里,自己将和什么样的快乐相遇。

二、关注学生的个性需要——给孩子们一个特殊的激励

学生的需要是我们创意生日的出发点。一切以人为本,怀揣着学生的需要开展工作,这是我一贯的风格,也是我们的创意生日的出发点。但是孩子们的需要不是笼统的,而是各有各的不同,因此,我们就从关注学生的个性需要出发,给每一个孩子以特别的激励。

1. 给偏执叛逆的同学以温暖

如"瑾瑜班"的小武,性格偏激、冷漠、叛逆,从不交作业,经常旷课上网,和父母关系紧张。为转化他,我在他周记里伸出橄榄枝,结果换来的是他的一句"我讨厌别人虚假的赞扬"。他没吃晚餐,我买面包给他吃,他理都不理我。甚至为了激怒我,他还在周记本里写乱七八糟的东西……在我为转化他而头疼时,创意小组的生日帮我解决了难题。生日那天早上,他推开教室的门,全班同学为他唱起生日歌,看着满黑板的祝福,教室里到处挂着气球和送给他的信,他禁不住眼泪在眼眶里打转,趴在桌子上不肯抬头。从那以后,他的心灵解冻了,脸上开始有了笑容,他慢慢融入了集体,运动会还主动报名参加了1500米、3000米长跑,为我班两度在校运会中夺得团体冠军立下了汗马功劳。

2. 给失利的同学以信心

张帆的性格内向、柔弱，在全市模考中失利，垂头丧气。大家送给他的生日礼物是一盏孔明灯，大家在孔明灯上写下对张帆高考的祈福，让张帆慎重地写下心目中的大学，晚自习后，大家陪他一起放飞承载梦想的孔明灯，一起为他许愿祈祷……

3. 给家庭遭遇不幸的学生以安慰

晓芸的妈妈患有神经衰弱症，需要晓芸和父亲常年照顾，母亲病情发作常会影响晓芸的学习。晓芸18岁那天晚上，我早早地做好丰盛的菜肴，让几个要好的同学陪她共享生日晚餐。那一天，全班同学手捧着蜡烛为她祝福，为她的母亲祈祷。小芸感动得一塌糊涂。在同学们的呵护下，她变得开朗活泼，成绩节节攀升，最后考入四川大学。

4. 给默默无闻的同学以关注

韩依枚是班上非常普通的孩子，相貌普通，成绩靠后，平时走路也低着脑袋。她生日那天，全班同学用彩色的留言纸写上祝福的话，在讲台上"砸"给她。一向不自信、默默无闻的韩依枚面对同学们的关心和重视，信心大增，期末考试成绩一下子由第52名进步到了第26名。

5. 给有才华的同学以展现的机会

过生日的同学要猜猜礼物藏在教室的哪个地方，猜错一次，唱首歌，猜错两次唱两首歌，结果一位同学猜错了四次，她根本没有想到礼物藏在投影幕布后面。那一天，好几个课间都是听"夜莺"在歌唱。为什么要这么设计呢？这位女生的歌唱得特别好，让她为大家唱歌是她最快乐的事情。

……

第六章 打造卓越班级活动的 5 个策略

个性需要，特色安排，让我们班每个孩子都享受到一份特别的激励，都感受到他的与众不同，他们内心的兴奋劲儿啊，甭提多高了！

三、传递师生的真挚情感——给学生一份特别的感动

学生过生日，根据具体情况，有时班主任参与，有时候科任老师也参与进来，一起向学生传递我们温馨的祝福。数学老师为晓晓送来书面的祝福；计算机老师为娜娜制作 Flash 祝福语；英语老师与男生合唱《植物大战僵尸》主题曲为乐乐送上生日礼物，我也和学生一起弹吉他演唱；为小沐过生日……每一次生日，学生都感动得热泪盈眶。

学生在过生日被感动的同时，也学会了感恩老师。逢年过节，学生们会用短信、邮件给我温馨的祝福。下面是一个学生的新年祝福信息：

敬爱的西早老师，在已逝去的半年时光里，您见证了我们的成长。您鼓励我们，耐心地教导我们，为我们付出得太多太多，我们向您致以衷心的感谢。这半年里，您时时刻刻地关心着我们，寒假的弯道超车计划、平时的课余"静"文化、每天课前的诗词推荐……无一不倾注了您的心血与对我们的爱。是您，手把手地教我们"像狗一样地学习，像绅士一样地玩"。前世五百次的凝眸才换得今生一次的擦肩。感谢上天让我们相遇，感谢命运让我有幸成为您的学生，在此我向您鞠躬并致以最亲切的祝福，老师您辛苦了，祝您新年快乐、天天快乐、工作顺利！"瑾瑜班"的孩子不会让您失望的。（学生郑思华）

2011 年高考前夕，恰好赶上我和其他几位老师先后过生日，全班同学不仅在教室的地板上用红色蜡烛围成了一个心形，用烛光晚会祝福我们生日快乐，还在足球场上用身体组成一个大大的"爱"——"LOVE"，那种惊讶、欣喜和感动，至今让我想起来都有欲掉泪的冲动。

四、同步学生家庭温暖——给学生一份特殊的温暖

我们"瑾瑜214家庭公约"有这么一条规定:"在你过生日时,请主动感谢爸妈的养育之恩;记住亲人的生日并致以祝贺。"我们给出的理由是:懂得感恩的人,是关心他人的人,是对社会有责任心的人,是值得信赖的人。

所以,在孩子们过生日的时候,我们班都有一个特殊的固定仪式——给父母打一个电话,感谢父母的养育之恩,谢谢他们赐予我们生命。

而且,对于家庭情况不同的学生,我们也有不同的感恩仪式。那一天,家在农村乡下的肖慧过生日,大家委托班主任打通肖慧父母的电话,同学们排着队,一个接一个地对其父母说着感恩的话:"叔叔、阿姨,今天是肖慧的生日,她在班上学习特别刻苦,是我们学习的榜样,是我们的小组长,工作特别认真负责,我们感谢你们为我们养育了这样一个好姐妹,今天是肖慧的生日,也是阿姨的苦难日,我们全班同学衷心祝愿阿姨和叔叔身体健康!"电话那头,肖慧的父母捧着手机,惊喜得哽咽不成声,话都说不连贯。

同步家庭温暖,沟通父母和孩子的感情,关注孩子的父母,就会让孩子有一份特别的自豪感。我们班的创意生日,为沟通两代人之间的感情立下了汗马功劳。

五、升华生日意义——给学生一份有意义的体验

杨麟和杨宸的生日是在我们全班同学去国家级森林公园开展"我做环保小卫士"时庆祝的。全班同学捡拾果皮纸屑,还公园以干净。在公园休息的片刻,我们为二人玩游戏,庆祝生日。

杨麟、杨宸是寄宿生,同学一路用彩色纸片挂着手绘路标。"麟麟、宸宸,你想家吗?往前走,你就能到达快乐老家。""还有三里路,一路青山一路微风,伴你回家,加油哦!""加油,就要到了。""哈哈,欢迎你来到快乐老家!"大家一

第六章　打造卓越班级活动的5个策略

路捡拾着纸屑，一路伴着两位寿星前去"快乐老家"。其实，"快乐老家"就是一片茶树林，大家在茶树林里系满了彩色气球和同学们的祝福。两位寿星，望着缤纷的气球，当生日快乐歌响起时，二人幸福极了。杨麟说："第一次过这样一个有意义的生日，我终于明白西早老师常说的帮助别人就是快乐自己了。"杨宸说："自身的快乐来源于付出，来源于为集体和社会做些有意义的事情。"很多同学都说，这样的生日更有意义。

　　将生日活动列入班级活动的重要日程，并形成丰富多彩的创意生日，孩子们的心和老师贴得更近了。很多同事都说我的班主任工作很有趣，学生说兰兰姐善于"偷心"。我没有特别的本事，只是关注了一个孩子正常的需要——过一个浪漫的、特别的、有创意的生日！

打造高中卓越班级的 42 个策略

策略 34：策划一次美好的班庆活动吧

当一个班级的学生在为自己班级的生日倾心奉献才智的时候，他的情感、他的精神归宿，便有了强有力的依靠。这样的学生，自然会把努力学习当作维护集体荣誉的最好事情来做。

我们班有自己专门的班庆节日。

班庆日，就是我们班集体的生日。任何一个团队，从诞生之日起，就会有它固定的生日，过一次集体的团队生日，有利于增强同学们对集体的认同感，激发他们之间的深厚感情。

一、确立班庆日，确定一个浪漫的渴望

我在外面讲课，说我们"瑾瑜 214 班"有班庆日，很多老师说："9 月 1 日，开学日？教师节？或者是国庆节、中秋节？"都不是，"瑾瑜 214 班"的班庆日，是一个非常浪漫的节日。

那天，孩子们听说我和班委商量确定班级纪念日的事情，顿时热情高涨，个个都献计献策。

"确定在国庆节，怎么样？与国家共欢庆同呼吸。"

"中秋节是全家人团聚的日子，我们是相亲相爱的一家人。"

"不如元旦吧，一年之始。"

……

大家议论纷纷。

第六章 打造卓越班级活动的 5 个策略

有位同学提议道："不如情人节？"

"为什么？"大家脱口问道。

"'214'，是我们瑾瑜的番号呀，刚好那天是情人节，天下有情人享受的是玫瑰的浪漫，我们可以享受友情的温暖呀！"

好主意！于是全班一致通过：美丽、浪漫的西方情人节 2 月 14 日就是我们"瑾瑜班"的班庆纪念日。

每次我讲起这个班庆日的由来，听课的老师都情不自禁地说："你们班的学生太有才了，确定那么一个美丽的节日！"

二、策划一个班庆，策划一段充满激情的旅程

班庆时间确定好了，那么如何庆祝，就成了孩子们商讨的话题。

"班庆那天，品尝美食？我们买很多好吃的，吃个够？"我开玩笑逗他们。

"太没品位了。"同学们嗤之以鼻。

"既然要有品位，当然要表达我们对'瑾瑜班'的爱吧？"

"我为瑾瑜唱首歌，我们来个瑾瑜歌手大赛，怎么样？"爱唱歌的小钰提议道。

"歌手大赛时间长，耗费精力太多，何况都是流行歌曲，怎么能表达爱瑾瑜的主题呢？"又有同学提出异议。

"要不我们'篡改'歌词，一组唱一首歌，进行小组 PK？"

"改歌词还不如写诗歌，"姚金鹏提议，"又有品位，又能自由直接地表达爱瑾瑜的主题。"

这建议得到不少同学的支持，而且主题也确定下来——"我为瑾瑜献首歌"。于是，孩子们开始了一段激情和才华相拥抱的创作之旅。

"寒冰组"组长拿来他们创作的七言古诗《西江月抒怀》，短短 20 句诗里就镶嵌了 12 个词牌名。"卧阑听雨长相思，乘风斩浪破阵子。满江红时披赤甲，朱张玄字点绛唇。忠义乾坤本心固，沧海有泪守明珠。"词牌名与诗意融合得恰到好

231

处，我不由得为孩子们叫好。尤其是最后两句"修德应壮中华气，学艺当惊世界殊"很有气势，展现的全然是青春的朝气蓬勃、激情四溢。我心里满是欢喜，不由得赞叹不已。

"千百度组"的《这里，有我们的爱》更是像一首写给团队的"情歌"，开篇三问，"问世间情为何物，生死相许是不渝的爱情。问世间情为何物，落叶归根是难舍的乡情。问世间情为何物，舐犊情深是瑾瑜的亲情"，道出了对"瑾瑜班"不尽的情意。元好问"问世间情为何物"，问得如痴如怨，"瑾瑜班"的孩子却抒发了对班级的深厚情谊。"鱼知水恩，我们知瑾瑜恩；水明鱼情，我们惜瑾瑜情；瑾瑜，雪莲之花开得正旺，这里，有我们的爱！"

——这是缘分之爱，这是团队之爱，如我们初相遇的眼，那一刻便成为永恒！

"向日葵组"的《欢乐》，通过雪莲（班徽）的白、瑾瑜的绿、运动场的红等诉说着瑾瑜带来的欢乐，这样的形象构思也太精妙了。

看着孩子们为班庆日忙碌着，我心里涌起一阵阵欣慰。不少老师对我开展这些看似和学习成绩无关的活动很好奇，这东西能够提高成绩吗？对团队建设有用吗？有用！当一个班级的学生在为自己班级的生日倾心奉献才智的时候，他的情感、他的精神归宿，便有了强有力的依靠。这样的学生，自然会把努力学习、做最优秀的自己，当作维护集体荣誉的最好事情来做。

三、举办班庆活动，进行一次优雅的展示

2月14日，情人节那天，我们如期举行了班庆活动。我们与天下有情人共度一个浪漫温馨的佳节，他们享受的是爱情，我们享受的是友情和瑾瑜家族的温暖。

孩子们依次朗诵着他们的原创诗歌，把他们对班级的爱、对同学的依恋、对友谊的赞颂、对老师的感恩、对未来的展望、对青春的期许，全浓缩在那抑扬顿挫的诵读里。一灯一光，一影一腔，幻化的是孩子们青春的梦想。

第六章 打造卓越班级活动的5个策略

诗歌是精神的贵族,青春是激情的年龄,我坐在下面聆听孩子们的朗诵,看着他们表演,犹如享受了一次优雅生活的熏陶。好多次诗歌朗诵之后,台上的泪流满面,台下的感动一片。在这种心与心的感动中,在这种优雅的展示中,我们的精神生活,变得澄净、空明。心中有的,就是集体的温暖、同学的渴望、大家的梦想……

令人印象最深刻的是"星火组"的《夏日里的相遇》和"虹渊组"的《瑾瑜伴我们成长》。《夏日里的相遇》——"军训数日,让我学会坚强,烈日之下不低头/运动会上,让我领悟拼搏,为了班级冲在前锋/课本剧中,让我懂得责任,无上光荣是你自豪的眼神/生日创意,让我心中每寸地方,都有阳光的温暖/不再有希望成空……"吟咏着瑾瑜走过的一幕幕,那些温馨画面让我们微笑着泪流、流着泪微笑。

"虹渊组"的《瑾瑜伴我们成长》,回忆着初相遇的美好,回忆着那创意生日的一幕幕温馨,回忆着运动场上震撼赛场的呐喊助威,回忆着承载我们成长岁月的点点滴滴,有太多的不舍。

瑾瑜伴我们成长

虹渊组

当我颤颤地捧起那一张崭新的大红录取通知书
当我轻轻地踏入这一方宁静的绿意盎然的校园
当我急急地在墙上的名单中寻找那最熟悉的几个字
当我心潮难平地跨入这间教室
当我好奇地打量着周围张张陌生的面孔
我便与214紧紧相连了

我们原本来自五湖四海,各不相识
为了渴求知识,为了追逐梦想
隐隐中一根透明的丝线

便将我们缠绕在了一起
一种莫名的缘分
让我们在时间的无涯的荒野里相遇

我们曾羞怯，曾不安
我们曾紧张地坐在座位上不知所措
我们曾不好意思地同周围的同学打着招呼
我们曾默默地追忆昔苦
最初的我们，最最熟悉的陌生人

时间带走了最后一丝羞怯
相处消除了最初几抹不安
曾陌生的面孔早已变成了亲切熟悉的笑靥
曾生涩的招呼早已变成了善良体贴的问候
紧张的学习中，闲适的活动中
我们的心彼此紧紧靠拢

"瑾瑜"是我们身上被刻下的烙印
怀瑾握瑜意气风发
成竹在胸，所向披靡
"宁静致远，奋勇不凡"是我们内心的信念
非宁静无以致远
宠辱不惊，看庭前花开花落
去留无意，望天上云卷云舒
有奋勇加不凡
锲而舍之，朽木不折

第六章 打造卓越班级活动的5个策略

锲而不舍，金石可镂

在100多天的朝夕相处中
在萧瑟的秋和肆虐的冬的交接中
在时间顽皮地悄悄从我们指缝间溜走中
我们的回忆镌刻在光阴的深处
曾记否？漫天信笺似星空
字字情深意切切
曾记否？五彩灯光洒轻柔
句句祝福笑盈盈
曾记否？温馨歌儿扣心弦
声声悠扬情暖暖
曾记否？健儿赛场秀英姿
阵阵呐喊志满满
曾记否？剧本表演惊全场
动人场景一幕幕
啧啧赞叹泪闪闪
点点滴滴难述全
然而逝者如斯，人各有志
分离的时刻总会来临
但当"瑾瑜214"成为心底最柔软的部分
成为脑海最珍贵的记忆
很久以后，当走在时光的岔路口
我们回首望
心头总会浮上一种甜蜜的忧伤

不是刻意让孩子们煽情，可是当孩子们用心谱写一首首爱的诗歌时，那份心血和情感就已经将班级刻进了记忆，永远珍藏。五个"曾记否"勾起了孩子们一幕幕美好的回忆，五个"曾记否"在我们心底泛起阵阵涟漪，五个"曾记否"那种甜蜜的忧伤似乎就在心头化开，痛并快乐着，我的泪水不禁溢满眼眶，看看孩子们，不少已是泪满腮。

我们的班庆，没有灯红酒绿，有的是文雅的诗词朗读，相信这样的优雅熏陶，会在孩子们心中留下浪漫的回忆。

后来，"瑾瑜214班"因为文理分科解散，可是在2月14日那天，"瑾瑜"的孩子们依然会在班级QQ群里面大声宣布："今天我过节！今天我们过瑾瑜节！"

四、开发班庆活动，开发一个个美好的期待

除了"瑾瑜214班"之外，我带其他的班级，也在班上推行班庆活动。而且，我们还设计、开发了一系列的班庆活动，每年搞一次班庆，把班庆当作一个凝聚班级精神的好载体。班庆，在我们班上越来越具有规模，越来越成系列，越来越有特色。

比如说，我带"兰泽208班"的时候，孩子们根据班级番号，把"二月初八"定为我们的班庆日。"兰泽208班"是文科班，他们提议，文科班的班庆要优雅、古典一些，要能够传递一种文化的韵味，因为我们的班名，就是在古典文化里找到灵感的。这主意好，于是，"兰泽208班"的班庆，就是一个古诗词的演唱会。

下面是我们"兰泽班"的班庆活动"寻找优雅的生活"活动程序。

"兰泽班"班庆活动程序

序号	曲目	作词	演唱
1	《一剪梅》	李清照	清晓组

第六章 打造卓越班级活动的5个策略

续表

序号	曲目	作词	演唱
2	《烟花三月》	李白	素弦组
3	《送别》	李叔同	仓颉组
4	《虞美人》	李煜	西早老师
5	《天净沙·秋思》	马致远	尚翊组
6	《菩萨蛮》	温庭筠	惊梦组
7	《金缕衣》	杜秋娘	子衿组
8	《黄鹤楼》	崔颢	璟涵组
9	《静夜思》	李白	绣心琴影组
10	《月之灵组歌》	李白、苏轼等	咏絮组

为让班庆更富有文化特色一些，他们的主持词也特别典雅。这是其中的一段男女对吟——

那一夜月光倾城，那一夜思念无痕。（男）花好月圆时，我与你千里共婵娟，皎洁月儿盈盈时，我与你共沐月华。（女）一万年太久，只争朝夕。（男）你问我爱你有多深，有几分？（女）我的情也真，我的爱也真，月亮代表我的心。（男）但愿人长久，千里共婵娟，（女）愿天下良人共赏今夜月色，共度美好岁月！（合）

诗一样的语言，歌一样的吟唱，才子佳人的绝配，在班庆活动现场掀起一个又一个高潮。

李白的《送孟浩然之广陵》被"素弦组"演绎得极有韵味。柳条相赠话别，舞蹈穿插再现当年李孟友谊情深，该组唯一男生耀哥笛声婉转，惊煞全班。笛声和着歌声，从远古的唐朝，一直穿越到今夜的梦里……观众故作花痴状，如痴如醉在这烟花三月送别里。我不由得叹服孩子们的构思，一首诗也会演绎出那么动人的离别场景，与幻灯送别相得益彰。

"咏絮组"的吟唱更有特色，他们不仅设计了环环相扣的"月亮"诗歌，而且制作了现场能够互动的幻灯片。"海上生明月，天涯共此时。"《春江花月夜》的管弦曲推出"咏絮组"的《月之灵组歌》。

全组齐诵之后，依雯像仙女一样个人独诵"明月何皎皎"，配以现代文的"我心爱的人已随那出征的号角离去，空余这满地霜华，晓星初上。清冷的月光，请你代替我，将他内心的孤寂照亮"，真是让人陶醉。

依雯梦幻般的话语还没结束，《水调歌头》歌声起，六个同学又轮流唱起来：

（龙）明月几时有？把酒问青天。

（曾、毛）不知天上宫阙，今夕是何年。

（姚、毛）我欲乘风归去，又恐琼楼玉宇，高处不胜寒。

（李、陈）起舞弄清影，何似在人间。

（姚）转朱阁，低绮户，照无眠。

（龙）不应有恨，何事偏向别时圆……

随着歌声的内容变化，学生剪的黄月亮升了起来，圆圆的皎洁明月照着绮户，还照着那位不眠的人。

众人一起看月亮，一起歌唱——

我们一起看月亮爬上来，你也在失眠想着你的最爱

我们一起看月亮爬上来，你也在失眠想有美好未来

我们一起看月亮爬上来，你也在失眠谁在为谁等待

我们一起看月亮爬上来，失眠的夜爱的人会不会向你告白

最后两句，依雯、晓沛轮唱，然后小组齐唱，体现了小合唱的变化之美。唱到最后，来一首《诗经·小雅·采薇》：

昔我往矣，杨柳依依；今我来思，雨雪霏霏。终于亲吻久别的土地，终于等到如梦的归期。看到你熟悉的身影，泪水便湿了我的眼睛。我颤抖着唱起家乡的

第六章 打造卓越班级活动的5个策略

歌：式微，式微！胡不归？微君之故，胡为乎中露？式微，式微！胡不归？微君之躬，胡为乎泥中？阔别两载，一日如年，春去又秋来，我终是等回了你啊，我的良人！

执手相看泪眼，无语凝噎，期待、委屈、欣喜都化在了交会的眼神里，都化在这《月亮代表我的心》的歌声里……

我惊叹孩子们的精妙构思，似乎如画卷徐徐打开，总让我们不知道后面的故事将会怎样演绎，生动的场景，生动的诗词对白，生动的表演，展现的是生动的生活……

节目表演完，大家才从"咏絮组"设置的场景中走出来，也不由得唏嘘不已。以吟带唱，吟唱互现，演绎了一幕幕人间真情的咏叹。

其他组也精彩纷呈。每一首歌曲都古韵幽香，每一首诗歌都经典文雅。有二胡的伴奏，有小提琴的低吟，有笛声的悠扬……伴着同学们心灵的歌唱，在一首首经典诗词的吟唱中，我们感受着诗词的经久魅力。在尽心的表演、尽情的歌唱中，孩子们的青春、才华得到了尽可能的张扬。

班庆结束了，带给孩子们的却是永恒的记忆。每次班庆，都成了学生心中美好的期待。每到新年开学之前，早早就有学生热切地问——老师，我们还举行班庆吗？

打造高中卓越班级的42个策略

策略35：在感动中推进感恩教育

他们做什么活动，都只求在形式上完成任务，不求内容上的落实和实际效果的提升，没有贴近生活、贴近孩子们的实际，再好的题材，也会引起学生反感。

网上爆料，某学校要求学生回家给父母洗脚以示感恩，引起学生大为不快，于是网上热炒感恩不可生搬硬套。一些班主任诉苦，让学生给母亲写封感谢信，学生们老大不乐意，引发了一系列的关于感恩教育的反思。

感恩教育错了吗？我认为，感恩教育没有错，只是我们一些老师的做法错了。他们做什么活动，都只求在形式上完成任务，不求内容上的落实和实际效果的提升，没有贴近生活、贴近孩子们的实际，再好的题材，也会引起学生反感。

有效的感恩教育，首先要能够让人接受、让人喜欢，然后才能够产生教育效果。我的感恩教育，重在让学生体验。

一、爱的体验——护蛋行动ING

"你们觉得该怎样做感恩活动？"班干部例会上，我抛出了这个问题。孩子们马上思索起来。

"我们给父母写信。"

"我们给父母送贺卡。"

"我们精心制作一台节目，请爸爸妈妈欣赏。"

"前几天我听我邻居家的小学生说，他们班开展'护蛋行动'，感受妈妈怀胎

第六章 打造卓越班级活动的5个策略

10月的辛苦。"

"啊？护蛋？有意思！"大家一时来了劲。

"我们小时候也做过呢。"郑思华很自得。

"那我们再开展一次'护蛋行动'，体验一下妈妈的艰辛吧！"

大家一致赞同。

由于要月考，护蛋体验活动只能在月考后开展。而感恩节将至，算来算去，只能进行24小时的护蛋体验。24小时与母亲怀胎10月300天7200小时相比，只是1/300。怎样让这24小时的体验深入学生的心灵？怎样让学生能够体验母亲怀胎10月的艰辛？我找来智囊团为大家献计献策。

我已经习惯了这样的方式。请学生献计献策，有这么几大好处：一是，学生参与班级管理教育工作，感受到自己很重要，尤其是见解被采纳，那种得到肯定、赞扬的自豪感不言而喻；二是，来自学生的心声最具有广泛的代表性；三是，班主任个人的力量和智慧是极有限的，我们不能一厢情愿地绑架学生的意愿和想法；四是，班主任偷懒，却可以趁机锻炼培养一群勤快的孩子。好处多多的事情，不干才是傻瓜呢！

智囊团冥思苦想，出台了基本意见：

（1）24小时鸡蛋不能离身，吃饭、上课都要如此，晚上睡觉可以放在床边，要求距离身体不到20厘米。

（2）采取一定的防护措施，确保护蛋行动有力地进行。

（3）每小时记录一次护蛋体验，写出不少于14小时的护蛋心得。

（4）为了使护蛋活动有趣，要求给自己的"宝宝"取一个名字，并写在鸡蛋上。

第二天中午发放鸡蛋，学生们早已精心准备了护蛋装备。有的准备的是一个小纸盒，里面塞满了棉花；有的准备的是一个布袋子，里面还放了一些米；有的准备的是小瓶子，瓶子里塞满了纸屑……

分发鸡蛋时，我对孩子们说："这枚鸡蛋就是一个生命，我希望你们作为父亲、母亲好好呵护她，珍爱这个脆弱的小生命。"

刚才还在嘻嘻哈哈的孩子们，一下子个个脸色严肃起来，小心翼翼地接过鸡蛋，小心翼翼地在鸡蛋上写上宝宝的名字。有的起名"宝护"，有的起名"菲菲"，有的干脆叫作"宝贝儿子"。他们小心翼翼地把写好名字的鸡蛋放进早已准备好的"装备"里。

刘巍将鸡蛋放在好几张大报纸中间，里三层外三层地包裹起来，一下子就变得像柚子那么大。大家笑问："你怎么装进口袋？"谁知他往衣服下一塞，肚子就鼓起来："做妈妈就要这样子，这才是准妈妈相！"刚开始还笑话他的同学肃然起敬。

鸡蛋分发完，我一进办公室，其他班的好几个学生也跟着我进了办公室："覃老师，你们班这活动有趣！我们可以参加你们班的护蛋活动吗？""当然没问题，只是我们没剩下几个鸡蛋了，不够你们护啊。""我们自己买！""行，那你们就和我们班一起参加这'护蛋行动'吧！"

24 小时护蛋行动开始！文宣部已经在后黑板上写上了"兰泽护蛋 ing"。我满以为应该是没有什么波折的 24 小时，谁知几次波折让这 24 小时波澜起伏。

晚自习恰逢班上举行创意生日庆祝活动，赵子晴设计了几个很 high 的场景，击鼓传花送祝福，还要集体跳骑马舞（《江南 style》）。这对大家可是个考验。刚开始大家还小心翼翼，传递动作轻微，生怕伤了揣在口袋里的"宝宝"。可是到了尽兴处，大家 high 高了，突然有人尖叫："哎呀，我的鸡蛋碎了！"接着又是一声："我的宝宝——"哭腔呼喊，真感觉是丧子之痛啊！

大家一下子沉寂下来，赶紧去查看自己的"宝宝"。有的拍着胸，庆幸自己的宝贝没碎；有的小心抚摸着，长舒一口气，好像这儿子是失而复得。鸡蛋碎了的同学，看到其他同学的鸡蛋安然无恙，全然没了生气，正坐在座位上懊恼不已。

看着孩子们这样的行为和表情，我在一旁窃笑不已。孩子们其实不是缺乏爱心，而是缺乏体验和机会。平时父母什么都做了，孩子们哪里有机会体现自己的责任心啊?! 当他们学会呵护他人,这份爱心就来了。

第二天跑操,孩子们一听广播响,就嚷起来了。"怎么要跑操,那我的儿子怎么办?""我的乖女儿啊,妈妈要跑操,你可要乖乖待在口袋里啊!"听着孩子们的自言自语或对话,我又忍不住乐了。跑完操进教室,同学们一个个赶紧检查自己的宝贝。还好,没有碎。

下午体育课,我心里嘀咕:体育课,看这群孩子怎么疯癫啊!谁知一下体育课,体育老师米老师来告状:今天你们班的同学都不肯跑步!

"到底跑步没?"我好奇地问道。

"当然要跑了,这可是挑战他们耐性的好机会呢!只是今天跑得比往常慢,生怕鸡蛋掉出来。"

我想象着这些活蹦乱跳的孩子们,如一群小脚女人慢慢挪步的场景,不由得和体育老师会心一笑。

孩子们一进教室就交流着体育课上的惊险一幕。

"我的儿子差点摔了出来,幸好我及时接住了!"——好险!

"我是一直捂着口袋跑的。"

……

终于结束了24小时护蛋活动,全班56人,48枚鸡蛋完好无损。班级小记者赶紧让鸡蛋宝宝和他们的爸爸妈妈合影留念。

二、爱的分享——护蛋体会大家谈

同学们也纷纷交换护蛋记录。

这是石雨芳同学的护蛋记录:

16:30——我领到了属于我的鸡蛋宝宝,捧在手上,我感到了巨大的责任。

17:30——我带着宝宝去学校餐厅吃饭,我一直很小心地走路,生怕撞到同学,心里忐忑极了。

打造高中卓越班级的42个策略

18:30——在宿舍里洗衣服,平日里坐着洗,今天只好站着洗衣服,怕宝宝掉出来。

19:30——创意生日会上,宝宝从口袋里蹦出来。幸好我眼疾手快,一把接住,保住了我的宝宝。现在我和宝宝一起自习,一切正常。

20:30——发现鸡蛋上有一个小裂缝,是不是刚才用力过猛?宝宝,你一定要平安!

21:30——下晚自习了,宝宝依旧安好!

22:30——回到宿舍休息,今天不敢串门,我可是有"身孕"的"妈妈"了。

23:30——将宝宝放在床边和我一起入眠,晚安,宝宝。

6:30——早上起床,慌乱中穿衣服,准备跑早操,差点挤坏了宝宝,虚惊一场。

7:30——宝宝和我一起吃好早餐上早读,今天我为儿子读了《蒹葭》。

……

16:30——我和儿子拍照留念,感觉真好!

编年体的护蛋体会,每一个小时的护蛋体验都记录在上面,事情虽细小,却又是那么生动,俨然就是父母对一个小生命的爱呀!

有些孩子写得更加详细,如姚玛烟这样写道:

我的外号叫"蛋蛋",我在鸡蛋的第一面写了"蛋蛋"两个字,意思是我会像保护我自己一样保护好它。然后在鸡蛋的对面,我写上了"宝护"两个字,我要把它当成自己的"宝宝"一样保护好。

我先用七层纸巾包好,把它放在校服里的第二件外套的荷包里。因为荷包有扣子,荷包扣上,"宝护"就不会掉出来了。我把它贴身带着,跑操和下楼道拥挤的时候,我会下意识地用手护住。从家里出门,弯腰系鞋带,我唯恐压到肚子边上的"宝护",还把肚皮往里凹一点。

第六章 打造卓越班级活动的5个策略

鸡蛋碎了,孩子们的心情很糟糕。如张译元这样写道:

我的宝贝实在有点悲剧。五位同学过生日,我一过度兴奋,来到我身边不到两小时的小生命就不幸夭折了!

鸡蛋碎了,我的心情很糟糕。一个鸡蛋就是一个脆弱的生命,当我拿到它时,便感觉有一种责任、担当,心想在之后的24小时里我要用全力去保护它。结果却是让我失望。

我的小宝贝,永远地离开了我……

尽管一些孩子的护蛋行动失败了,但是对生命的感悟、对父母的理解却更深刻了。何亚兰在护蛋失败之后写道:

看到周围同学的蛋都完好无损,而我一不小心,这个小宝贝就永远地失去了生命,我十分愧疚,不由得想起我和我妈妈的故事来。妈妈怀我的时候,肚子里长了一个肿瘤,肿瘤随着我一起长大。最后的结果是,我和妈妈只能有一个可以留下来,妈妈坚定地选择了要生下我、保全我。妈妈为了看着我安全地降生,剖宫产的时候只使用了局部麻醉,硬是忍着剧痛将我送到这个世上。我很庆幸今天能站在这里,更庆幸我有这么一位伟大的母亲!

护蛋行动让我明白了当初父母的辛苦。当我无助悲伤的时候,总是他们在鼓励我,给我信心,伴我成长。我也会在今后的日子里多陪陪我的父母,不让他们孤单。

孩子们在护蛋行动中变得更加成熟,思考问题也更加理性。方圆在护蛋日记中写道:

拿到手中的鸡蛋,上面有磕过的痕迹。同学们建议我换一个,我想想还是没有换。因为一位母亲拥有自己的孩子,这孩子对她来说就是唯一的,不管它是否有缺陷。对母亲来说,有缺陷的孩子也是自己身上掉下来的生命,她也会对孩子付出自己全身心的爱……

读着孩子们的一段段心语，我内心十分感动。这样生动而又真实的感受，唯有付出过才能体会到。当孩子们通过护蛋行动，反思到父母之爱时，这感恩教育就有了基础。

三、爱的共鸣——家长互动访谈

为了让孩子们更好地感受父母的付出，护蛋行动结束后，我们特意请三位家长来谈谈孩子们的成长经历，于是来了个"爱的共鸣——家长互动访谈"。

我们请来了郑思华的爸爸、王婧的妈妈和赵子晴的妈妈，然后由我班兰泽电视台金牌主持人姚梦怡主持访谈。

梦怡伶牙俐齿，抛出了第一个问题，那就是分享父母们的育儿经。

郑思华的爸爸言语质朴，叙述的事情极小，讲述的都是培养郑思华的一些细小的事情。孩子们都听得十分认真。郑爸爸讲起郑思华小时候骨折、他们一家人背着她去长沙治疗的情形："郑思华小时候是男孩子性格，一次荡秋千骨折了，很严重，每到周末就要带她到长沙去换药、上药、复诊。县城没有火车，交通也不方便，每个周末，我就背着郑华从县城到市区，搭上火车去省城。每次都是周五去，赶晚上的火车，清晨到长沙。检查、治疗完毕，当晚又连夜背着女儿赶回来。这一背，就是三年……"郑爸爸一直觉得让孩子受苦了，心里难受。父爱如山，父爱也如水啊！他诉说的不是自己的累，而是孩子的痛，孩子们听得哭声一片！

赵子晴读初中时曾经出过好几次麻疹，她妈妈没日没夜地照顾她，最后把自己累倒了。赵子晴的妈妈张阿姨叙述其中的细节，说到她心中的害怕："铁路医院整个一层楼只有我和我女儿，他爸爸在外地工作，我也胆小，我就将医院走廊里的所有路灯都开着，只要女儿平安，我就什么都不怕。"孩子们致以热烈的掌声，那哭着鼓掌的场面，感动了好多人。一些外班的老师和学生知道我班召开家长和学生座谈会，也前来观摩，结果也看得泪眼婆娑。

第六章 打造卓越班级活动的5个策略

最后，梦怡询问三位家长："你们希望孩子成为怎样的人呢？"

郑爸爸希望思华能快乐地学习，把高中生活当作个人难得的经历，以后回想起来，这也会是人生一笔很宝贵的财富。王阿姨希望王婧做一个有孝心、有爱心的人。张阿姨则希望子晴能成熟一点、文静一点。

父母的期望是那么实在，赢得了孩子们的一片掌声。

不少孩子当天晚上就回去问他们的父母，一起回忆当年的点点滴滴，两代人的感情就在这种交流中得到共鸣。一个孩子在周记中写道："母爱如水，细腻绵长；父爱如山，宽广深厚。我们每个人都感受到父母的爱，只是因为它渗入到我们的点滴生活中，如同我们生活中的盐一样，太普通、太不起眼，而常常被我们忽视。今后，我们要用真心记住这些爱的瞬间，多和父母沟通交流……"

四、爱的回馈——现在开始感恩

访谈后，三位孩子走上台和爸妈热情拥抱。赵子晴特意为妈妈颁发了"最美丽母亲奖"。奖状是赵子晴自己手绘的，中间是"最美丽奖"的红色字样，正中央是手绘的图画：妈妈的大手呵护着孩子的小手，还在周围画上一大一小的两条鱼。

赵子晴的妈妈握着卡片，母女俩相拥而泣，而孩子们也起立，与同桌或拥抱或握手，传递着友情的温暖。

在大家被感动的时候，我趁机提出要求：让我们为父母送上一句感恩的话吧，给父母一个实在的感恩行动！

哇塞！那些让人感动的话语，一下子全从孩子们心中流出来了。

妈妈，小时候，您用双手一直将我保护，我永远无法忘怀您的双手，您温馨的目光，教我坚毅望着前路……爱您，我的至爱，妈妈！

——刘苇

您是无微不至地照顾我的妈妈，也是为我分忧、听我诉说、同我分享的朋友，您，是我的唯一。您的爱，我无以回报，真心地对您说声："谢谢！"在您年老后，我将带着爱和您去旅行。

——周麟

16年的路程您伴我走过，看着我从幼稚到成熟，看着我从失败走向成功，看着我哭，看着我笑。您不会溺爱我，也不会责罚我，不愠不火的您是寂静的。长大后，我渐渐感受到了您不浮夸的爱，朴实温暖。今天，女儿把"最佳奉献奖"颁给您，我最亲爱的爸爸，希望能经常看到您的笑颜！

——杨梦欢

因为您和爸爸，我成为世界上最幸福的人、最快乐的人。记得那次我住院，他们都说我瘦了。其实我很想说，妈妈，您也瘦了，那段时间您不仅要照顾我，还要回老家为太太送行，您真的瘦了……谢谢您的呵护，谢谢您的保护，谢谢您的教育，谢谢您的抚养。我要给您颁发"最伟大母亲奖"！

——王鑫兰

在这个世上有一个男人永远记得我的喜好，了解我的口味，为我挑选合适的东西，除了手机关机外永远不会不接我的电话，一心一意地爱着我，那个人就是您，我亲爱的爸爸！感谢您为我所做的一切，为我蒸"手抓鸡"，为我煮饺子，在大半夜接我回家……

——陈甜

总是向您索取，却不曾说谢谢您，直到长大以后，才懂得您不容易。可是您不在我身旁，托清风捎去安康。谢谢您做的一切，双手撑起我们的家，谢谢您竭尽所有，把最好的给我！感谢一路上有您！

——小钰

小彭同志给大彭同志的祝福："身体好才是王道，才是真的好！"特将"最佳幸福奖"颁给我亲爱的大彭，这不仅是您的奖，也是我们全家的幸福，属于您和妈妈，属于我！

——彭雯婷

……

孩子们自发、主动地为父母颁发着奖状，当孩子们反思着自己的言行，当父母收到孩子们的这个小礼物时，又将是怎样的欣喜呢？

感恩不需要绑架，感恩需要水到渠成的引导。当孩子们从护蛋行动中体会到父母之爱时，当他们切实感受到父母的不容易时，这感恩，自然就从心底流出来。

打造高中卓越班级的42个策略

策略 36：用活动为学习保驾护航

如果孩子们的学习欲望和上网一样迫切，一样成为他们生活的需要，他们想不提高成绩都难。为什么？因为他们一门心思想的就是怎样读书、怎么提高自己的学习成绩啊！

关于班级活动，一些老师还有部分误解。在他们眼里，班级活动就是唱歌、跳舞、运动会、主题班会、义卖……好像只有这些热闹的活动，才是班级活动。

其实，班级活动的内涵很丰富，外延也很宽广。凡是有目的、有步骤、有计划、有组织地实施的班级集体教育行为，都可以归纳到班级活动中来。那么，职业规划、思想教育、德育宣传……都是班级活动的重要内容。

打造卓越班级，就需要我们在班级活动上不断创新、不断发展，用丰富多彩的活动促进班集体建设。我就是利用"让梦想在现实中起舞"的班级活动，对学生进行理想教育，激励学生积极学习的。

一、规划职业梦想，奠定进取方向

理想是人前进的动力。可是有些老师反映，现在的孩子别说理想了，哪怕一些最基本的生活欲望，他们都幸福得没有了。我们过去为改变个人现状而拼搏读书的现象，在现在的孩子身上几乎很难找到了。

这个说法有一定的道理，但是也不全对。我觉得，关键不是现在的孩子没有成长的欲望和动力，而是我们没有找准关键点，没有找到激发孩子欲望的心灵密码。

第六章 打造卓越班级活动的5个策略

每个人都会有一定的欲望和动力，只要我们去点燃它，孩子们就会焕发出让你惊讶的爆发力。不是有些想上网的孩子，为了上网挖空心思、不择手段吗？如果他们的学习欲望和上网一样迫切，一样成为生活的需要，他们想不提高成绩都难。为什么？因为他们一门心思想的就是怎样读书、怎么提高自己的学习成绩啊！

那么，怎样让学习成为孩子的第一生活需要呢？如何激发他们的进取动力呢？最好的办法，就是想办法给学生平淡的人生加一个欲望，加一个野心，加一个前进的目标。

我每次在接手一个新班的时候，都要学生规划自己的人生，让他们瞄准自己喜欢的大学和专业，核实该校在湖南省三年的录取分数线，并算出超过当年一类本科或二类本科多少分数，以明确自己以后每一门学科需要达到多少分才能取得这张"船票"。为什么要这样做？这样做的目的，就是激发孩子们的职业梦想，为他们今后的三年中学生活奠定正确的人生方向。

但是现在很多老师已经不对学生进行理想教育了，而且整个社会也流行一种庸俗的成功观，谁要是说理想，别人就会觉得好笑。因此，现在有些孩子，即使有了一定的职业梦想，都羞于提出来。这种现象是很不正常的。在我们班的"21天成功训练"里，我大张旗鼓地对孩子们说：没有谁能随随便便地就获得成功，成功需要我们有明确的进取目标，需要我们为人生目标数年如一日地坚持、努力。

所以，我在每接一个新生班级的时候，就要求他们瞄准自己喜欢的一所大学，确定以后三年的高考分数线。我对他们说："喜欢某所大学不是罪，没有目标才是可耻的。"于是孩子们不再像以往那样藏着掖着，而是很自豪地说"我要去厦门大学""我要去北外"。甚至孩子们将自己的理想职业和大学贴在桌角，每天都以此激励自己。

为了使目标视觉化，我还让他们把汇集全班同学梦想的一张纸，标注上"让梦想在现实中起舞"，张贴在教室的前方，让学生们时刻记住，自己的梦想就在那里！无论如何，我们都不能够忘记自己前进的方向。

二、切分成长目标，让理想变得亲切实在

现在有一句流行语，叫"理想很丰满，现实很骨感"。若不在理想和现实之间搭一个梯子，那么理想就是空中楼阁，只是一个遥远的梦。如何让理想成为可以实现的梦想呢？我想起了周迅成长的一个故事——《想想十年后的你》。故事的大意是这样的——

18岁以前，在浙江艺术学校就读的周迅，还是一个对未来十分迷茫的女孩。

一天，学校的赵老师对周迅说："周迅，你是个好苗子。你可曾想过，十年以后你会是什么模样？"周迅沉默了一阵子，然后凝视着老师的眼睛，很坚定地说："我希望十年后的自己成为最好的女演员，同时可以发行一张属于自己的音乐专辑！"

老师继续对周迅说："好，既然你确定了未来的方向，我们就把这个目标倒推回来。十年以后，你28岁，那时你是一个红透半边天的大明星，同时发行了一张音乐专辑。那么你27岁的时候，除了接拍名导演的戏以外，一定还要有一个完整的音乐作品，可以拿给许多唱片公司听，对吗？25岁的时候，在演艺事业上你就要不断进行学习与思考，要不断突破自己；在音乐方面也要有很好的作品，对吗？如果要达到这个地步，你在23岁时就必须接受各种训练及课程，包括肢体上的和音乐上的。而在20岁的时候，你就要开始作曲、作词；在演戏方面就要争取一些大一点的角色。"

这一席话老师说得云淡风轻，却让周迅心头沉重，因为这样推算下来，她必须马上着手为自己的理想做准备了。可是周迅觉得自己什么都不会，什么也没想过，仍然为小丫鬟、小舞女之类的角色而沾沾自喜，一股无形的压力排山倒海般地向周迅袭来。一年后，周迅从浙江艺术学校毕业，开始接拍各种各样的电视连续剧。可是赵老师的话却一直烙印在周迅的心底——"想想十年后的自己！"

第六章 打造卓越班级活动的5个策略

每当意识到这是一个问题的时候,周迅发现自己整个人都觉醒了,她比以前更有力量了。周迅不断鞭策自己,要在十年后成为最成功的演员、最闪亮的明星,所以对角色开始认真地筛选。后来她拍了电影《那时花开》《大明宫词》,她渐渐被大家接受,也慢慢尝到了成功的滋味。

在与老师谈话后的十年,周迅真的拥有了属于自己的第一张音乐专辑——《夏天》。

当我讲完周迅的故事时,学生们很震动。周迅为什么能成功?她用反推法找到了现在行动的落脚点,并依此激励自己,一步一步地朝目标奋进。

——原来,遥远目标的实现,来源于我们眼下的一些细小的努力。那么,我们要想考上理想的大学,就要学会切割理想,让它成为我们能够实现的近期目标和远期目标。

我动情地对孩子们说道:"现在我们也来反推自己当下该做些什么,以月为单位,从高考6月份倒推,以月为一个阶段,算算当下你该做什么!"

教室里静得出奇,只听见孩子们笔头唰唰的声音。孩子们一会儿眉头紧锁,一会儿奋笔疾书,我看到他们的梦想已经在脚下铺开……

当孩子们都拟写好当下该做什么、一个月内该做什么、一年内该做什么之后,我继续追问:你们觉得现在该怎么做才能实现你们的大学梦想呢?

教室里议论纷纷。有的说,要合理安排时间;有的说,要合理落实每一天的学习量;有的说,要告别懒惰的坏习惯;有的说,我要将手机藏起来。

我肯定了孩子们的想法并进一步强调:"我关注你们每一天的学习,我关注你们每一天的进步。从现在开始,我们就按照我们切分的目标去做。三年之后,我们一定能够考上理想中的大学。"

三、落实每日计划，让成长每天看得见

周国平说："梦想永远是现在式，而绝非将来式！"克雷洛夫说："现实是此岸，理想是彼岸，中间隔着湍急的河流，行动则是架在河上的桥梁。"

这些话都告诉我们——行动！只有行动才会让梦想越来越近。

反推出每一天、每一周、每一月该做什么事情之后，落实每日小计划就是让理想实现的最好办法。我在班上大张旗鼓地开展"抒写成长日记，记录每日计划"的班级主题管理活动。孩子们嚷嚷："老师，计划我们订了好多遍，就是没有用！"

"为什么没有用？"

"落实不下去啊！"

"坚持不了啊！"

"计划没有变化快，老是有新的事情冲淡、冲破计划！"

孩子们说得也是。从小学到高中，孩子们制订了很多计划，但那些计划总是挂在墙上，落实不下去，成为糊弄自己和老师的幌子。

那么，如何让计划变得有执行性、能够产生学习生产力呢？

"计划切入点要小，不要贪多求全，一天做好几件事情就不错了。"

"要根据事情的轻重缓急来考虑计划的可行性。先将这一天要做的事情写下来，然后按事情的轻重缓急在事情的前面编上序号1、2、3、4……提醒自己按这个顺序完成，这样既分清了事情的轻重缓急，也不会让自己抓狂。"

"要给意外的因素留出活动余地，不然计划总是被意外的变化推开，欠账多了，计划也就没有用了。"

"每天要预留一天课余时间的四分之一，用来应对突发事件，像临时开会、临时谈话交流、同学要你帮忙等，这样就不会影响情绪了。"

"要每天挑战自己。其实坚持完成计划也是一件很不容易的事情！"

第六章 打造卓越班级活动的5个策略

"每天要及时小结,没有督促、检查,就没有成就感!"

行,那我们就这样办!于是孩子们约定了自我检查、监督办法:学习任务完成得比较满意就画一张笑脸"^︶^",没完成就画一张苦脸"^︵^",完成一半就画一个"^-^",然后写上一句话的总结:"今天状态良好,任务基本完成,我真棒,奖励自己一杯奶茶。"或一句激励性的话语:"慎独,抵住诱惑,守住宁静,静生智慧。"有的孩子写得更直接——"我一定逆袭!"

下面是谭馨星期五的计划落实情况:

3月12日,周五

早读背诵英语课文和单词^︶^(感觉很好)

中午午饭后午休30分钟

13:00—13:40　40分钟,完成语文作业^︶^

13:40—14:00　20分钟,自加数学题2~3道^-^

下午18:30—19:00　完成地理作业^︶^

晚自习19:00—20:00　问数学老师问题、完成数学作业^-^

19:30—20:00　英语阅读^︶^

20:00—20:30　历史^︶^

20:30—21:00　政治^︶^

21:00—21:30　完成没有按计划完成的作业

22:00—22:15　默写英语单词^︶^

22:15—22:35　与室友抽背历史^︶^

总结:除了数学是我的弱项,在规定的时间内没完成,其他的都出色完成,奖励自己一下,数学还需慢慢加油。

年轻就是激情,年轻就是挑战,当我们不断鼓励孩子挑战自己、写出自己每一天的进步时,孩子们的成就感就越来越强。最后,落实计划就成为孩子们实现梦想、亲近梦想的一个最好的法宝。

第七章　激励学生不断上进的6个策略

怎样找到属于自己的路？

一个人要成功应具备哪些素质？

如何培养这些素质？

……

这些问题一个个地涌入我的脑海，我开始带着孩子们寻找走向成功的道路。

走好现实中的每一步，让梦想在现实中起舞！

我和我的学生们，沿着6个有趣的激励策略，开始了挑战自我的"成功训练"之旅……

打造高中卓越班级的42个策略

策略37：强化孩子们的团队意识

一次次地训练，一次次地磨合，孩子们的团队合作意识就这样慢慢地培养起来了。

心理学研究表明，一个好习惯的形成，需要21天。如果我们有意识地在21天内强化某一个良好行为，它们就能够固化成为我们生命中的一部分，成为一个有利于我们成长、成功的良好习惯。所以，我把我们班学生挑战自我的习惯养成训练称为"21天成功训练"。

训练共分为四部分，从找到真正属于自己的路、正确地设定目标、提升素养和如何为目标做计划四个方面对学生进行训练。

我首先从强化孩子们的团队意识入手，开始我们的第一个拓展训练。

一、激情节拍，喊出团队风采

为了培养学生们的团队合作意识，我们进行了一次"激情节拍"活动体验，即数数字"12345678"，然后用鼓掌的方式喊出"我们是最棒的团队"。

这个活动的要诀就是，团队喊出口号时，要求心口一致，整体一致，喊出气势，喊出激情，喊出团队的凝聚力。如果团队某一个人或者某一小部分人注意力不集中，没有团队意识，喊出的声音就会有不和谐的地方。那么，他们就落败了。

游戏规则如下：

（1）小组成员围成一个圆圈，面向圆心站立，双手拍打左右队友一下肩膀，数一个数，并正面直立，鼓掌，喊出第一个字，双手拍打左右队友两下肩膀，数两个数,并正面直立,鼓掌,说出两个字……照此类推,喊完8个数字后,大家一面鼓掌,一面整齐地喊出"我们是最棒的团队",看看哪一组用时最短。

(2)要求声音和动作整齐划一,否则加时5秒钟。

人的天性中有喜欢玩耍的成分,孩子们看着这个游戏,一下子来劲了,马上就开始商量怎么做速度最快。

第一轮挑战开始:

"惊梦组",30秒;

"清晓组",28秒;

……

"仓颉组"最厉害,只用了25秒。

其余还有几组,花了34~40秒不等。采访一下,速度慢是什么原因?"尚翊组"说,我们统一由组长发号指令,但是段波尔只想快,节奏乱了,大家就都乱了。

大家都想知道"仓颉组"怎么这么厉害。"仓颉组"的组长说:"我们先商量了拍肩方向,先向左拍,然后再向右拍,方向不要搞错;然后我们统一听从玉婷的指挥。这个时候要特别专注,节奏才能一致。"是这样啊!各个小组马上及时调整战略战术。

大家又练习了2分钟。

接着我们又进行第二轮挑战,各个组的速度明显提升,速度最快的是"绣心琴影组",他们已经提升到了18秒。

"绣心琴影组"组长说:"我们大家都有团队意识,专心听从指挥,我们有足够的自信心。"

林欣补充道,"我向大家透露一个小秘密,我们在击掌和拍打同学的时候,不是特别用力,只是点到为止,这样就节省了击掌拍打的时间。还有,一定要有激情,情绪没上来,喊的口令节奏不快,这样也会耽误时间。"

20分钟,两次挑战,学生们自然悟出了其中的道理。合作成功的秘诀是什么？一个团体怎样才能够从竞争队伍中胜出？统一指挥，默契配合，忘记自己，把自己真正当作团队中的一员，融入到团队中去，才能够发挥团队的最高效益。

孩子们还明白了一点：出了问题不要怕，重要的是要积极沟通，有效协调，及时反思，调整行动——一个好团队，就是这样炼成的！

激情节拍游戏，让孩子们快乐得出汗了，也让他们的青春在游戏中得到了张扬。游戏结束后，好多孩子的喉咙喊嘶哑了，手掌拍红了……他们在收获快乐的同时，也收获了团队成功合作的初步经验。

二、每个孩子背后都有团队在支撑

一次次地训练，一次次地磨合，孩子们的团队合作意识就这样慢慢地培养起来了。

有一次，我外出学习半个月，正赶上学校开运动会。老师不在家，这运动会怎么开呢？靠学生们自己吧！我相信这一段时间以来的培训应该能在孩子们身上留下点什么。

果然，学生们自主完成了运动会的全部组织竞赛工作，还获得了团体总分第一名和精神文明奖第一名。我回来上班的第一天，校长和教务主任就对我班的孩子们赞不绝口："全校就你们班的入场式最有气势、最有创意！没想到你外出学习，学生们都这么齐心，你是不是在遥控啊？"听着领导的表扬，我心里乐开了花。

其实，在我外出时，我对学校的这次运动会还是挺紧张的。我紧张的不是孩子们不参加，而是他们太想通过这样的一次活动来证明自己了。在选报运动项目时，不少项目我们班申报的人数爆满，因为大家都想为班级出力。赵子晴、段波尔、张琳都报了800米短跑和跳远，可是每个项目只要两人参加，怎么办？班内比试呗！要去就去最好的，先自己在班上预热一下，哪怕失败了也高兴！结果，三人比试的最终结果是段波尔在800米短跑中胜出，在跳远中落败。但是她很高兴，因为有比她更强的高手在为班级争光。不过，她骨子里是不服气的，总是在想自己还能够干点什么。最后，逮着三级跳远没有人报名，她马上兴高采烈地给我打电话："西早姐，我看三级跳远有空缺，我狠命去练练三级跳，为兰泽争光。"就这样，大家的项目在比赛前调整又调整，居然没人有怨言。因为他们的目标只有一个——为了集体荣誉而战。

运动会前一星期，班长杨梦欢发短信告诉我："西早老师，这次入场式采取的是自由创意形式。"

我在北京着急了："自由创意形式？谁给你们创意？你们能行吗？"

班长信心满满地回复："没问题。你不在家，大家都很积极，我们会做好的。"

可是，我还是不放心，尤其是运动会前一晚，临睡觉前，班长发现我准备的手套数量错了，还差几副。"这么晚了到哪儿去买？"我着急问道。

班长却镇定自若："我们自己想办法。"

第二天，我通过校园网站视频看到了我们班的入场式。同学们经过主席台时，队形快速排出"208"造型，我当时就看呆了！用队列的形式走出班级的名称，怕也只有我们班的孩子们才能够想得到。健身部部长世伦挥舞着班旗奔跑在208的队形里，红色的班旗如一团跳跃的火焰在燃烧。行进中，戴着白色手套的同学们用双手做出大雁展翅高飞的手势，大声喊着："208班，梦想飞翔！"真是太壮观了！难怪校长说有气势。

我出差回来后，孩子们七嘴八舌地向我讲述着运动会的故事。

子怡知道班上的白手套不够，晚自习后硬是要妈妈半夜去叫开卖棉产品的店门去买。

文宣部部长兴奋地告诉我："我们的广播稿录用最多，是全校第一呢！因为我们的稿子太多了，主席台见到我们交稿就说：'又是208班的！全校的广播稿你们班占了一半了。'"

比赛中，我们班出了很多感人的故事。孩子们七嘴八舌地告诉我："盼盼被别人绊倒了，膝盖受了伤，我们要她下场，她硬是咬牙坚持跑完了1500米呢！"

玙烟说："覃老师，龙潇跑步的时候，马尾辫都跑直了，好美呀！"

我反问:"你是怎么知道的?"

"因为我一直在旁边加油啊!"玙烟说。

"玙烟自己也很厉害,覃老师,你不知道玙烟跑400米是拼了命在跑,好厉害,拿了第二名!"龙潇和玙烟互相"吹捧"着,真让人高兴。

……

这哪里是一个人的比赛啊,分明是一群孩子的竞争!在我们208班每一个参赛孩子的后面,都站着一个无比贴心的团体。听着他们的故事,我对21天团队精神的训练,倍添信心。

三、合作已成为生命中的一部分

我曾经很用心地研究过班级和班集体的区别。有些老师认为,辨析这两个概念纯属多余,"班级"和"班集体"不就是一个概念吗?

我说,不。在我的意识里,"班级"和"班集体"是截然不同的两个概念。班级只是学校行政管理的一个"物理"单位,是因为行政管理的需要而自然生成的单位;成员和成员之间,没有心灵的沟通和融合,没有发生情感的"化学"反应。但班集体是一个具有熏陶和感染作用的"化学"单位,是一群人在共同生活中形成的有共同价值理念、有共同舆论导向、有共同审美追求、有共同精神寄托的家园,是一个充满团队力量和温暖的地方;在那里,孩子们之间身心相通、情感互融。是班集体的感觉,赋予了班级以生命。如果在一个班级里没有这种集体意识的存在,这个班级就是一盘散沙,班级就永远只是一个机械的概念,并不能给孩子们留下什么。

这也就是好多老师不能够理解我们班的一个原因。在我们班,学校无论做什么事情、举办什么活动,我们班都是倾巢而出、全力以赴。比如说,学校元旦文艺会演,其他班的孩子怕耽误学习,个个都不愿意参加。我班呢?仅仅靠自愿报名,不用宣传和发动,一下子就拉起了20人的队伍。而且成绩最好的一、二号种子选手艺檬和耀哥也积极参加了节目排练。

科任老师们有意见：你们班怎么让尖子生排练节目？那不是影响学习吗？

艺檬自己站出来说："老师您放心，我会挤时间学习和复习的，我不会影响学习的。而且，我在排练的时候，还是蛮有收获的。至少，我知道怎么和同学们交流了。"原来，他排练的时候，好多同学义务给他做观众，帮忙提建议。

耀哥是完美主义者，做什么事情都要想办法做到尽善尽美，有时宁愿欠交作业也要先复习再完成作业。但是为了参加学校文艺会演，他改变了作息安排："我利用课间把作业做完，绝不给老师拖后腿！"提意见的老师再无二话。

组织者王婧最辛苦，鞍前马后都是她在跑。而且，她还成立了一个智囊团，把家长和老师都"忽悠"进来，帮助他们在后面跑。网上购买服装，是佩佩的妈妈帮忙订购；选定歌曲，是音乐老师曾老师在把关，他还负责合成音效。买服装需要一大笔钱，经费从哪里来？孩子们猜透了我的心思，纷纷表示，服装他们自己买。

我说："如果经济有困难，还是从班费里出吧。"结果那些经济条件差的孩子说："班费是大家的钱。服装又不贵，我节省一下就买得起了。"他们的善解人意让我感动。

我曾经问过孩子们："你们这样为集体付出，究竟是为了什么呢？"

一些孩子告诉我："老师，我们图的就是在这个集体中的彼此相依的默契，图的就是大家彼此付出、众人拾柴火焰高的快乐。这种快乐，是我们208班的特质，是别的班级所没有的。我们读书十多年来，唯有这个班，给我们一种家的温暖。"

孩子们的话，让他们自己感动，也让我落泪。在我们班级，孩子们之间的合作，已经成为他们生命中的一种自觉的行为了。他们在中间努力、在中间辛苦，已经不是为了表扬，而是为了一种自我愉悦的感觉。

打造高中卓越班级的42个策略

策略38：让挑战成为一种习惯

任何一种美好的品德，要想在孩子们身上留下烙印，就需要坚持，就要让挑战自我成为孩子们的一种良好习惯。

每个人的内心，都有一种叫惰性的虫子，能够吞噬你的理想、泯灭你的追求、消磨你的意志。如何消灭孩子们身上惰性的虫子、鼓励他们不断地走向卓越呢？最好的办法就是鼓励他们勇敢地挑战自己，让挑战自己成为一种优秀的习惯。

为此，我们开设了——

一、小组特色计划

在"21天成功训练"的第二个星期，我们开始了挖掘自身潜能、挑战弱势学科的特色计划活动。

我们要求学生们除了完成老师布置的学习任务外，每个小组还必须根据自己组内的实际情况，拟订小组集体计划和小组内每个人的小计划，每天坚持从最小的学习任务做起。这样做的目的，是让挑战自己成为一种习惯。

下面是"向日葵组"的每日学习计划：

1. 小组奋斗目标——争创第一。
2. 小组宣言——"班级第一，舍我其谁？"
3. 小组任务——每天坚持听写20个单词。
4. 个人提升——每人认真练50个钢笔字。

5.特色要求——每人每天完成3个个性学习任务。

围绕小组的特色计划,组内每个成员也根据自己的实际情况,各自拟定了自己学习的3个个性任务。如:

姚金鹏:语文基础知识或课外阅读,每天20分钟;物理做2道竞赛题;英语做1篇阅读或者做1道完形填空题。

吴婷乐:每周一、三、五,每天背诵20个英语单词;每周二、四、六,每天完成文言文阅读1篇;每天做3道数学基础题或者进行15分钟课外阅读。

舒思羽:每天默写20个单词或者记住3个优美的句子;每天做15分钟的阅读理解;完成3道数学附加题。

杨坤凌:每天除完成老师的任务外,另加数学5题、物理5题、生物5题。

彦叶感觉自己胆小,对自己的要求是在众人面前自如地说话,于是她将自己的任务定为每天大声朗读10分钟的英语课文。

王帆同学觉得自己意志力不够,便要求自己每天早上起床的第一件事就是诵读3遍自己的人生目标,同时坚持每天看一篇励志故事或格言。

弈涛每天除记住20个英语单词和复习当日所学的数理化知识之外,还将每天15分钟(夏天30分钟)的身体锻炼列进了挖掘自身潜能的内容中。我问他是为什么,他腼腆地笑了:"我有些懒惰,锻炼身体也是一件需要用毅力来坚持做的事情。"

两个月之后,经过63天——三轮21天的坚持,姚金鹏看完了6本课外书,并且自学完了高二的全部物理课程。从此,班级物理学科中同学们遇到的问题,他都能够潇洒地解决。成绩更不用说,在年级名列前茅,成为我们不少同学的偶像。

吴婷乐的阅读能力是冷水泡茶慢慢浓,一天一点积累,能力也在逐渐增强。可是她居然觉得遗憾,为什么呢?文言文阅读没能坚持下来。63天总结的时候,她有些后悔地告诉我:"西早老师,《史记》我没看完。"我笑着说:"有得也会有失,精力如果不够,放弃也是好事。起码你每天15分钟阅读坚持得很好啊!"

打造高中卓越班级的 42 个策略

彦叶的自信大家都看得见。这位刚开始上台就脸红、说话都结结巴巴的女生，现在带领大家诵读诗歌有模有样、有板有眼。她还给了我别样的惊喜。有一天，领导临时将我从课堂里拉出来，说有要紧事得开会。20 分钟后，我开会回来，就听到孩子们在教室里热火朝天地讨论问题。讨论什么呢？祥林嫂的性格特征！走近一看，这彦叶正在讲台上当小老师组织同学们进行《祝福》的探讨呢！我进去的时候，她正在追问一个发言的同学，刨根问底，总结发问，一切都那么洒脱、自然。那份自信和自如，我怎么都没想到。我甚至产生了迷惑："眼前这个自信、微笑的女孩，是那个见着老师就垂着眼、低着眉的叶儿吗？！"

弈涛的篮球水平越来越高，班上、学校里，球迷一大堆。有一次班级篮球赛后，他跑到我跟前来，展示着手臂上的肌肉："老师你看！"他胳膊上的肌肉一鼓一鼓的，确实有着一种青春期孩子健康的美。现在这孩子，身体棒了，学习劲头足了，成绩稳步提升，已经挤进年级前 10 名呢！他说，这一切，都是挖掘自身潜能带来的别样收获。

舒思羽的文笔越来越优美，王帆越来越乐观自信，杨坤凌的理科成绩越来越棒……"向日葵组"的孩子们，一个 21 天，就是一种不同的精神面貌。挑战 21 天，挑战自我的发展极限！这成为我们班每个小组的共同追求。

二、老师也参加进来

平凡的生活，常常给我很多感动。好多时候，我回望自己走过的路，总是特别感谢我的同事们，是他们给了我前行的勇气和力量，是他们的支持和通力合作，才让我的班级有了今天，才让我的事业有了今天。

在"21 天成功训练"里，有些学生在心底有疑问："21 天成功训练这么好，为什么老师不做，只要求我们学生做？这是不是老师在忽悠我们呢？"

真正有效的教育，不是老师说得好听，而是我们做得有效。为了让孩子们接受这个训练，并从心底感受它的好处，我果断地告诉孩子们："这个 21 天成功训

第七章 激励学生不断上进的6个策略

练,我们老师也加入!"

于是,我对学生公开表态:我也拟写了两个小任务,每天阅读15分钟,每天做好工作记录或写一篇班级叙事。我还"忽悠"几个年轻老师也加入到"21天成功训练"之中。我很感激我的同事,他们在教育日趋功利化的今天,居然愿意陪我一起"玩"教育,陪我一起挑战自己的"21天成功训练"。

我和这些老师组成了一个"真情组"。

这组名颇有一番来历。孩子们都以小组为单位登记了小任务,我们也不能成为散兵游勇吧!起个什么组名呢?曾晓旭老师帅气可亲,最能急学生之所急;黄敏老师好学善思,聪慧可人。再想想,学生最需要老师怎样对待他们?那就是老师能真诚相待、倾情奉献。大家一合计,就用曾老师的姓和我的姓的谐音、黄敏老师的"敏"韵,起名"真情(曾覃)组"。

当我们"真情组"赫然出现在"21天挑战自身潜能"汇总表里的时候,全班轰动了。孩子们争相来看我们"真情组"的任务。

真 情 组

组长:曾晓旭老师。监督提醒班主任覃丽兰老师落实21天的任务!

我们的口号:用行动让学生感受真情。

任务:曾晓旭老师,负责每天到办公室拖地、倒垃圾,每天到教室里面带微笑地见同学们一面。

黄敏老师,每天坚持和学生谈话一次,坚持按时吃饭。(这一条是我要求她写进去的,她一日三餐不正常,想吃就吃,不想吃就吃零食甚至饿肚子,所以我们要她养成良好的生活习惯。)

覃丽兰老师,每天阅读15分钟,每天做好工作记录或写一篇班级叙事。

大家还别说,我们这组成立之后,工作还挺像模像样的。有一天,我一忙,班级叙事没有写,小曾老师得意扬扬地走过来:"给组长看看,检查检查。"我居然也会紧张,原来我前一天太累,没按时完成班级叙事。那一刻,我就像犯错的孩子，脸囧得像关公。我立即像做错了事情的孩子在老师面前做保证一样："第二天一定及时完成任务！"小曾老师宽容了我，答应到下一天再进行检查，可是，我还是感觉芒刺在背。同事们笑话我自己找罪受，我们仨也一边埋怨自己心血来潮，给自己惹麻烦，一边也会笑着说，这是考验我们的毅力和坚持性啊，有压力，就有动力。

从那以后，我再也不敢掉以轻心了，即使再忙，每天也努力想办法完成这两项任务。当每晚在工作记录本的任务栏里画上一个笑脸，表示我当天又挑战成功的时候，一种成就感就油然而生，内心坦然而愉悦。

为增强对孩子们的影响，我们特意要求，班上没有特殊的小组，每个小组都要接受班级监督部的检查，我们"真情组"也一样。每周，监督部的同学们也会笑呵呵地命令我们"真情组"将21天任务完成登记本上交检查。我们都乖乖地接受监督部检查呢！

学生一看，老师都和他们一样在挑战自我，他们怎么能不努力呢？

第七章 激励学生不断上进的6个策略

策略 39：让坚持变得好玩

为了使这坚持变得好玩，为了更有效地激发孩子们挑战自我的激情，我和孩子们商定了一个晋级表。

任何一种美好的品德，要想在孩子们身上留下烙印，就需要坚持。"21天成功训练"活动很好，可是也难，难在坚持，难在我和孩子们能否坚持一个又一个的21天。

一、建立自我晋级的挑战机制

为了使这坚持变得有趣、好玩，为了更有效地激发孩子们挑战自我的激情，我和孩子们商定了一个晋级表。这晋级表的灵感来自于班名"瑾瑜"。

学生们说："覃老师，我们叫'瑾瑜班'，玉不琢不成器，那这玉就靠您雕琢打磨了。"我答复他们："我们班一切自主，你们要靠自己雕琢自己的人生、打磨自己的人生呢！再说了，你们这么优秀，我可没那本事雕琢你们！"

自己怎么雕琢打磨自己呢？如何让这坚持变得好玩，而且又有文化品位呢？最后，孩子们多方查找资料，在《周礼》中找到了答案。

《周礼·大宗伯》有"以玉作六器，以礼天地四方"。即：

"以苍璧礼天"：用青色玉璧来祭天——天神；

"以黄琮礼地"：用黄色玉琮来祭地——地祇；

"以青圭礼东方"：用青色玉圭来祭东方之神——青龙；

"以赤璋礼南方"：用红色玉璋来祭南方之神——朱雀；

269

"以白琥礼西方"：用白色玉琥来祭西方之神——白琥；

"以玄璜礼北方"：用黑色玉璜来祭北方之神——玄武。

这六种玉器，就构成了我们班的孩子们挑战自己的六个等级。而且，我还在网上搜集了相关玉器的图片，结合我们的"21天成功训练"，打造出了以"瑾瑜"为美玉名称的升级系统：

"瑾瑜214班"挖掘自身潜能、挑战弱势学科21天特色计划晋级图解

等级	图例	渊源	晋级内涵
玄璜		"以玄璜礼北方"，用黑色玉璜来祭北方之神——玄武。	黑色代表稳重。黑色的眼睛开启梦想、开启光明。第一个21天，任何事情都是由黑暗走向光明。
白琥		"以白琥礼西方"，用白色玉琥来祭西方之神——白虎。	白玉冰洁纯净。第二个21天，需要抵住诱惑，守住内心的宁静。
赤璋		"以赤璋礼南方"，用红色玉璋来祭南方之神——朱雀。	红玉象征着热情似火。第三个21天，只有心血的辛勤付出，才能浇灌出多彩青春和生机勃勃的生命。

第七章 激励学生不断上进的6个策略

续表

等级	图例	渊源	晋级内涵
青圭		"以青圭礼东方"，用青色玉圭来祭东方之神——青龙。	青圭象征龙一样的腾飞。第四个21天，坚忍成就腾飞，百折不挠铸就辉煌。
黄琮		"以黄琮礼地"，用黄色玉琮来祭土地之神——地祇。	黄皮肤是中国人的象征，黄琮象征为人公平正直。第五个21天，固守本心，保持本色。
苍璧		"以苍璧礼天"，用青色玉璧来祭上天之神——天神。	青天碧蓝高远，人自助天必助！人人都可以成功，可是没有人会随随便便成功。第六个21天，只有为着梦想不断奋斗、不断坚持做好小事，才能得到上天的青睐。

六个21天，让孩子们不断实现自我挑战。第一个、第二个21天的坚持，是让学生在刻意、不自然的状态下去完成，这需要有足够的毅力来克服自身的毛病、克服自己很多不适应的地方。第三个、第四个21天的坚持，是让学生把习惯变成生活的一部分，虽刻意为之，但是觉得顺其自然就会逐步适应。到了第五个、第六个21天的坚持，也就是105天、126天之后，习惯已经成为孩子们生命中的一部分了，他们可以不需要刻意为之，能自然地将良好习惯在日常学习、生活中舒适地演绎出来，让卓越的习惯成为人格中一个完美的组成部分。

当我将这晋级说明展示给全班学生时，学生们一片惊呼。

望着示意图,大家七嘴八舌。"你看这黄琮,固守本心,保持本色,是男儿就该这样。"这是周鑫的声音。这孩子平日里比较腼腆,听到他有如此豪情,同学们就起哄笑话他:"你坚持得了吗?一天九节课八节课你都要打瞌睡。"

他涨红了脸:"谁说我坚持不了?我就挑战上课打瞌睡这毛病,你们看我的。我周鑫今天就把话撂在这里,你们监督。"大家又一阵哄笑。

我在一旁没吭声,心想,如果周鑫能趁此改掉这毛病,就太好了。没想到,从这以后,周鑫真的不再是一天到晚睡眼惺忪了。

二、鼓励孩子们学会坚持

那天放学后,我正在整理办公桌准备回家,廖业贵在我身边左转右转的,我知道他一定有什么话想和我说。我问他有什么事,他涨红着脸说:"覃老师,我拟了三项任务,每天坚持背5个英语单词,做5道化学题,写100字的日记。"

"那好呀!敢于挑战自己的弱势学科,很不错!"我马上肯定了他自我挑战的勇气。

这孩子有热情,但是学习和做事情易犯冷热病。他摸摸后脑勺,似乎还有话要说。我就停下来,等他自己开口。果然,犹豫了一会儿,他鼓足勇气说道:"你曾经告诉我们,孔庆东教授提高作文水平的秘诀,就是每天坚持写100字的日记。我知道覃老师你每天也在写我们班上的故事,我想挑战你。我想和你约定,我们一起写日记,看谁的玉石等级上升得快。"

哈哈,原来这小子是来挑战我的毅力啊!我二话没说,满口答应:"没问题,老师答应你,我们一起努力。"

他摸着后脑勺,脸上绽放出孩童般的灿烂笑容,高兴地蹦了起来,冲出办公室。随即就听到他在教室门口大喊:"覃老师接受我的挑战了!覃老师接受我的挑战了!"

"二八黄金法则"说,任何一件事情,能有20%的孩子坚持就很不错了。可从一轮又一轮"21天成功训练"的坚持效果来看,我们班打破了这个神话。第一个21天,有40人坚持了下来;第二个21天,有39个人坚持下来……即使到了第四轮,仍然有32人坚持完成了任务。

三、自律与他律结合

任何一个创新的管理方法或者操作模式,在经过一段时间的适应之后,对学生们的吸引力都会与日俱减。

学生毕竟是孩子,要想持续不断地激励他们挑战自己,光靠学生自主,光有这与众不同的瑾瑜升级系统还远远不够。于是,学生们又想到了一招——自律与他律相结合。

他们提出,每个人在自律的同时,小组成员间的互相监督同样有效。他们要将自己每天对任务的完成情况,送相关组员检查,按时完成的,画个笑脸,没有完成的,画个苦脸,统一汇总登记在小组的记录本里。孩子们说,我们比一比谁的笑脸多。

一个21天过去,全班总结一下,隆重表彰21天坚持得比较好的同学。他们自豪地为自己贴上美玉等级图,还要发表晋级感言。

做得最好的当属阳杨,她拟定了四个任务:做1道物理题,背10个单词,背诵1首诗,做1道数学题。当时我就担心任务多,怕她忙不过来,谁知她硬是全坚持了下来。

当她走向讲台发表晋级感言时,这位羞涩的女生脸更红了。"当时覃老师问我是不是任务定多了。我的物理学得不太好,我不想放弃;英语单词就用课间记,反正老师隔两天默写一次单词,也没问题;我特别喜欢覃老师编的那些诗歌,我想背下来;数学每天做1道题,我想自己能够坚持。我每天在成长日记上做好任务完成登记,前一个星期容易,第三个星期有些艰难,尤其是作业一多,真的很想放弃。我就告诉自己,坚持了那么久,不能放弃,要不,就前功尽弃了。我就这样坚持下来了。"

这位不起眼的小女生真了不起，大家送给她热烈的掌声。

其他同学也谈到了 21 天坚持的感受。

"拟写计划时我的心情特别激动，以为这么简单的任务一定能够坚持，谁知坚持到半个月的时候，我出现了松懈，还好，组员督促提醒，我终于取得了坚持第一个 21 天的胜利，我相信我会做得更好。"

"我刚开始觉得坚持 21 天是很难的，还好，只要固定一个时间，到了那个时间去做，养成习惯就好了，我受到了晋级表彰，特别开心！"

尽管这个班级我没有能够带到最后，一个关键原因是文理分班，但是分班之后，"瑾瑜班"的孩子，成了各班文化建设的种子。好多班主任抢着要我们"瑾瑜班"的孩子，理由很简单：我们"瑾瑜班"的孩子不仅个人素质十分优秀，而且，最关键的亮点是——每个人都能够严格要求自己，做事情尽善尽美。

分班后，年级组召开会议，很多班主任这样赞美"瑾瑜班"走出去的孩子：

"吴宇轩带领的那个小组做什么都是坚持得最好的。"

"杨坤凌影响了一批同学爱学习。"

"张智阳、周弈涛追着老师问问题不放，我上课都有些紧张，生怕讲错，他们会下课问的。"

"姚金鹏小组最有活力，学习劲头足。"

"曾健宾的学习习惯特别好，而且帮助同学们答疑特别耐心。"

"杨亚同学完成任务一丝不苟，作业笔记工工整整，从没见过这样认真的学生。"

"周弘带领的文宣部，文化墙一点都不要我操心。"

……

年级主任总结："覃老师已经帮你们每个班培养了一批好干部、好学习苗子，各个班主任只要充分发挥"瑾瑜班"那些学生的模范带头作用，就可以带好你们班的班风、做好你们班的活动了。"

第七章 激励学生不断上进的6个策略

当然,"瑾瑜班"也有一小部分同学没有坚持下来。我问他们是为什么,这个说"自己不重视,就忘记坚持了",那个说"没养成习惯,隔了一天没坚持就偷懒了,还是自己的懒惰在作怪"。有的坚持了半个月又放弃了,他们自己和我们都表示遗憾。

那么,怎么让这些没有坚持的孩子坚持呢?给他们找互相监督的同伴,发挥他律的影响挑战自己。

魏涛第一个月没完成21天计划。他拟定的提升任务是"每天坚持问老师一个问题,每天坚持上课主动回答老师的两个提问",但是因为胆小,加上自觉性不强,拖欠下来了。为了帮助他克服胆小和懈怠,林如同学主动承担监督他的任务,没有完成,就采取"1+1"惩罚的方式进行惩罚。具体方式是:拖欠1次,除第二天完成当天任务外,还要补充完成前一天的任务,并加罚1次。也就是说,第二天要完成3次任务。林如告诉我:"如果魏涛完成了一个21天任务,我们会请他吃棒棒糖。"

监督、利诱全用上了,魏涛在小组成员的帮助下,坚持了一个又一个21天。

现在魏涛已经养成了上课积极发言、主动问问题的好习惯了,尤其是地理,他钻研得特别深入,被大家尊称为"地理王子"呢!

打造高中卓越班级的42个策略

策略40：创设疯狂学习的好氛围

卓越的班级，老师影响学生，学生也感染老师。我们在这种互相感染中，幸福地生活、学习，感觉到每一天都充满了意义。

临近期末，我们进行了21天疯狂学习。

活动之前，我们来了个热身仪式。仪式是什么？《小王子》一书中小狐狸对仪式做了很好的解释——仪式就是使某一天与其他日子不同，使某一时刻与其他时刻不同，使某一件事有了与众不同的神圣的意义。应对期考，我们也需要一个慎重的仪式，让学生意识到考试的重要性。

一、挑战——烽火再起

我们在黑板上慎重写下了"兰泽期末宣战会"，每个小组要确定期末考试目标，各个成员定下赶超对象，每个学生用"便利贴"写下挑战同学的姓名。

——挑战仪式开始了。

首先是挑战者当众向对手下挑战书。我们要求，每个挑战者找好自己的挑战对象之后，要站在台上大声宣告"我要挑战你"，还得承诺，如果他输了，挑战失败，要给赢者赠送一份礼物。宣告完毕，被挑战者走到对手的座位旁，与挑战者握握手，以示接受挑战。

女生易动情，两个人的手握着握着，就拥抱在一起了。而且她们互相激励，挑战者会喊着"我一定会赢你的"，被挑战者也会很大方地嚷着："我接受你的挑战，我们一起努力！"

第七章 激励学生不断上进的 6 个策略

男生呢？还会秀一秀。他们拳头相击，互相嚷着："我不会放过你的，小子，期末见分晓！"然后将挑战书贴在班级挑战宣言栏里面，整个仪式才算完成。

挑战宣言栏里的挑战书也各具特色。何亚兰挑战龙玉婷同学，挑战书写得很有意思："在接下来的日子里，我们并肩作战，共同为期末考试奋斗，无论刮风下雨下雪下刀子，我们都得共勉。"这哪里是挑战书，分明是一份合作协议，战友情深嘛！而且，最后的文字很有意思："现在甲方何亚兰向乙方龙玉婷发起挑战，战鼓响起来了，咚咚咚！Fighting！"结尾签名是：甲方何亚兰，乙方龙玉婷。郑重其事的样子，十分可乐！

好多挑战书写得激情洋溢。如依雯向向倩下的挑战书："亲爱的向倩，一直很欣赏你的宁静、淡泊、温柔、睿智，上次我们总分一样，所以我决定挑战你，也是挑战上个月的自己。吾志所向，一往无前，愈挫愈奋，再接再厉！我们一起加油进步吧！"

陈甜给唐娜下的挑战书，很有江湖气息："热情似火的娜娜：我坐不改姓行不改名，陈家'二姐'陈甜是也，在此向你发出挑战，在接下来的日子里期待我的又一次蜕变吧！"品读这样的挑战书，我感到做班主任真的是人生最有成就感的一大工作。

有些孩子不仅向对方下挑战书，还把仪式搞得相当隆重。那天，曾巧和龙依雯跑到我办公室，说要印泥。我拿出班章印泥，大感不解地看着她俩："你们这是干吗呢？"她俩二话不说，大拇指沾上印泥摁在挑战书签名上。"画押为据，覃老师为证，虽然我们是好朋友，但是我绝不会手下留情的。"二人击掌为誓。"亲爱的 Enen 同学：我正式向你发出挑战，我要在期末总分上超过你。如若败北，任凭处置。如有侥幸，呵呵，你懂的……手印为证，兰泽为媒。挑战人曾巧。"

盖上手印还有班章的挑战书，显得特别庄重。

……

我们班的学习气氛本来就很热烈，一个挑战活动，又将学习氛围推向高潮，孩子们之间的良性竞争，居然一下子也显得烽火再起……

打造高中卓越班级的 42 个策略

二、宣言——煽动激情

为了进一步激发学生期末复习的士气,立法部在全班征集期末宣战激励语。各个小组积极商讨,拿出本组自认为最能激发士气的口号。

这是"尚翊组"提出的口号——"兰泽家族,争创最优。"

"咏絮组"也不甘示弱——"宁静致远,脚踏实地,做到最好。"

可是立法部感觉差了那么点火候。课间,立法部的七个脑袋碰在一起,你一言我一语,然后自信满满地将宣战激励语递到我手上:"做深做透,做细做好,宁静致远,动力无限。"

怎么想到这个口号呀?我好奇地望着他们。

"我们班有些同学浮躁,学习不够扎实。"立法部部长郑思华说。这个假小子,摸摸后脑勺,笑着继续说:"所以,我们提出要做深做透。"不愧为立法部部长,对班级实情还是很了解的。

成员娜娜补充道:"我们也需要从小事做起,从一个个学习小任务完成起,把每一件事情做好,就 OK 了。"

"您不是常说,学习需要抵住诱惑、耐住寂寞、守住宁静吗?"这句话,看来小倩已经铭记在心了。

"西早老师,21 天训练里提到了一个很重要的素质,那就是做事情要热忱。我觉得,激情投入更重要!"晨晨提出了自己的看法。

"确实,宁静我们需要,激情我们也需要,后面是什么?动力无限。那激情投入是不是更好?"我提出了我的看法。

最后征求同学们的意见。结果,班级的每日誓言就出来了:"做深做透,做细做好,激情投入,动力无限。"

这宣言,犹如一把强劲的芭蕉扇,孩子们的学习积极性"腾"地被煽动起来。每天早上,孩子们到班级的第一件事,就是在值日班长的带领下,宣读激情誓

第七章　激励学生不断上进的 6 个策略

言。这誓言虽不押韵，但传递给孩子们的是正能量，开启的是孩子们一天的激情。

听着孩子们在教室里大声宣读誓言，我在办公室里都感觉到浑身的热血沸腾起来。

复习阶段最需要的是什么？不就是钻研要深要透吗？学习不就是要做到自己的最好吗？学习中什么最重要？激情！激情投入每一天，身体的每一个细胞在这冬季被唤醒，散发着青春活力，有着无限的动力！

三、学习——大家疯了

选定对手，勇于挑战，加上班级宣言的渲染，每个学生都铆足了劲读书。大家你追我赶，那种紧张气氛，简直可以用"疯狂"两个字来形容！

课间，我到教室里转一圈。孩子们三五成群地凑在一块，在干什么呢？"咏絮组"在听写英语单词呢！他们针对组内同学英语单词记不牢，每天抽一个课间默写单词。"绣心琴影组"呢？他们在背诵历史！由学科小组长抽查昨天布置的背诵情况。"清晓组"则由数学小组长讲解题目……教室里各个小组都在忙碌着，都在"疯狂"地学习。

这是"清晓组"最后 12 天的复习进度安排。

第一天：请认真对待每一天。

语文背诵《归去来兮辞》，数学解三角形 p.1-5，英语模五 Unit1 before-long。

第二天：不要轻易给自己理由玩乐。

语文背诵《滕王阁序》，数学解三角形 p.6-13，英语模五 Unit1 mailbox-apology。

第三天：努力追赶，奔赴前方的目标，在没出结果时，一切皆有可能。

语文背诵《陈情表》，数学数列 p.17-25，英语模五 Unit 2 econorry-queve。

第四天：每天都会发生变化，不变的是，我需要更加努力。

语文背诵《湘夫人》，数学数列 p.27-31，英语模五 Unit 2 desentification-do one's pont。

第五天：若想得到生活的青睐，你必须"永远有备"。

语文背诵《拟行路难》《书愤》，数学数列 p.32-36，英语单词模五 Unit 3 clone–be/get bumt out。

第六天：在天亮的时候，如果你懒得起床，要随时做如是想——"我要起来，去做一个必须做的工作。"

语文背诵《春江花月夜》《梦游天姥吟留别》，数学数列 p.37-43，英语单词模五 Unit 3 relation –permission。

第七天：对自我的肯定和坚持，胜过一切外在的虚名荣誉。

语文背诵《夜归鹿门歌》《登岳阳楼》《菩萨蛮》，数学不等式 p.47-58，英语单词模六 comedy-movm。

第八天：等不及明天。

语文背诵《将进酒》《阁夜》，数学不等式 p.59-72，英语单词模六 fitness-toilet paper。

第九天：如果不做出改变，你的生活将会被自己亲手毁灭。

语文背诵《李凭箜篌引》《虞美人》《苏幕遮》，数学常用逻辑语，英语单词模六 Unit 2 svrrovnd-sool。

第十天：如果想要成功，必须注重时间的价值。

语文背诵《阿房宫赋》，数学椭圆，英语单词模六 Unit 2 ski-motivation。

第十一天：拖延将会把一个人毁掉，就像生锈会把机器毁掉一样。

语文背诵《六国论》，数学双曲线，英语单词模六 Unit 3 Thailand-business card。

第十二天：持续改善，不要停下你成功道路上的步伐。

语文背诵《春夜宴从弟桃花园序》，数学抛物线，英语单词模六 Unit 3 minority-roast。

一天一句格言，一天一个安排，美丽的青春存在一万种成功的可能！我的血液，被学生这样富有激情的小组学习计划点燃了。我感觉到一种超越年龄的激情在蔓延、在沸腾、在燃烧，感觉到一种不可阻止的前进力量，在牵引着我和我的班级奔跑。是啊，卓越的班级，老师影响学生，学生也感染老师。我们在这种互相感染中，幸福地生活、学习，感觉到每一天都充满了意义。

我忍不住用红笔在旁边标写激励的话语——"这个冬天因为你们而温暖。"

组长米婧见我目不转睛地欣赏着他们组的复习进度表，笑呵呵地将小组标志牌递给我："西早老师，这些计划我们每天都要检查呢！你看！"小组标志牌背面是疯狂学习完成情况登记表，那表上已经画上不少的笑脸，完成与否，一目了然。

孩子们太有才了！我心头暗喜。

各门功课背诵、默写、检测如火如荼。

地理学科班长自行命题，每周一检测，学科小组长分类讲评。

历史课每节课前，学科班长组织重点过关，请同学黑板展示，台下作答，双管齐下，这阵势不紧张都不可能。

语文经典诗文默写，学科组长纠错一丝不苟。这不，林欣不服气，说自己没写错字，应该过关。小组长不让，她跑我这儿来诉苦。我一看，笑了："林欣啊，告诉我这'祚'字是衣字旁还是示字旁？""当然是示字旁。""老师看你这字分明是衣字旁嘛，你看这几个字写得这么马虎，难怪组长判你不过关呢！"她接过纸欢快地跑回去。

数学讲师团更是当仁不让，他们搜集归纳经典易错题型，展示经典题型，进行全班疑难点讲解，忙得不亦乐乎。

……

全班每个同学都动了起来，激情投入到这场迎考复习中，老师们课间都被学生围着出不了教室。科任老师都说，你们班学生真的是疯狂学习！尤其是体育老师，开口就对我说："你们班的学生被你弄癫了，上体育课、课间跑步还背书呢！"

有这事？我一定要去看看。

果然,那天跑操,我发现了一件怪事情。咦,每人手中怎么都拿着本小册子,口中念念有词?远远地,我就听到队伍里的声音:"时维九月,序属三秋……"天啦,这些孩子们真的在背诵《滕王阁序》啊!

等到跑操口令响起,大家居然步调齐整地背着"落霞与孤鹜齐飞,秋水共长天一色"。到了主席台前,健身部部长一发号令,学生马上就大声吼出跑操口号——"谁能挡我,气势如虹!"我想,这下,大概不会背课文了。可是,跑过主席台,这些孩子又异口同声地背起来:"老当益壮,宁移白首之心。穷且益坚,不坠青云之志。"

听着孩子们的齐背,我不禁为之动容。这样的背诵,也只有我们班这些疯狂学习的孩子能够做到!

疯狂学习的滋味怎么样?孩子们说,爽!

"疯狂复习很充实,尤其是同伴一起努力的感觉太好了。"文婷同学学习一向严谨,她喜欢同伴一起努力的感觉。

"累?说不累那是假的,但是当你很有兴趣地做一件事时,感受到的更多的是充实和快乐。"周麟同学文静内秀,不大爱说话,她切身感受到的更多的是学习激情带来的快乐。

"做一件事情,只要投入了,就会觉得轻松,没有那么累,学习也一样。加油吧!不求结果怎样,我曾经努力过,我就不会放弃!"体育特长生世伦每天训练两个小时,学习可一点没落下,学习劲头像他的短跑项目一样很有爆发力。

第七章 激励学生不断上进的6个策略

策略41：推进高效学习日

卓越不是天生就比别人优秀一大截，而是在平时的学习、生活中逐渐积累起来的一种优秀素质，是流淌在生命里的高贵，更是一天一天的实践。

双周的星期三是我们班的高效学习日。

高效学习日，顾名思义是要学习效率高。这也给学生一个积极的心理暗示：今天我要全力以赴去学习，今天要充分利用好每一分钟进行学习。高效学习日前一天我就开始提醒大家，做好高效学习计划安排，有计划才能有条不紊地实现高效，不为要做什么而烦恼。

高效学习日当天，班委提出相应要求：我们要比以往上课更全神贯注，思维更活跃，更积极地发言；课间除了上卫生间和问问题，尽量坐在座位上完成自己计划的任务；教室里保持安静，因为静生智慧；今天一天高效结束后，要及时总结高效学习成果。

一、分割任务，让目标实现成为可能

中国台湾地区知名作家吴淡如在《时间管理幸福学》中讲述了一段她考研究生时切割学习任务的故事，对我很有启发。她采用"pizza（比萨）分割法"安排学习任务，按照一定的时间去完成，效果很好。我把它们整合进我的卓越班级建设中去。

"你们提高成绩的迫切希望我能够理解，但是，我不得不说一句很现实的话。别指望学习任务一下子完成，也不要一口就吃成胖子。"和孩子们谈学习的时候，我明确地对他们说："罗马不是一天建立起来的，我们要学会分阶段地完成一个任务,这样就能够把宏伟的工程变得简单,这也是一贯地坚持做好一件事情的秘诀。"

卓越不是天生就比别人优秀一大截,而是在平时的学习、生活中逐渐积累起来的一种优秀素质,是流淌在生命里的高贵,更是一天一天的实践。孩子们明白了我的意思,迅速开展分割学习任务、逐步落实目标的训练活动。

周二晚上,每个孩子都在成长日记本上列好了高效学习任务。

孩子们的热情很高,有些孩子的计划做得非常详细,甚至每个课间、每个边角余料的时间都做了相应的安排。贪大求全是学习的大敌,这样的计划是没有执行力的,我得帮助他们做好调整。

于是,我抽查了部分学生的计划,并在全班做了一个典型的疏导。如惠茹的学习任务安排得满满当当的,八个课间,安排了六门功课。我肯定了惠茹的学习任务安排得详尽,但也问道:"这样密集的安排你是否能够做到呢?我们是要把所有的事情都做好,还是集中精力做好其中的一件两件?哪一种方法更高效?"

惠茹想了想,集中完成一两门功课比全面开花有效。

课间安排什么课程才能做到高效?我和孩子们也做了交流。

曾倩说:"安排做题,动笔时心安静,不会躁动。"

我追问道:"做什么题?数学题还是英语、语文阅读?"

"那肯定不行,我以前课间做一道数学题做了一半,就打上课铃了,欲罢不能。想解题,又上另一门课了;不继续解题,又心慌,结果下一堂课怎么也听不进去,影响了下一堂课的学习。"耀中同学说出了切身体会,其他同学也感同身受。

孩子们马上明白了,课间只有 10 分钟,除去调整情绪的时间外,是不可能完成数学和阅读这样大的练习任务的。课间如果安排语数外,主要可以用来记数学公式、消化上一堂课的疑难问题,语文记忆字词或者背诵一小段课文,英语记单词或者完成几道语法题等。如果是文科科目,主要记忆或解决独立知识点。

于是,大家总结出,课间主要是休息,在休息之余,有能力的可以完成没有很多知识点牵连的作业或者解决上一堂课的疑难问题。安排很多落实不了的任务，还不如放心地休息。

午餐后可以抢出半小时再午休。这半小时干什么？

"阅读课外读物15分钟。"

"完成政史地练习。"

"也可以完成一篇英语或语文阅读。"这些安排都不错。

吃了晚饭后，也可以抢出50分钟。因为才吃过晚饭，做数学题，注意力不是特别集中，所以这50分钟最好用来完成当天的文综作业。晚自习时间集中，可以完成数学练习。

我喜欢这样追问，因为追问的过程，就是提出质疑的过程，也是思考自己的学习计划安排是否妥当的过程。高中生毕竟是高中生，很多时候他们是抱着美好的愿望来安排学习的。这些愿望如果计划得不妥当、执行不了，就会打击他们的积极性，甚至严重挫伤他们的进取精神。因此，班主任有必要在落实一项措施的时候，认真思考能不能实现的问题。自信是建立在不断掌控现实的基础上的，当孩子们一个一个步骤落实之后，那种成就感就能让每一个孩子产生自信。

切割学习任务，不仅仅是一种学习方法，更是一种学习自信的建立过程。当我和孩子们交流完如何安排学习任务后，他们做的每一天、每一学科学习任务的计划，都能够非常恰当、有可行性了。

二、督查落实情况，让高效有保障

高效学习日早上，我进教室的第一件事就是检查同学们的高效计划是否合理、是否恰当。

田原在成长日记上赫然写上了"今天你高效了吗"，以提醒自己高效学习日要高效。

乐乐的计划本上用红笔写着"让高效来得更猛烈些吧"，挑战的激情跃然纸上。

我最欣赏的是亚兰的激励语——"与其利用每一分钟学习,不如抓紧学习中的每一分钟!"这话里有高效学习方法,她说意在提醒自己上课要认真、不要开小差。我立即把它给大家分享。

玉婷的激励语更是豪情满怀:"凡事预则立,不预则废,而时间是靠挤出来的。看我如何完成逆袭!"

不少的孩子都写上了不同的激励语,如"激情投入高效日""让自己紧张起来""专注是高效第一要义"……有的甚至将班级誓言也搬来激励自己——"激情投入,动力无限"。

我一边检查,一边给予孩子们简短的鼓励,也会对个别孩子的学习任务进行适当的指导。学习任务拟写好的,表扬一两句,孩子们可以开心一整天呢;学习任务拟写粗糙的,见我检查,自然满脸愧色:"老师我昨天学习拖沓了,我马上调整,一定跟上节奏,做到高效。"

当然也会有个别孩子处于记忆或者情绪低谷期,我会提醒他:"高效日不要慌张,学习任务量可以少安排一点,但是一定要努力去完成。"

哪个孩子气色不对,我会询问一下,是不是感冒生病了,是不是睡得太晚了,并提醒他调整生物钟,早一点睡。

这检查,其实就是督促孩子们,告诉孩子们别懈怠;给孩子们以信心,老师很重视,你也要重视;给孩子们以温暖,几句唠叨,学生觉得暖心,自然会加倍努力。

三、进行诗歌励志,传递坚持信念

下午,眼保健操后,大家有些懈怠。我问道:"有收获吗?"

"那当然!"

"学习效率比以前高多了。"

"是不是觉得有些累了?"我又问。

第七章 激励学生不断上进的6个策略

大家点点头,有的答道:"屁股都坐痛了。"

我及时鼓励:"老师送大家一首诗吧。"于是,我给他们朗诵诗歌《坚持》:

别人不理解的时候坚持!

很多人反对的时候坚持!

身处逆境的时候坚持!

别人都放弃的时候坚持!

绝望的时候坚持!

实在坚持不住的时候,

再咬牙坚持一会儿!

天寒地冻的时候坚持!

孤独无助的时候坚持!

坚持,坚持,再坚持!

有一天,你一定会发现:

我将成为那个领域的顶尖人物!

我将成为英雄!

我将成为命运的主人!

我将成为自己都不敢相信的奇迹!

"成功的秘密就是两个字——坚持。孩子们,战胜懈怠,坚持!"我的语言比较有煽动力,这一点我也很自得。诗歌朗诵之后,教室里的一丝躁动也悄悄地不见了。大家又开始坚持高效了。

四、从没有像现在这样感觉成功

临近下晚自习,孩子们谈谈一天的收获:

"从来没有这么投入过!"

打造高中卓越班级的42个策略

"比平时的效率起码提高20%！"

"我没想到自己的潜能这么大，这么多任务都完成了。"

"我要奖励自己！我完成了一张政治试卷、一张地理试卷、一张数学试卷，背诵了一章历史，做了语文阅读题两篇、英语阅读题两篇，还用零散时间记了20个单词。"

"时间是海绵里的水，挤挤总会有的。"

当然也有好几个同学感觉高效学习日和以往没有多大区别，我问他们怎么没感觉呢，她们淡淡地回答："我每天都是这样学习的，所以感觉不大明显。"

"太了不起了，在你们的生活中每天都是高效学习日，高效学习已经成为你们的一种习惯！太棒了！"大家给予她们热烈的掌声！

也有几个同学的效率不怎么高，原来是前一晚没拟好合适的计划，结果一做起来有些眉毛胡子一把抓，没头绪。但是他们也表示："下回高效学习日我一定要拟好计划，今天我切实感受到计划的好处了。"

晚自习结束时，值日班长玙烟发表高效学习日感言：

临近期末，大家的学习劲头不断增长，各小组也是尽量多地让组员背书、复习，班上的学习氛围异常浓烈。

今天的高效学习日，大家的安排更加满当。老实说，当看到自己订的计划一项又一项完成的时候，心里会觉得特别踏实。虽然一直不停地写写背背，但不得不说这一天真的过得很充实，也很有成就感。

制订计划是高效学习中的重要环节，没有计划，我们会花很多时间想现在要干什么，这样就浪费了很多时间。要知道，每天比别人少学一分钟，一年就少学365分钟，而这365分钟我们可以做什么大家心里也有数。所以我们不仅要在高效学习日，在平常的学习中也要给自己安排计划，这样可以让自己做事"事半功倍"。其实，只要我们愿意，每天都可以高效。我个人觉得每天做完自己安排的事感觉超级爽，你们肯定也有这样的想法。不过，完成自己的学习任务后可以适当地奖励自己。最后祝大家每一天都在高效中开心、在开心中高效，学习娱乐两

第七章 激励学生不断上进的6个策略

不误！

孩子们意犹未尽，回家后还抢出半小时继续进行高效学习呢！

打造高中卓越班级的42个策略

策略42：走一走班级的"星光大道"

我们班的星光大道，就是要让每一个同学都能感觉到自己存在的价值，都能感受到自己奋斗后的荣光！只要你努力付出，你就能够享受到别人的祝福、赞美和羡慕！

怎样表彰让人记忆最深刻？什么样的表彰最深入人心？我们班的学生自有他们独特的做法——

"我们也是明星，我们也走星光大道！"学生如是说。

一、我们班也有"星光大道"

这星光大道可不是毕福剑"姥爷"唱歌的"星光大道"，而是我们班上受到表彰的同学领奖时在教室里"走秀"的星光大道。

到了颁奖的那一天，大家都像过节一样，打扮得十分有特色。俊蓉长裙飘飘，像仙女似的。小莉短裙，青春活泼。那些淘气的男生呢？有点个性的穿上小西装、休闲服，阳光点的穿上T恤，个个帅气。以前我很欣赏校服，统一管理，统一装束，看不出贫富差距。可是学生校服一脱，我竟然发现别有洞天，孩子们个个都是美如天仙、帅似潘安。

教室早已不是上课时的布置，孩子们的座位已经左右拉开，中间空出一条专门的"星光大道"来。天花板上挂满彩色气球，还用彩带隔开。中间的"星光大道"，已经用彩带装饰一新。大道上撒满了彩纸，只等幸运的人儿在上面潇洒走一回。两旁的观众席上，到处都是花球飞舞。挨着"星光大道"的座位上，堆放

第七章 激励学生不断上进的6个策略

着大型的彩带做成的"花球",大家随时准备着挥舞……

毛主席说:"你们是八九点钟的太阳!"所以我们把仪式定在上午九点准时进行。每一项颁奖,获奖者都要从教室后面走上主席台(讲台),一路招手致意,一路和"粉丝"亲切握手。大家摇动手中的花球,嘴里喊着,"赵清赵清,你好棒""兰兰兰兰,你好靓",将获奖者包围。那热烈劲儿啊,一点不逊于"毕姥爷"的"星光大道"。

上台领奖的同学表现也各不相同。有的红着脸,腼腆之极;有的一路小跑,尽显青春活力;有的挥手致意,甚至双手抱拳以示感谢;有的则一路弯腰鞠躬,左右道谢。

上台领奖后,获奖者要发表获奖感言,发表感言时那更是明星范儿十足。你看,这是姚金鹏的获奖感言——

"感谢瑾瑜TV,感谢大家对我的支持,我拿到优秀干部奖,十分激动,我将以最好的工作态度,继续增强为大家服务的意识,努力干好工作。"

话语很"官方",却逗得同学们个个笑靥如花,他获得的俨然就是一生中最重要的奖项。

为了表示感谢,有的同学上台领奖后,还高歌一曲,作为答谢。大家打着节拍,摇着手中的花球,一起歌唱。台上唱得动情,台下互动得热烈,伞、卷成筒的书本、文具袋等,都成了大家high起来的道具。站在台上,只见舞动的花球、各色道具,真是一片歌的海洋、一片舞的海洋、一片快乐的海洋……

我本以为只有领奖者happy,下面的观众不会怎么投入。谁知道我们班的孩子特别阳光,特别开朗。一些孩子说:"我就是坐在路边鼓掌的人!他们获奖我也很开心。"有些孩子说:"今天他们获奖我不鼓掌,下次我获奖,就没有人鼓掌了。投之以桃,报之以李啊!"

我听了非常感动。谢谢孩子们,谢谢你们。正因为有你们如此投入,才让我们班的每次表彰都和盛大的节日一样。

这样的表彰,最受感动的还是获奖的同学,说起走"星光大道",他们兴奋的感觉溢于言表。

"每走一次'星光大道',我的感觉都不相同,第一次新奇,第二次努力秀出自己的明星范儿,走过这一年,'星光大道'见证了我的蜕变和成长。"

"我的成绩一向很差,从小到大,评先进获奖励都没有我,可是我绝没有想到,同学们却评选我为'守纪之星'!'星光大道'给了我自信。"

……

其实我们班的奖品很便宜,而且几乎不发奖金。但是每次颁奖典礼,孩子们都很期待。因为我知道,每个人心中都有一种渴望被承认的精神需求,富贵不还乡,会留下锦衣夜行的遗憾的!我们班的"星光大道",就是要让每一个同学都能感觉到自己存在的价值,都能感受到自己奋斗后的荣光!只要你努力付出,你就能够享受到别人的祝福、赞美和羡慕!

这就是我为什么要在班上用走"星光大道"的方式来表彰学生的原因,因为这种成就感,绝不是我们家长和老师口头表扬,或者奖励100元钱所能给的。

二、评选班级十大明星

看了我们班的"星光大道",可能有老师会问:"你们班的获奖者是如何确定的?"

评选方式可多了。奖励上有这样一个"二八定律"——如果只有20%的同学获奖,80%的没有,那么绝大多数的学生就会对获奖望而生畏,不能激发他们的积极进取之心;但是换过来,80%的获奖,20%的没有获奖,那么没有获奖的同学就会觉得遗憾,从而激发他们奋起直追的勇气。

因此,我们班奖励学生,获奖面积很大。可以有单项奖,如单科前三名;可以有综合奖,如总分前五名;也可以有进步奖,如一次名次跨越十名的有奖;还可以有优秀干部奖、遵纪守法奖、学习态度奖……基本上每个孩子都有奖,没有纯粹的观众,只有不会走秀的获奖者,这就是我们班的学生为什么对走"星光大

第七章 激励学生不断上进的6个策略

道"那么感兴趣的关键原因。

最让同学们期待的,是我们班含金量最高的"年度十大明星奖"。

"年度十大明星"或者"感动瑾瑜十大明星"的评选很严格。首先是"十大热点人物"提名。这提名非常慎重,先是大力宣传,文宣部会做好提名广告栏,十大明星栏目设置其上,并写有卡通话语:"瑾瑜十大感动明星提名中……"当提名广告宣传画贴出后,同学们就根据要求提名心目中的明星,推荐人阐述推荐理由后再投票,最终诞生班级十大明星。

有一次,我看见弘儿他们已经张贴好了十大热点人物提名人员名单,同学们正在积极推荐心目中为班级做出突出贡献的同学。我一看提名栏,乖乖,"最具贡献奖"提名一栏赫然写着"覃老师"!

"这是要求鼓励班级同学的评选呀,怎么将我也推荐进去了?"我着急地问。

孩子们认真地说:"对啊,您一直把自己看作我们中的一员,做什么事情都记着有您的份,这'最具贡献奖'我们不能少了您啊!"

哦,我明白了!我们班的孩子总是对别人说我们班有57人。别人纳闷:你们班不是只有56人么?他们会呵呵笑:还有我们的兰兰姐呀。这样,也就自然会有学生提我的大名了。这样一想啊,我心里挺美的,因为他们是那样真诚地接纳我,不将我放在高高在上的老师位置。难怪他们会炫耀:"我们班主任就是我们的朋友。"

我向班长提出退出选举,这样才能更好地发挥同学的主观能动性。弘儿却说,就让同学们选吧。看来指望班委说明不大现实,于是上完课后,我利用班主任的特权对孩子们说:"我退出候选,原因很简单,评选十大热点人物,是为了激发大家为班级服务的积极性,这个班是大家的,我只是你们的导引者、你们的学长。我揣摩了一下,你们不选我吧,肯定过意不去;选吧,我占去一个名额,总会在不同程度上打击大家的积极性。所以我弃权!"

"不行不行!"孩子们不听。最后,还是班长有办法:"西早姐,既然您不乐意,大家也不乐意,我看,给您设置一个特别奖,然后其他同学还是角逐十大热点人

293

物,您看这样好不好?

看来恭敬不如从命,我只有接受,学生们呵呵直笑。

接下来,就是候选人进行"明星"竞选演说。

"爱心之星"提名候选人龙依雯上台自我推荐道:"我在工作中努力通过自己的表率,让大家提高对英语的学习兴趣,我也积极参加学校英语演讲比赛,并取得了一等奖的名次,我时常希望我的热情能带动大家学习英语的热情!"

"创意之星"候选人小洁则自我推荐道:"我在工作中创立了英语角,在创意生日智囊团努力设计好了几个有特色的生日,给同学们带去了快乐。可是我觉得与候选人吴宇轩相比,他主持的创意生日、班刊都独具匠心,我深感自己的不足。我还是鼓足勇气站在这里参加竞选,就是要告诉自己,我要向吴宇轩学习!像他那样一心为同学!"小洁的推荐有对自己工作的总结,更有对竞争对手由衷的赞扬,这样大气地用言行践行了家庭公约"输也要输得大气"!

每一位同学的竞选演说,都是一部感人的班级史诗。在这种"十大人物"评选中,不管是候选人,还是竞选者,每个人都获得了一次心灵的浸润和洗礼。因此,每评选一次十大综合奖,班级凝聚力就增强一次。

三、别具一格的颁奖辞

最终,"感动瑾瑜十大明星"新鲜出炉:爱心之星龙依雯、守纪之星杨梦欢、特色之星杨圣沛、创意之星吴宇轩、个性之星王翔、坚持之星杨亚、学习之星张耀中、环保之星姚金鹏、文明之星吴婷乐、活力之星唐如璇。

"星光大道"表彰会上,最令人瞩目的就是这"2011年感动瑾瑜十大明星"。同学们仿照"感动中国十大人物"的颁奖,也写了"2011年感动瑾瑜十大明星"颁奖辞。

"2011年感动瑾瑜十大明星"颁奖辞

爱心之星:生命,只有在不断的付出和给予中,才能绽放出无比灿烂的光彩。

第七章 激励学生不断上进的6个策略

作为英语学科班长,她耐心帮助基础薄弱的同学讲解题目;运动会时,她为班级熬夜写广播稿;她参加英语演讲比赛,为了给班级争光,一遍又一遍地演练,终于获取了一等奖。她坚信"我们都是一家人,大家好,我才好",她就是"瑾瑜214班"爱心之星龙依雯同学!

守纪之星:太过绚丽的花园会淹没真正的美,太过喧闹的心灵孕育不了伟大的灵魂,只有纪律才能砍断心灵的杂草。而我们却很幸运地有这样一位同学,当我们因一时喜悦而放纵,当我们思想的杂草伺机蔓延时,她总是用一声声断喝扼住肆意生长的杂草,用理性的严峻抚平一颗颗狂躁的心。她就是我们敬爱的班长杨梦欢同学。

特色之星:舞台上,你将悲苦可怜、抗争不得的黄省三演活了,你将这个艺术形象根植在了全校师生心中;学习中,你虽遭受失利的挫折,但孜孜以求绝不放弃;课堂上,你聚精会神;课间,你激情四溢。这就是与众不同的你。特色之星,你当之无愧!因为你的与众不同,我们大家都爱你,杨圣沛!

创意之星:他,是神奇的魔术师,把同学们的生日变成一个个难忘的纪念日;他,是细心的制作者,一双巧手总能绘出最精美的图案。他有奇思妙想,并且勇于创造;他敢于探索,并且执着追求。纪德有言:"我为美好的事物消耗着自己的感情,它们的光辉来自我不断的燃烧,但这是一种美妙的消耗。"我们看见,一颗创意之星正在"瑾瑜班"升起,散发着耀眼的光芒!他就是——吴宇轩。

个性之星:黝黑的面庞掩不住他内心的激昂,小巧可爱的眼镜遮不住镜片后的明亮。外表豪放不羁,胸中才情涌动,他是我们的开心果,是我们的好帮手,哪怕是演一个乞丐,他都会全身心地投入表演,哪怕是同学会对他产生误解,他依旧用他的方式爱班级、爱同学。他就是我们"瑾瑜班"的个性之星——王翔。

坚持之星:传有夸父八千里星辰,逐日追风;古有羲之三万天宣砚,以墨成池。坚持,是一个镌刻着历史而来的友人,她沉重而难以亲近,美好却身披荆棘,只有那些有足够勇气与毅力的人才能与之接近、与其交往,成为忘年深交。如今,"瑾瑜班"里有那么一个人,她开始与坚持成双而入、成对而出。她的坚持是所有人有目共睹的,她就是我们的坚持之星——杨亚。

学习之星:培根说:"学习足以怡情,足以博彩,足以长才。"学习之星学出了品位、学出了风韵。他爱学习,学习时沉稳宁静;他善弄笛,笛声婉转悠扬;他喜吟诗,诗词让同学为之赞叹。他就是"瑾瑜班"的学习之星张耀中。愿大家在今后的学习生活中像张耀中那样学得诗意,学习更自信、更快乐、更高效、更进步!

环保之星:总有一个人在平时的班级劳动中尽职尽责,总有一个人默默地承担着最劳累的事,总有一个人严格监督他所管辖的每件事。每件似乎平常的琐事都彰显了他独特的魅力。他成功的组织、积极的参与换来了班级的整洁。他,就是我们的劳卫部部长——姚金鹏。

文明之星:她是"向日葵组"不可缺少的乐妈,也是"瑾瑜214班"勤勤恳恳的生活部部长;是那个无论天崩地塌都以笑脸示人的乐观女孩,也是师长心中礼貌文明的小姑娘;是那个别人身处困境时毫不犹豫伸出援手予以支持的女中豪杰,也是那个别人提起她的好时会满脸感动的腼腆小女生。微笑是她最有力的武器,文明是她最显赫的财富。她就是"瑾瑜班"文明之星吴婷乐。

活力之星:眼角不羁眉梢精怪。前一秒杏仁大眼常常让我们看到一个端庄大方的她;下一秒便会变身辣妹,樱桃小嘴迸出无穷力量;浑厚的女中音温和圆润,娇小的身躯在舞台上激情跃动;课本剧中,她是身着貂皮大衣的歌后。她就是魅力四射的活力之星——唐如璇。

颁奖辞挖掘每一位明星的特色,浓墨重彩地描述,激情四溢的话语点亮了颁奖现场。

颁奖现场的答谢词也挺有意思。个性之星王翔,以前时常迟到、不交作业,但他参与班级活动热情积极,别人不愿意演又脏又不起眼的小乞丐,他却表演得出神入化,赢得了不少"粉丝"。他在获奖感言中说,"原来跑龙套也可以出色",让大家捧腹。

坚持之星杨亚,不是接受力很强的那一类学生,课堂上弄不明白的,总是课间追着老师问。有时老师太忙,也会唠叨上一句:"这个题课堂上已经讲了的,你怎么不懂呢?"别人受不了了,她受得了:"就是没弄懂,所以来问您嘛!老师,您再给我讲一遍嘛!"她缠得被问的老师不讲都觉得不好意思。杨亚当之无愧是我们班好学好问第一姐。所有同学都对她的坚持竖起了大拇指,都对她的好学肃然起敬!

有人获奖,也有人兼职做记者拍照。相机记录下表彰现场的一段段花絮,将一个个获奖时的精彩瞬间、将颁奖的美好记忆定格成了永恒。虽然"瑾瑜班"已经成为过去式,可是不少孩子回想起来,依旧记得上台领奖时的激情澎湃,依旧记得那红艳艳的写满颁奖辞的文化墙,依旧记得那一张张阳光下绽放的笑脸……

万千教育 基础教育类书目

书号	书名	著、译者	定价(元)
班主任工作理念与方法系列			
2877	班主任工作的60个"鬼点子"	刘坚新 郑学志 编著	52.00
2879	班主任与家长沟通的艺术——创建优质家校关系的60个策略	郑学志 著	52.00
2204	做一个会"偷懒"的班主任（第二版）	郑学志 著	48.00
1708	怎样教授道德才有效——德育心理学家给教师的建议	杨韶刚 等译	48.00
1709	学生特殊问题发现与应对——给普通教师的建议	昝飞 等著	48.00
7316	把班级还给学生——班集体建设与管理的创新艺术	郑立平 著	26.00
7344	遭遇问题学生——问题学生的教育与转化技巧	万玮 编著	25.00
7317	魅力班会是怎样炼成的	杨兵 著	25.00
8631	家校沟通，没有痛过你不会懂——知名班主任梅洪建的心路历程	梅洪建 著	32.00
0539	如何上好班级心理辅导活动课——钟志农答疑50问	钟志农 著	42.00
9902	德育主任新方略	丁如许 著	32.00
8611	班主任工作中的心理效应	刘儒德 主编	35.00
1135	班主任有效沟通的艺术与技巧	李进成 著	36.00

编号	书名	作者	定价
0541	班主任如何破解德育低效难题	赵坡 著	35.00
9135	班主任,青春万岁——王君带班之道	王君 著	34.00
8770	班主任如何带好差班	赵坡 著	30.00
8309	扶年轻班主任上马	王莉 著	38.00
7926	教师必须掌握的教育惩戒艺术	郑立平 等著	28.00
7928	做一个聪明的班主任——对常见七类学生的教育艺术	郑立平 等著	28.00
班主任工作理念与方法系列合计			**694.00**
中学/中职班主任专业技能系列			
0938	好班是怎样炼成的——中学班主任班级建设之道	谢云 主编	38.00
9882	初中主题班会设计技巧与优秀案例	郑学志 主编	34.00
9056	高中主题班会设计技巧与优秀案例	郑学志 主编	32.00
9557	打造高中卓越班级的42个策略	覃丽兰 著	38.00
9990	打造中职卓越班级的41个策略	李迪 著	32.00
9905	中职主题班会设计技巧与优秀案例	李迪 著	35.00
9604	中学德育问题与对策	李季 贾高见 著	35.00
8463	中学班主任的70个临场应变技巧	刘令军 等著	34.00
中学/中职班主任专业技能系列合计			**278.00**
教育理念与实践系列			
4098	STEAM教学指南——用现实世界的问题吸引学生	邵卓越 等译 刘徽 审校	46.00

3371	教师情商修炼之道	杨敏毅 等 著	52.00
2754	教师怎样说话才有效（第2版）	李进成 著	58.00
8771	教师怎样说话才有效	李进成 著	32.00
2597	教师怎样说理才有效	李进成 著	52.00
1566	教导主任工作问题案例集	黄银美 主编	42.00
1139	如何当好教研组长 ——中小学教研组长专业素养与行动	杨向谊 著	36.00
1471	闪闪发光的故事：童书阅读与欣赏	周益民 著	32.00
0801	故事、儿童和作家的秘密——走近儿童阅读	周益民 著	32.00
0163	童年爱上一本书——教师、父母如何伴读	周益民 著	28.00
1564	教育：一场惊人的旅行	史金霞 著	62.00
8557	王晓春给青年教师的100条建议	王晓春 著	28.00
0734	怎样评价学生才有效 ——促进学习的多元化评价策略	陶志琼 译	48.00
0540	从生活中悟教育智慧——教育隐喻启示录	严育洪 著	36.00
0035	重构教师思维——教师应知的28条职业常识	刘祥 著	32.00
9137	跟禅师学做教师	谢云 著	28.00
8952	教育管理学：理论与实践（新版）	朱志勇 等 译	88.00
7615	零距离美国课堂	王文 著	28.00
8604	一位青年教师的专业成长之路 ——王君专业求索笔记	王君 著	32.00
8271	让教师偷着乐——校园幽默笑话396则	唐劲松 主编	18.00

5655	从教第一年——新教师职场攻略	赵丽 等译	45.00
5088	培养中小学生的创造性——理论与实践	胡清芬 等译	16.00
7704	心与心的约会——孙明霞的生命化课堂	孙明霞 著	28.00
教育理念与实践系列合计			**899.00**
心理健康教育课程设计系列			
0059	中学生心理课——生涯发展	廖丽娟 等编著	28.00
0060	中学生心理课——情绪管理	杨红梅 等编著	32.00
0185	中学生心理课——综合篇	中学生心理课综合篇教研组	52.00
8446	中小学生自伤问题——识别、评估和治疗	唐苏勤 等译	25.00
5834	心理健康教育课程设计	吴增强 蒋薇美 著	32.00
心理健康教育课程设计系列合计			**169.00**
教学理论与策略			
1790	优质提问教学法 ——让每个学生都参与学习（第二版）	盛群力 等译	48.00
1750	激发中学生脑的力量 ——适于脑的8种教学策略	吁思敏 卢小蕾 译	38.00
1594	设计与编写教学目标（第八版）	盛群力 等译	42.00
0226	多元智能教与学的策略（第三版）	霍力岩 等译	60.00
0150	教师怎样提问才有效 ——课堂提问的艺术	宋玲 译	45.00

……
欲了解更多图书信息，请登录：www.wqedu.com
联系地址：北京市西城区三里河路6号院2号楼213室　万千教育
咨询电话：010-65181109，65262933

*本目录定价如有错误或变动，以实际出书为准。